«Eine tolle Mischung aus Komik und Ernst, Männer wie Frauen werden vieles aus dem eigenen Leben wiedererkennen und sich beim Lachen ertappt fühlen. Und: Faber verzichtet bei all seinen Pointen und Wendungen nicht auf Tiefgang.» (FRANKFURTER ALLGEMEINE ZEITUNG)

«Dietrich Faber schreibt Krimis, denen es weder an Humor noch an Emotionen und Spannung fehlt. Nach seinem Erfolgshit ‹Toter geht's nicht› legt der deutsche Autor mit ‹Der Tod macht Schule› nach und haut mit seinem neuesten Roman seine Fans gleich reihenweise um. Das hat schlichtweg Weltklasseformat!» (LITERATURMARKT.INFO)

Dietrich Faber wurde 1969 geboren. Bekannt wurde er als ein Teil des mehrfach preisgekrönten Kabarett-Duos Faberhaft-Guth. Fabers Lesungen und Buchshows sind Bühnenereignisse. In seinem Debütroman «Toter geht's nicht» schickte er Henning Bröhmann zum ersten Mal auf Mörderjagd. Der Roman stand wochenlang auf der Bestsellerliste. «Der Tod macht Schule» ist das zweite Buch mit dem charismatischen Kommissar aus Bad Salzhausen in Mittelhessen, Band 3, «Tote Hunde beißen nicht», ist ab März 2014 erhältlich. Der Autor lebt mit Frau und Sohn in Gießen.

Tourneetermine und weitere Informationen:
www.dietrichfaber.de

Mehr über Henning Bröhmann erfahren Sie auf seiner Facebookseite: www.facebook.com / Henning.Broehmann

Dietrich Faber

DER TOD MACHT SCHULE

Bröhmann ermittelt wieder

Kriminalroman

• • •

Rowohlt Taschenbuch Verlag

Für meine Eltern

Veröffentlicht im Rowohlt Taschenbuch Verlag,
Reinbek bei Hamburg, Januar 2014
Copyright © 2012 by Rowohlt Verlag GmbH,
Reinbek bei Hamburg
Umschlaggestaltung any.way, Barbara Hanke / Cordula Schmidt,
nach einem Entwurf von yellowfarm gmbh, Stefanie Freischem
(Abbildung: plainpicture / ponton / stephen stickler;
plainpicture / Elektrons 08; Bill Noll / iStockphoto.com;
Phase4Photography – fotolia.com)
Satz Quadraat Postscript, PageOne,
bei Dörlemann Satz, Lemförde
Druck und Bindung CPI books GmbH, Leck
Printed in Germany
ISBN 978 3 499 25826 8

1. Kapitel
• • •

Frau Dr. Ellen Murnau, die Schuldirektorin meiner Tochter, liegt unter ihrem Schreibtisch und schreit.

«Machen Sie doch was, Sie sind doch Polizist!»

Sie meint mich, denn zum einen ist niemand anders im Zimmer, zum anderen bin ich nun einmal tatsächlich bei der Polizei.

Doch auch ein Polizist muss erst einmal die Dinge sortiert bekommen, und daher mache ich zunächst einmal gar nichts. Sage auch nichts, sondern starre auf den golfballgroßen Stein, der vor ungefähr sieben Sekunden durch die Fensterscheibe krachte und nur knapp den adrett frisierten Kopf der Schulleiterin verpasst hat.

Eben noch teilte mir Frau Dr. Ellen Murnau mit abgeklärter Stimme mit, dass Melina nur mit viel Aufwand, Anstrengung und einer veränderten Arbeitseinstellung die Versetzung in Klassenstufe 11 erreichen werde. Nun hat sich die Sach- und vor allem ihre Stimmlage schlagartig verändert. Ich hatte einiges bei diesem Gespräch befürchten müssen und auch mit viel Schlimmem gerechnet, aber nicht unbedingt damit, dass Steine durchs Büro segeln.

«Machen Sie doch was!», brüllt sie erneut, noch immer unter ihrem Tisch kauernd. Irgendwie hat sie ja recht, wenn sie so etwas von einem Hauptkommissar einfordert, aber es bringt doch nun mal nichts, wenn sie mich so anschreit, finde ich. Ich blicke auf die am Boden liegenden Glasscherben und warte darauf, dass sie es ein drittes Mal tut.

Sie tut es.

Ich gucke zum Fenster, als würde ich auf den nächsten Stein warten. Draußen rennt eine schmale Jungengestalt im Kapuzenpullover hastig über den Schulhof der Vogelsbergschule Schotten.

«Da rennt jemand», sage ich zu Frau Dr. Ellen Murnau und zeige mit dem Finger in Richtung Schulhof.

Frau Dr. Murnau, inzwischen wieder aus ihrem Schreibtischversteck herausgekrochen, streift sich ihren himmelblauen Hosenanzug glatt, richtet hektisch ihre Hochsteckfrisur und befiehlt mir in einem Tonfall, mit dem sie sonst vermutlich Fünftklässler maßregelt, die ihre Hausaufgabenhefte nicht ordentlich geführt haben, dass ich doch nun gefälligst hinterherlaufen solle.

Auf diese Idee bin ich aber auch schon selbst gekommen.

Ich renne los und stolpere über das Kabel eines Overheadprojektors, ein Gerät, von dem ich dachte, dass es so etwas im 21. Jahrhundert in Deutschlands Schulen gar nicht mehr gäbe. Nicht so mitten in Hessen. Ich sprinte. Ging auch schon mal schneller und schmerzfreier, denke ich, als ich an diesem milden Frühlingsdienstagnachmittag mit meinen 39 Jahren durch die leeren Schulgänge keuche.

Auf dem Schulhof angekommen, mein linkes Knie und die rechte Hüfte machen sich schon schmerzhaft bemerkbar, ist kein Kapuzenbursche mehr zu sehen. Ich entscheide mich daher für einen dynamischen Gehschritt, der mir trotzdem ermöglicht, eine Zigarette anzuzünden, und schreite in Richtung Waldrand. Meine Hände tasten mich ab und finden mein Handy nicht. Ich kann also im Moment nicht einmal meine Kollegen anrufen und sie auf die Jagd schicken.

Plötzlich entdecke ich in der Nähe des Einkaufsmarktes den Kapuzenpulli. Ich überquere die Straße und renne zielstrebig auf ihn zu. Er sieht mich, verschärft sein Tempo und spurtet Richtung Wald. In wenigen Sekunden hat sich der Abstand zwischen uns verdoppelt.

«Stehen bleiben, stehen bleiben», rufe ich in die Vogelsberger Weite.

Ich bleibe stehen, keuche noch stärker und stelle fest, dass er weg ist. Ich habe Seitenstechen, wie früher die dicken Mädchen im Turnunterricht. Wie erbärmlich.

Ich weiß, dass ich gleich zurückmuss, zur Schule, zu Frau Dr. Ellen Murnau. Doch jetzt noch nicht, später, entscheide ich, wische mir den Schweiß von der Stirn, begutachte die nassen Flecken unter den Armen, zünde mir eine weitere Zigarette an und setze mich mit Blick auf die Gesamtschule auf einen Baumstumpf. Hier also wird meine Tochter Melina ein weiteres zusätzliches Jahr verbringen dürfen. Wenn nicht ein Wunder geschieht oder sie den Plan, das Abitur zu erreichen, vorzeitig in den Vogelsberger Wind schießt. Hauptsache nur, sie wird nicht von einem Stein erschlagen.

Urplötzlich muss ich an DAS denken. DAS, was mein Leben ins Wanken brachte. DAS, was alles durcheinanderwarf und so vieles veränderte. Sogar mich. Über ein Jahr ist das nun schon alles her. In den letzten Monaten ist es mir immer häufiger gelungen, Gedanken und Erinnerungen daran zu vermeiden. Man kann sogar sagen, dass wieder so etwas wie Ruhe eingekehrt ist.

Ich habe mich entschieden, dass das, was in der Polizeiakte steht, die Wahrheit ist. Es ist auch meine Wahrheit geworden. Der Doppelmörder wurde gefasst, starb kurz darauf in Haft und fertig. Alles andere bleibt Privatsache. So sehe ich das. So will ich es sehen. Und zwar für meine Frau Franziska, für meine Tochter Melina, für meinen Sohn Laurin und für mich, Henning Bröhmann, der sich in diesem Moment auf den Weg zurück zur Schule, zurück zu Frau Dr. Ellen Murnau macht, um sich vermutlich dafür beschimpfen zu lassen, dass er den Steineschmeißer von Schotten nicht mit bloßen Händen zu fassen bekommen hat.

«Diese Saukerle, links und rechts gehört dene eine mitgegebe, dass den Hör'n und Seh'n vergeht! Und was macht ihr mit dene? Ihr dut die zum Bsüscholoche stecke, wo sie dann verhätschelt wer'n!», quäkt mich mit nasaler Stimme Uwe Niespich an, während er die restlichen Scherben im Büro der Schuldirektorin beseitigt. «Hab isch rescht, oder hab isch rescht?»

Uwe Niespich ist der Hausmeister der Schule. Er bewegt sich irgendwo in einem Alter zwischen 25 und 60 und hat tatsächlich einen grauen Kittel an. Und ich dachte, nur mittelmäßige Kabarettisten tragen heute noch graue Kittel, wenn sie dem «Volk aufs Maul schauen» und mal wieder einen Hausmeister auf der Bühne darstellen. Doch ich dachte ja auch, es gäbe keine Overheadprojektoren mehr. Es würde mich nun auch nicht mehr wundern, wenn ich gleich Matrizenblätter auf Frau Dr. Ellen Murnaus Schreibtisch entdeckte.

Uwe Niespich brabbelt noch eine Weile weiter, wohl mehr mit sich, als an mich gewandt. Jedenfalls höre ich nicht zu, was ihm nichts auszumachen scheint. Ich sitze wieder wie vorhin auf dem Stuhl gegenüber dem Platz der Direktorin und warte auf dieselbige. Sie wolle sich nach dem kleinen Schreck, wie sie selber sagte, noch ein wenig frischmachen und gleich zurück sein.

«Sache Se doch mal jetzt ehrlich», plärrt mir Hausmeister Niespich ins linke Ohr. «Jetzte mal ganz unter uns Priesterfrauen: Wie viel Prozent von dene Strafanfällischkeite wird von ...» – nun dämpft er seine Stimme und blickt verstohlen um sich – «... also, wie viele Verbreschereie werden von Netdeutschen ... äh verbroche?»

«Netdeutsche?», frage ich nach und stelle mich blöd.

«Na ja, von dene Ausländä.»

«1,3 Prozent, weltweit», antworte ich.

«Sisste!», antwortet Niespich, ohne dass ich den Eindruck gehabt hätte, dass er meine Antwort gehört, geschweige denn verstanden hat, und verlässt mit dem Scherbeneimer das Büro.

Die Minuten, in denen Frau Dr. Ellen Murnau noch auf sich warten lässt, nutze ich damit, etwas Sinnvolles zu tun, und notiere, was mir an Details vom Äußeren des mutmaßlichen Steinewerfers in Erinnerung geblieben ist. Schwarzer Kapuzenpulli und eine Mütze, die seinen Kopf vollständig verdeckt hatte, schmächtige Gestalt, maximal 1,60 groß, blaue Jeans ...

Dann betritt Frau Dr. Ellen Murnau in zackigem Tempo ihr Büro. Sie nimmt hinter ihrem Schreibtisch Platz, lächelt mir souverän zu und sagt: «Herr Bröhmann, ich finde das sehr aufmerksam von Ihnen, doch Sie hätten meinethalben gar nicht mehr wiederkommen müssen. Wir waren doch so weit durch, oder? Melina muss deutliche Signale setzen, um noch eine Chance zu haben. Vor allem in puncto Disziplin ist sie wieder ...»

«Verzeihung», unterbreche ich die Schulleiterin zaghaft, «ich bin jetzt eigentlich nicht mehr wegen meiner Tochter zurückgekommen. Ich möchte mit Ihnen über den Vorfall mit dem Stein sprechen.»

«Ach das», sagt sie und lächelt gekünstelt wie eine Bundeskanzlerin, die Bundespräsidenten verteidigt, die sich von Multimillionären den ein oder anderen hübschen Urlaub bezahlen lassen. «Das ist doch längst vergessen. Da machen wir mal einen hübschen Haken dran.»

Wo ist die kreischende Frau geblieben, die noch vor einer knappen Stunde unter dem Schreibtisch kauerte?

«Wie meinen Sie das?», frage ich nach. «Sie wollen keine Anzeige erstatten? Sie wissen schon, dass der Stein Sie nur um Zentimeter verfehlt hat?»

Die Schulleiterin stützt ihre Ellenbogen auf den Tisch, legt ihr Kinn auf die Fäuste und sieht mich an. Sie war bestimmt mal eine recht schöne Frau, denke ich, bevor so eine strenge, stracke Maskerade ihr gut fünfzig Jahre altes Gesicht prägte.

«Was würde denn passieren, wenn ich Anzeige erstatte? Dann stünde morgen doch alles in der Zeitung. Es gäbe unnötige Aufregung bei den Eltern und Unruhe in der Schülerschaft. Steht das in einem Verhältnis zu einem Dumme-Jungen-Streich? Ich glaube doch eher nicht, oder?»

Ich bin überrascht, und mein Gehirn sendet diese Reaktion auch an mein Gesicht, denn Frau Dr. Ellen Murnau ergänzt:

«Das mag Sie vielleicht verwundern, aber ich sehe das hier wirklich nicht so dramatisch. Wissen Sie, wir bauen hier in der Schule in den letzten Jahren etwas richtig Gutes auf. Wir geben uns alle Mühe, dass sich auch hier bei uns, in der überall so belächelten Provinz, selbst mit Lehrkräften und Schülern aus dem Vogelsberg eine leistungsstarke und moderne pädagogische Situation etablieren kann. Diese Schlagzeilen wollen wir schreiben und nicht, dass irgendwelche Jungchens Steine in unsere Fenster schmeißen. Ich bin sicher, der wusste gar nicht, dass jemand im Zimmer war. Der wollte eine Scheibe einschmeißen.»

Wieder lacht sie präsidial, erhebt sich und reicht mir die Hand. Auch ich stehe auf, rieche das akzentuierte Parfüm der Direktorin und meinen Verfolgungsjagdschweiß und strecke ihr die Hand entgegen.

«Ich würde Sie also herzlich bitten, diese Geschichte ähnlich gelassen aufzunehmen, wie ich das tue. Sie wissen doch in Ihrem Bereich genau wie ich in meinem, was die wirklichen Probleme sind, oder?»

«Ja», sage ich da einfach mal, gehe Richtung Tür und spüre Frau Dr. Ellen Murnau hinter mir her lächeln.

Ich verlasse das Gebäude und bin ganz froh, dass es nun am Ende so gelaufen ist. So, als wäre nichts passiert. Alles darf wieder in Ruhe seinen Gang gehen. So wie ich es eigentlich am liebsten habe. So wie es der Vogelsberger an sich am liebsten hat. Die überregionale Bekanntheit, die ich im letzten Jahr zeitweise erlangt hatte, war nichts für mich. Richtig so, nichts ist passiert. So soll es sein, so soll es bleiben. Morgen werde ich wieder ganz normal um neun nach Alsfeld in die Polizeidirektion zur Arbeit fahren, lustige Präventionsspiele mit einer Schulklasse spielen und Kreditkartenbetrugsanzeigen gegen unbekannt aufnehmen.

Was im letzten Jahr geschah, reicht für die nächsten Jahre, habe ich beschlossen. Dieses permanente Gefühl der Überforderung, privat wie beruflich, brauche ich wirklich nicht mehr. Wenn Franziska mich noch einmal verlassen möchte, dann soll sie es beim nächsten Mal auf eine andere Weise tun. Ich will mich dann auf die Dinge einstellen können. Das wäre mein Wunsch.

Ich hole den hechelnden und sabbernden Berlusconi aus dem Auto, lege ihn an die Leine und führe ihn durch den Frühling.

Eigentlich ist die Reaktion der Direktorin alles andere als überraschend. Ich erinnere mich, dass Frau Dr. Ellen Murnau die Schottener Gesamtschule bei nahezu allen bundesweiten Schulwettbewerben angemeldet hat. Fördergelder will sie mit durchdachten Konzepten gewinnen. Da würde so eine hässliche Geschichte tatsächlich nicht passen.

2. Kapitel

• • •

Wie vom Gesetzgeber geheißen, tuckere ich im Schritt-tempo durch meinen Wohnort Bad Salzhausen. Höflich grüße ich alle Rollatoren, die von Kurgästen umklammert wer-den. Ich werde nie zurückgegrüßt, was mich aber nicht stört. Manchmal stelle ich mir vor, es würde hier in diesem stillgeleg-ten Stadtteil von Nidda einmal, ein einziges Mal ein fünftägiges Punkfestival stattfinden, mit obligatorischem Zeltlager im Kur-park.

Auf unsere Doppelhaushälfte zufahrend, sehe ich schon von weitem, dass er wieder da ist. Und es steht wieder sein tieferge-legtes Mazda-Dings vor dem Haus. Ich gebe mir wirklich alle Mühe, ihn zu mögen. Also, nicht das Auto, sondern dessen Fah-rer. Aber es gelingt mir einfach nicht. Es ist der Freund mei-ner fünfzehnjährigen Tochter. Franziska sagt, ich sei nur eifer-süchtig. Mag ja sein, aber er ist trotzdem nicht der Richtige für Melina. Das spüre ich, nein, das weiß ich. Objektiv gesehen. Ich kenne sie nämlich. Außerdem ist er viel zu alt für sie. Meine Güte, er ist achtzehn! Acht...zehn, volljährig, er fährt Auto ... Meine Tochter ist doch noch ein Kind. Na ja, so fast ... ein bisschen wenigstens.

Als ich das Wohnzimmer betrete, sehe ich Franziska mit dem Rücken zu mir auf der Terrasse Dehnübungen machen. Den rechten Arm hat sie in die Luft gestreckt, den linken in die Hüfte gestemmt. Drahtig wippt sie hin und her. Sie ist noch schmaler geworden, fast schon dürr, seit sie laufen geht, wie sie es nennt. Man könnte das, was Franziska manchmal sogar zweimal täg-lich tut, auch Joggen nennen. Mein Vater sagte früher Waldlauf dazu, doch das ist lange her. Franziska aber geht nicht nur laufen, sie trainiert. Sie arbeitet besessen bis fanatisch auf einen Marathon hin. Es täte ihr gut, sagt sie.

«Hallo», rufe ich ihr zu.

«Hi», kommt aus den Tiefen einer Kniebeuge zurück.

«Wollten wir nicht zusammen abendessen?», frage ich mit Blick auf die Uhr und den nicht gedeckten Tisch.

«Du wolltest was kochen, hast du heute Morgen gesagt», ergänze ich und bemühe mich, dabei nicht vorwurfsvoll zu klingen.

«Kann sein», kommt es aus Franziskas Mund, der trotz gestreckter Beine fast den Boden berührt. «Ich habe mich halt anders entschieden.»

Das tut sie derzeit häufig, sich anders entscheiden. Sie möchte nie mehr in diese Mühle von früher geraten, sagt sie immer. Sie müsse einen neuen Rhythmus finden. Es sei alles eine Übergangsphase.

Franziska beendet ihren Dehnfirlefanz, läuft schwungvoll auf mich zu, setzt mir einen Kuss auf die Wange und sagt: «Ich geh noch schnell unter die Dusche, würdest du das Abendbrot machen? Das wäre super. Adrian isst auch mit.»

Schon ist sie im Badezimmer verschwunden, und ein paar Sekunden später höre ich Wasser auf den Duschboden prasseln.

Adrian isst auch mit. Tolle Wurst. Käse decke ich auch noch auf. Dann noch Butter, Radieschen, ein paar Tomaten, fünf Teller, fünf Gläser und fertig.

Es klingelt. Dann hämmert gleich jemand an die Tür und ruft:

«Machen Sie sofort auf! Dann passiert Ihnen nichts.»

«Wer ist da?», frage ich.

«Das tut nichts zu den Dingen!»

«Zur Sache», korrigiere ich.

«Was?», brüllt es von der anderen Seite.

«Zur *Sache*, heißt es. Das tut nichts zur *Sache*, nicht zu *den Dingen*.»

«Mir doch egal. Machen Sie sofort die Tür auf, sonst muss ich schießen.»

«O. k. ...» Ich berühre vorsichtig die Türklinke.

«Und Hände hoch. Sonst kann ich gegen nichts garantieren.»

Ich öffne die Türe, erhebe die Hände und wimmere: «Ich bin unschuldig, ich habe nichts getan.»

Ein ein Meter dreißig großer Polizist hält mir seinen Dienstausweis vor die Nase.

«Versuchen Sie nicht zu fliehen. Sie haben keine Chance. Das ganze Gebiet ist umzingelt. Los, an die Wand.»

Ich stehe breitbeinig vor der Fotowand mit der Nase am vergilbten Busen von Franziskas verstorbener Großmutter, spüre etwas Waffenähnliches an meinem Rücken und werde abgetastet.

«Ich habe mit der ganzen Sache nichts zu tun», jammere ich.

«Hah», ruft er. «Was haben wir denn hier?» Er zieht mir eine Plastiktüte aus der Hosentasche.

«Oh, wie, was?», stammele ich panisch. «Das ist nicht von mir. Das muss mir jemand zugesteckt haben.»

Der Mann zeigt sich ungerührt. «Das können Sie Ihrem Richter erzählen. Ich verhafte Sie hier jetzt ... sofort, wegen äh ... Mord und Drogen und außerdem ... Hey!»

Während der seltsame Polizist nach Worten ringt, löse ich mich aus der Umklammerung und fliehe Richtung Küche.

«Halt! Stehen bleiben, sonst habe ich nichts anderes übrig, als zu schießen!», brüllt er durchs Haus.

«Es *bleibt*, es bleibt Ihnen nichts übrig, muss es heißen ...», rufe ich zurück.

Dann werde ich getroffen. Zwei Schüsse. Einer trifft mich am Bein, der andere an der Hüfte. Ich breche zusammen und sterbe.

Über mich gebeugt, legt er mit den Worten «Sie haben es ja nicht anders gewollt» einem toten Mann die Handschellen an.

So oder ähnlich begrüßen mein sechsjähriger Sohn Laurin und ich uns in den letzten Wochen recht häufig.

Wenig später brülle ich ins Kellergeschoss: «Äähssen!»

Eine Weile ist nichts zu hören. Dann rufe ich noch einmal den gleichen Text. Jetzt kommt von meiner Tochter Melina ein eher verhuschtes «Gleich».

Melina wohnt neuerdings unten. Sie wollte das. Hat in ihrem Kellerzimmer zwar kaum Tageslicht, dafür aber ihre Ruhe, genügend Abstand zu den Eltern und vor allem einen eigenen Eingang. Was ich manchmal schwierig finde. Ich verweile immer noch auf der Kellertreppe und höre von unten albernes Gekichere und betriebsames Flüstern.

«Komm, Henning, lass uns doch anfangen», ruft mir Franziska, inzwischen frisch geduscht und mit hässlichen Leggins bekleidet, zu.

«Was machen die denn so lange da unten?», frage ich, ohne meinen Blick von Melinas Zimmertür abzuwenden.

«*Mensch ärgere dich nicht* spielen, vermute ich mal», antwortet Franziska trocken. Ich finde das nicht witzig.

«Muss der Typ jetzt immer hier mitessen?», zische ich nach oben. «Hat der kein Zuhause? Gehört der jetzt schon zur Familie, oder was?»

«Lass ihn doch. Der ist doch nett. Und Melina macht's glücklich.»

«Ach was», sage ich und stapfe nun doch die Treppe hinauf. «Ich jedenfalls will noch nicht mit 39 Opa werden. Und schon gar nicht soll mein Enkelkind einen so aufgeblasenen Heini zum Vater haben.»

«Henning», sagt Franziska und berührt mich leicht am Oberarm. «Du bist doch nur eifersüchtig.»

«Blödsinn», lüge ich und setze mich an den Tisch. Auch Laurin und Franziska nehmen Platz. Laurin trinkt in einem Zug sein Glas Apfelschorle leer und rülpst.

«Warst du nicht eben zu dem Gespräch mit der Murnau?», wechselt Franziska das Thema.

«Jaja.»

«Und?»

«Sieht nicht gut aus. Melina müsste nun richtig Gas ...»

«Entschuldigen Sie bitte die Verspätung», unterbricht mich in diesem Moment Adrian, der geräuschlos die Treppe hochgekommen ist. «Ich habe Mel beim Geschichtsreferat geholfen, und wir wollten das noch schnell abschließen.»

Melina, die wir Melina nannten und nicht Mel, kommt hinterhergetrottet. Sie grinst und hat verräterisch rote Wangen.

Jaja, Geschichtsreferat, so nennt man das also heute, denke ich und fühle mich wie mein eigener Vater.

«Herzlichen Dank, dass ich wieder mitessen darf», schmiert der Jüngling weiter. «Das sieht aber leggä schmeggä aus.»

Adrian Albrecht ist nun schon drei Monate lang der Freund meiner Tochter. Es ist ihre erste große Liebe, wenn man das so nennen mag. Jedenfalls nach meinem Kenntnisstand. Für Melina gibt es derzeit nur Adrian. Adrian hier, Adrian da. Sie himmelt ihn so heftig an, dass es irgendwann ein böses Ende nehmen wird. Warum nur kann man seine Kinder nicht vor allem Leid beschützen? Ich weiß, sie müssen ihre eigenen Erfahrungen machen, bla, bla, bla. Liebeskummer ist ja auch schön und gut, aber doch bitte nicht wegen so einem Schnösel.

Adrian trägt seine schwarzen Haare sehr kurz und mit ausrasiertem Nacken. So, als ginge es gleich morgen nach Afghanistan. Tatsächlich will er sich, der abgeschafften Wehrpflicht trotzend, direkt nach dem Abitur bei der «Truppe», wie er es nennt, melden. Er könne sich auch gut vorstellen, dort zu studieren, hat er kürzlich erzählt.

Adrian plaudert auch heute Abend wieder unbefangen und für einen Achtzehnjährigen zugegebenermaßen ungemein eloquent über das Wetter und den Atomausstieg. Ich beobachte ihn aus den Augenwinkeln, so wie Robert de Niro in dem Kinofilm «Meine Braut, ihr Vater und ich», in dem er als pensionierter FBI-Agent dem Verlobten seiner Tochter das Leben zur Hölle macht.

Adrian trägt ein enges schwarzes T-Shirt, in dem seine im Fitnessstudio erworbenen Muskeln besonders gut zur Geltung kommen. Er trägt immer enge schwarze T-Shirts. Seine Haut ist zu braun für die Jahreszeit, und mir fällt erstmals auf, dass er sich die Augenbrauen gezupft hat. Ein gepflegter junger Mann, würde meine Mutter sagen. Aber das macht die Sache auch nicht besser.

Melina spricht und isst so gut wie gar nichts und himmelt und himmelt.

In eine kurze Gesprächspause sage ich: «Melina, ich hatte heute ja das Gespräch in der Schule. Wegen deiner Versetzung ... ne?»

Ich setze einen väterlich autoritären Gesichtsausdruck auf.

«Ja, und? Was sagt se, die dumme Murnau?», blafft sie, erfolgreich von mir aus dem Anhimmelmodus herausgerissen. Das ist sie wieder, meine Melina, wie ich sie kenne und liebe.

«Es sieht so aus, als ob du die 10 wiederholen müsstest. Es sei denn, du änderst dich extrem in deiner Einstellung ...»

«Hohh, Mann, ist ja gut jetzt. Können wir vielleicht wann anders drüber reden???»

«Mel», mischt sich Adrian ein. «Ich finde, du solltest deinem Vater ruhig zuhören. Deine Noten sind wirklich ...»

«Melina hat recht», unterbreche ich ihn. «Wenn sie das so möchte, werden wir das Thema in der Familie besprechen, im *kleinen* Kreis.»

Zu dem du, du kleiner Scheißer, nicht dazugehörst.

«Kann ich aufstehen?», fragt Laurin.

Kann er und darf er.

Ich blicke zu Franziska. Sie schaut durch mich hindurch. Sie ist in ihrem eigenen Film. Mal wieder. Irgendwo anders, ganz weit weg, im gedanklichen Exil. Doch es wird wieder, da bin ich sicher. Es braucht Zeit, und die soll sie bekommen. Auch wenn es mit dem Geld immer enger wird, seit sie nicht mehr als Lehrerin arbeitet.

Kurz erwäge ich, von der Steinwurfgeschichte zu erzählen. Doch was bringt das außer Aufregung? Nichts.

Es ist ja auch so nicht leicht. Ich gebe zu, dass Franziska es war, die eine Paartherapie machen wollte. Ich war der, der geblockt hat. Überreden wollte sie mich nicht. Zum Glück. Arbeiten will sie, sagt sie immer, an sich und an unserer Partnerschaft. Mir reicht aber schon die Arbeit bei der Polizei.

Ich glaube daran, dass die Dinge sich irgendwie fügen werden. Man sollte nur einen Fehler nicht machen: die Ansprüche zu hoch zu stellen.

Als Franziska und ich um kurz nach Mitternacht nebeneinander im Bett liegen und ich gerade im Begriff bin, meine Leselampe zu löschen, sagt sie auf einmal: «Henning, ich finde deine Haltung gegenüber Adrian lächerlich. Melina merkt, dass du ihn nicht magst. Dabei ist er so ein netter aufgeschlossener Kerl. Und Melina scheint glücklich zu sein. Das ist doch das Wichtigste, oder nicht? Diese Abneigung hat nur was mit dir selbst zu tun. Niemand anderes kann es dir recht machen.»

Ich will eigentlich schlafen und nicht diskutieren, sage dies auch so und drehe ihr den Rücken zu. Ich ärgere mich über ihre Bemerkung und weiß schon jetzt, dass ich nun alles andere hinbekommen werde, nur nicht einschlafen.

3. Kapitel
• • •

Moinsen», sagt Kriminalpolizeikollege Teichner nun immer zur Begrüßung, seit er mit einigen Kumpanen vom Schützenverein «SC Lauterbach» eine Exkursion zur Hamburger Reeperbahn durchführte. So auch an diesem Mittwochmorgen, als ich unser kleines schmuckloses Büro in der Polizeidirektion Alsfeld betrete. Teichner trägt heute ein T-Shirt mit der Aufschrift: «Bier formte diesen wunderbaren Körper».

«Guten Morgen», grüße ich so förmlich wie nur irgend möglich zurück. Während ich mir einen Cappuccino an unserem neuen Kaffeevollautomaten ziehe, betritt auch mein zweiter Kollege, der von mir überaus geschätzte Markus Meirich, das Büro.

Glücklicherweise bin ich nicht mehr sein Chef. Seit Februar ist Markus ebenfalls Hauptkommissar und mir somit gleichgestellt. Es wurde auch höchste Zeit. Es war in den letzten Jahren eine Farce, dass der, der den Laden hier schmiss, offiziell mir unterstellt war. Jetzt teilen wir uns die Dienststellenleitung.

Auch Markus Meirich reiche ich einen Cappuccino, dann setze ich mich mit meinem halben Hintern auf die Ecke seines Schreibtischs.

«Alles klar bei dir?», frage ich. «Du siehst so mitgenommen aus.»

Er nickt müde. «Ich war gestern mit meinen alten Volleyballkollegen einen trinken. War nett, wurde aber sehr spät.»

Markus Meirich, der mit seinem durchtrainierten Zwei-Meter-Körper immer noch wie ein aktiver Leistungssportler aussieht, hat bis vor wenigen Jahren in der Bundesliga Volleyball gespielt.

«Liegt nichts Besonderes an heute, oder?», fragt er mit Blick auf die Termintafel und nimmt einen Schluck aus der Kaffeetasse.

«Nö», antworte ich. «Ich mach nachher um elf die Schulklasse.»

«Gerne. Ich hasse das ja.»

Markus ist Kriminalist durch und durch. Er mag seinen Beruf dann am liebsten, wenn es aufregende Fälle zu lösen gibt. Pädagogisches Trallala mit Schulklassen, die präventiv und spielerisch auf das Böse im Leben vorbereitet werden, langweilt ihn. Bei mir ist das umgedreht. Für Markus passieren hier im Vogelsberg viel zu wenige Morde. Mir haben die im letzten Jahr mehr als gereicht. Ich fürchte, auch Markus wird hier nicht mehr lange bleiben.

Er ist im Übrigen überzeugt, dass der Fall im letzten Jahr zu schnell abgeschlossen wurde. Er hätte gerne weiter ermittelt. Ich tat alles, damit das nicht passiert. Und der entscheidende Mann, unser Vorgesetzter und mein Onkel Kriminaloberrat Ludwig Körber, unterlag sehr schnell der Versuchung, sich mit der Aufklärung des spektakulären *Faschingsmords* überregional feiern zu lassen, und schloss die Akte.

Doch das ist Schnee von gestern.

Heute scheint die Sonne, der Frühling gibt alles und treibt die Allergiker zur Verzweiflung. Eine Weile stehe ich noch an Markus Meirichs Schreibtisch herum. Einfach so, weil er nett ist und es mich von der Arbeit abhält. Wir wechseln ein paar freundschaftliche, private Worte und treiben das ein oder andere laue Späßchen.

Dann schleppt Teichner seinen mit unzähligen Würsten und Bieren gemästeten Leib in unsere Richtung. Markus sieht sein T-Shirt und verdreht die Augen.

Teichner gesellt sich zu uns.

Markus und ich beenden unser Gespräch und blicken ihn mehr oder weniger erwartungsfroh an.

«Ja?», sage ich.

«Och, nix.»

So schweigen wir eine knappe Minute zu dritt, ehe dann Teichner mit den Worten «Ich geh dann mal wieder an die Arbeit» zu seinem Schreibtisch zurücktrottet.

Ach, er hat's auch nicht leicht, denke ich ihm nachblickend. Zu Recht.

Mit dem Haufen Pubertierender komme ich wie immer gut klar. Ich gehe da zu Hause seit drei Jahren durch eine harte Schule und bin somit im Training. Und jetzt muss die Büdinger Schulklasse Rollenspiele machen, bei denen sie lernen soll, dass, wenn sie in der Nachbarschaft einen Mann seine Frau verkloppen hört, sie ihr Spiel auf dem Handy gerne unterbrechen darf, um mit dem Gerät lieber etwas Sinnvolles zu tun. Zwischendurch werfe ich neckische Scherze ein, die ich vorher bei Melina ausprobiert habe. Wenn sie neutral guckt, weiß ich, dass andere Jugendliche darüber lachen könnten.

Danach gibt es einen Lehrfilm, wie man sich in einer U-Bahn vorbildlich verhält, wenn Mitbürger belästigt werden. Ich ignoriere die Tatsache, dass die meisten der Jugendlichen gar nicht wissen, was eine U-Bahn ist, da wir im Vogelsberg froh sein können, wenn zwei-, dreimal am Tag irgendwo ein Nahverkehrszug hält.

Am Ende führe ich sie noch durch die verschiedenen Räumlichkeiten der Alsfelder Polizeidirektion. Sehr spannend. Auch unser Büro wird besichtigt. Die Jungs kichern über Teichners T-Shirt. Als wir den Raum wieder verlassen, höre ich ihn tatsächlich, nachdem er ausgiebig die Popos der dreizehnjährigen Mädchen begutachtet hat, leise zu Markus flüstern:

«Lass die noch mal ein paar Jahre auf die Weide ...»

Nach einer ausgedehnten Mittagspause stimme ich mich gerade mit unsinnigen Aufräumarbeiten auf meinem Schreibtisch so langsam auf den unverdienten Feierabend ein, da höre ich von weitem auf dem Gang schneidige Schritte auf unser Büro zukommen. Noch ehe ich die Füße vom Schreibtisch herunterbekomme, stehen drei ältere Herren vor mir. Der eine ist Kriminaloberrat Onkel Ludwig Körber, der Zweite ist mir unbekannt, und Nr. 3 ist unser Polizeipräsident a. D. Günther Bröhmann.

Der Blick meines Vaters wandert in rasantem Tempo durch unser Büro und bleibt an Teichners T-Shirt haften.

«Ist das heutzutage die Dienstkleidung eines Polizisten bei der Kripo Alsfeld?», fragt er mit tiefsitzender strenger Falte über der Nase, zeigt mit dem Finger auf den dicken Teichner und sieht mich dabei an.

«Hallo Papa, das ist ja eine Überraschung», wechsle ich das Thema und bemühe mich, meiner Stimmmelodie etwas Freudiges unterzumischen. Ich stehe auf und reiche ihm meine sofort schwitzig werdende Hand zur Begrüßung. Auch Körber und den unbekannten Dritten, der sich breit grinsend im Raum umschaut, begrüße ich per Handschlag.

«Vielleicht kann man mal hergehen und den Beamten der hiesigen Kriminalpolizei mitteilen, dass sie im Dienst neutrale Kleidung zu tragen haben», fährt mein Herr Vater fort.

Ich bin mir unsicher, ob er damit mich meint oder Kriminaloberrat Körber, der jahrzehntelang direkt meinem Vater unterstellt war und den er vor 39 Jahren zu meinem Patenonkel kürte. Mein Vater hat auch Jahre nach Eintritt in seine Pensionszeit noch nicht verstanden, dass er von diesem Zeitpunkt an hier eigentlich nichts mehr zu sagen hat. Er gilt nicht unbedingt als Meister des Loslassens. Legendär ist die polizeiliche Diensttelefonleitung, die er sich in sein Wohnhaus nach Rudingshain hat legen lassen. Er könnte es nicht ertragen, bei Telefonaten mit der Direktion als «externer» Anrufer zu gelten.

«Man sollte eigentlich wissen, dass man als Staatsdiener nicht herzugehen und Parolen auf dem Oberhemd zu tragen hat, seien es politische oder …»

«Na ja», unterbreche ich ihn, «die Mitteilung vom T-Shirt des Kollegen Teichner, dass Bier seinen wunderbaren Körper geformt habe, ist jetzt nicht unbedingt politisch.»

«Ich denke, man hat mich verstanden!», zischt der ewige Polizeipräsident.

Teichner murmelt eine unterdrückte Entschuldigung und versichert, dass dies nicht mehr vorkommen werde.

«Wenden Sie sich mit Ihrer Entschuldigung an Kriminaloberrat Körber. Ich habe in diesem Laden ja nichts mehr zu sagen. Das sollte man inzwischen mitbekommen haben, nicht wahr?», schnarrt mein Vater.

Der mir unbekannte halbglatzige Herr, dessen Frisur am Hinterkopf beginnt und dafür erst auf den Schultern endet, inspiziert derweil ein Bücherregal, auf dem lieblos ein paar Gesetzesbücher aneinandergereiht vor sich hin stauben.

Hilflos nehme ich den nächsten Anlauf, die Situation ein wenig aufzulockern, und sage: «Wusste gar nicht, Papa, dass du heute in Alsfeld bist. Ist Mutter auch mit? Macht ihr euch einen schönen Tag?»

«Kann man bitte hergehen und nicht das Private mit dem Beruflichen vermischen?»

Ich muss lachen, was meinem Vater sichtlich nicht gefällt, mir aber erfreulich egal ist.

Nun endlich ergreift Onkel Ludwig Körber das Wort. «Wo ist der Kollege Meirich?»

«Bei einem Außentermin», antworte ich knapp.

«O. k., also Henning, dies hier ist Manfred Kreutzer. Der wird in den nächsten Tagen mal bei euch hospitieren.»

«Aha ...», antworte ich. Ein Hospitant. Der Mann ist weit über sechzig und trägt eine schwarze ledrige Weste, weite schlecht sitzende Jeans, darüber einen Bauch, der vermutlich auch von Bier geformt wurde, und hellbraune Herrenslipper-Bömmelchen-Schuhe.

Seit wann bieten wir Praktika für Rentner an? Es reicht ja schon, wenn sich diese Freiwilligen Polizeihelfer in den Innenstädten wichtig machen.

«Manfred ist mir seit Jahren ein sehr gut Bekannter», sagt mein Vater. «Er müsste dir eigentlich auch ein Begriff sein?»

«Nee, so richtig weiß ich jetzt nicht ...»

Ärgerlich das alles. Ich bin nicht der Meinung, gelangweilten Rentnerfreunden meines Vaters Entertainment bei der Polizei bieten zu müssen.

«Henning, wir müssen sofort los», unterbricht uns Teichner aufgeregt. «Amokdrohung in der Vogelsbergschule in Schotten.»

Ich erstarre. Melina! Dann denke ich an den schmächtigen Steinewerfer.

«Ja, einwandfrei, da häng ich mich doch grade mal hinndedran», meldet sich dieser Manfred Kreutzer ungefragt mit tiefer nuscheliger Stimme. «Gleich ein Einsatz, wunnerbar!»

Bevor ich in die Lage komme, ihm das zu untersagen, befiehlt mein Polizeipräsidenten-a.-D.-Papa: «Der kommt mit, basta. Der hat mein vollstes Vertrauen!»

4. Kapitel

• • •

Du sollst verrecken, Murnau! Und mit dir die ganze Schule.
Ich komme wieder.

Diese unschöne Briefbotschaft liegt vor unser aller Augen auf dem mir so gut bekannten Schreibtisch der Frau Dr. Ellen Murnau. Sie selber hat diesmal hinter und nicht unter dem Möbelstück Platz genommen. Ihr Gesicht ist der Situation angemessen blass.

Neben mir sitzt tatsächlich unser neuer Praktikant, der bei dieser Besprechung genauso wenig zu suchen hat wie das T-Shirt meines Kollegen Teichner. Einfach beschämend, das alles.

«Haben Sie einen Blassen, wer oder was damit gemeint sein könnte?», fragt das schlimme T-Shirt die Schuldirektorin.

Frau Dr. Ellen Murnau rümpft die Nase. «Sie meinen mit Ihrer Formulierung, ob ich eine Ahnung hätte?»

«Yep!»

Ich schalte mich ein und erzähle von dem gestrigen Vorfall mit dem Steinewerfer. In Teichners Blick lese ich: «Warum hast du das nicht gemeldet?» Glücklicherweise hält er den Schnabel. Auch Manfred Kreutzer glotzt mich dämlich an.

«Ich habe ihn kurz gesehen, allerdings nur von hinten», fahre ich fort. «Zudem war sein Gesicht vermummt. Zierlich, klein. Ich vermute, ein Junge im Alter zwischen elf und dreizehn.»

Manfred Kreutzer, der einen Schreibblock auf seinem Schoß liegen hat, schreibt alles akribisch mit.

«Ein Mädel könnte es nicht gewesen sein?»

«Ich glaube nicht», antworte ich. Und vor allem keines, das

noch ein paar Jahre auf die Weide müsste, denke ich in Richtung Teichner. «Aber sicher bin ich nicht.»

Kreutzer beginnt neben mir mit dem rechten Bein zu wackeln, was mich in Verbindung mit dem dauerhaften Schreibstiftkritzelgeräusch kolossal irritiert.

«Wir müssen nun also den Steinwurf gestern als klare Attacke auf Sie, Frau Murnau, betrachten», sage ich. «Die Drohung dieses Briefes ist namentlich an Sie gerichtet. Ich denke, wir sollten das ernst nehmen.»

Alle nicken ernst, auch Frau Dr. Ellen Murnau.

«Gibt es irgendjemanden in der Schule, mit dem oder der Sie zurzeit richtig Ärger haben?»

Ellen Murnau stößt einen kurzen Seufzer aus. «Sie wissen doch selbst, wie beliebt wir Lehrer und Lehrerinnen sind ...»

«Niemand, der Sie in letzter Zeit beschimpft hat oder Ähnliches?»

«Nein. Außer Ihrer Tochter niemand», rutscht es ihr heraus. Ich lache. Als Einziger in der Runde.

«Entschuldigen Sie bitte», murmelt die Schulleiterin etwas peinlich berührt hinterher. «Ich bin einfach etwas angespannt.»

Es klopft an der Tür, und eine Frau kommt herein. Frau Dr. Ellen Murnau stellt sie als Frau Stefanie Assmann vor, die für den Vogelsbergkreis als Schulpsychologin arbeite.

«Entschuldigen Sie bitte die Verspätung. Ich hatte etwas Probleme mit meinem Auto», sagt sie und setzt sich auf den freien Platz neben Teichner.

«Frau Assmann habe ich hinzugebeten, da der Brief ja auch eine Drohung an die Schule, also auch an die Schüler enthält», erklärt Ellen Murnau.

«Außerdem hat sie viel mit einzelnen Schülern zu tun gehabt, die, na ja, sagen wir mal, zu so etwas fähig sein könnten. Vielleicht kann sie uns bei der Einschätzung helfen, wie ernst so eine

Drohung zu nehmen ist. Ich schätze ihre Arbeit als Psychologin sehr.»

Stefanie Assmann, die Mitte dreißig sein dürfte und kurzes, gescheiteltes braunes Haar trägt, lächelt kurz und lässt sich von mir über den jungen Steinewerfer informieren.

«Ich denke», sagt sie danach, «der Täter will dir, Ellen, hauptsächlich Angst machen. Darum geht es ihm in erster Linie. Ich vermute, der Steinwurf sollte dich auch nicht treffen, sondern dir in erster Linie einen Schrecken einjagen ...»

«Hätte er aber fast», unterbricht Teichner sie in unangemessen patzigem Ton. Teichner hat so seine Probleme mit dem Berufsstand der Psychologen und mit studierten Frauen ohnehin.

Die Schulpsychologin zieht gelassen eine Braue hoch, blickt zu Teichner, als würde sie ihn fragen, ob sie nun weiterreden dürfe, und fährt fort.

«Seine Vorgehensweise hat etwas Unbeholfenes. Ich glaube nicht, dass er eine große Aktion gegen die Schule plant. Doch er wird weitermachen, Nadelstiche setzen, vor allem gegen dich, Ellen.»

Frau Dr. Murnau nickt.

«Das ist aber nur eine erste grobe Einschätzung. Also weder eine Wahrheit noch eine Weisheit.»

Ein schöner Satz. Den höre und sage ich viel zu selten.

Stefanie Assmann schaut in die Runde und bleibt mit ihrem Blick bei unserem Hospitations-Manni hängen.

«Kenne ich Sie nicht?», fragt sie. Kreutzer blickt auf und unterbricht seine Notizen. Auch sein Bein gibt endlich Ruhe.

«Das mag durchaus möglich sein», brummt er und grinst dabei blöd.

«Ja natürlich», ruft Stefanie Assmann entrüstet in die Runde. «Der ist doch von der Zeitung. Was hat denn hier bitte jemand von der Zeitung zu suchen?»

Sie blickt zu Frau Dr. Ellen Murnau, die diesen Blick ungefiltert an mich weitergibt. Ich schlucke und spüre den mir so vertrauten Stress-Schweiß auf der Stirn und unter den Achseln hervortreten.

«Ich verstehe nicht», bringe ich hervor.

«War», sagt dann Manfred Kreutzer.

«Wie, war?», frage ich.

«War bei der Zeitung. Seit zwei Jahren bin ich im Unruhsstnd.»

«Bitte wo?», hake ich nach. Das letzte Wort war für niemanden zu verstehen.

«Im Unruhestand», antwortet er, diesmal deutlicher.

«Aber das kann doch nicht angehen, Herr Bröhmann», ruft Ellen Murnau voller Empörung und erhebt sich von ihrem Schreibtischstuhl. «Wenn in den nächsten Tagen irgendetwas von diesem Gespräch hier in der Zeitung steht und dadurch eine Panik bei Eltern und Schülern ausgelöst wird, dann mach ich Sie dafür verantwortlich, das können Sie mir glauben!»

«Ruhig Blut und tief durschtmen», kommt es bassig aus Kreutzer herausgemurmelt.

«Durschtmen» interpretiere ich für mich mal als «Durchatmen».

«Dem wird nicht so sein», fährt Kreutzer fort, während er sich breitbeinig zurücklehnt und seine verschränkten Arme auf dem Bierbauch ablegt. «Der Polizeipräsident a. D. Bröhmann vertraut mir nicht ohne Grund. Selbstverständlich wird von mir nichts nach außen getragen. Alles streng vertraulich. Dasdochernsach.»

Wieder versteht keiner dieses letzte Wort. Es fragt aber auch niemand nach, und wenig später wird das Meeting von Frau Dr. Ellen Murnau verärgert abgebrochen.

Warum muss mir bitte der Herr Vater so ein Kuckucksei hier ins Nest legen? Als wäre mein Job nicht schwer genug, als wären die

Fußstapfen des alten Präsidenten nicht schon groß genug, muss er immer wieder rein-, dazwischen- und danebenfunken. Immer dann, wenn ich denke, dass ich meinen Frieden mit diesem Beruf finde, setzt es ein neues Störfeuer. Und dass ich beim Verlassen der Schule noch sehen muss, wie an der Treppe zum Musikpavillon ein ein Meter neunzig großer Blödmann die Zunge in den Hals meiner Tochter steckt und dabei ihre linke Pobacke in der Hand hält, lässt meine Laune auf den Nullpunkt sinken.

Zügigen Schritts gehe ich vor Teichner und Kreutzer her in Richtung des Schulparkplatzes.

Da kommt plötzlich der Hausmeister Uwe Niespich aufgeregt herangerauscht.

«Gut, dass Sie noch da sind», hechelt er. «Komme Se mal mit.»

«Was ist denn los?», frage ich.

«Weggesperrt gehör'n die Drecksäcke. Alles zusamme, rin in 'nen Sack und ordentlich druffgehaue.»

Empört weist er zum Parkplatz. Die vier Autoreifen des uns am nächsten stehenden sportlichen Kleinwagens sind zerstochen.

«Tötet Murnau» ist zudem in den schwarzen Lack der Fahrertür eingekratzt worden.

«Das ist der Wagen der Frau Direktorin. Ich wüsst, was ich mit dene anstelle dät, dät isch die in die Finger krieje!» Hausmeister Niespich ist so erregt, dass er mir ein Tröpfchen Speichel auf die Wange spuckt.

Teichner, der inzwischen zusammen mit Manfred Kreutzer ebenfalls den Ort des Geschehens erreicht hat, pfeift lautlos in den Wind und sagt: «Hoi, hoi, hoi, na herzlichen Glühstrumpf.»

Ich atme tief durch. Scheiße, das nimmt nun langsam Formen an, die mir so gar nicht gefallen.

5. Kapitel
• • •

Reschersche», knödelt Manfred Kreutzer auf meine Frage, warum er denn ausgerechnet dieses Praktikum bei uns machen möchte. Wir sind auf der Fahrt zurück nach Alsfeld ins Präsidium, nachdem kriminaltechnisch alles rund um die Autobeschädigung untersucht wurde.

«Alles Reschersche für meinen Krimi.»

«Oha?», bringe ich hervor.

«Ich hab schon immer gern geschrieben, so nebenher. So wie's neben der Arbeit bei der Zeitung halt ging. Stressische Zeiten warn des …» Manfred Kreutzer schließt die Augen, lächelt gütig und nimmt sich viel zu viel Zeit, seinen Sermon fortzusetzen. «Da braucht ihr keine Angst ham, ich geb nix an meine alte Redaktion weiter. Meinen Nachfolger kann ich eh net leiden. Ein Schnösel vor dem Herrn ist das.»

«Hm.»

«Das Kapitel ist abgschlssn.»

Es ist eine dieser Autofahrten, bei denen jede Ampel rot ist.

«Als ich deinem alten Herrn beim Skaten von meinem Buchprojekt …»

«Skaten?», unterbreche ich und unterdrücke ungläubiges Gelächter. «Mein Vater skatet?»

«Ei nee, so nenn ich das immer, wenn mir mittwochs Skat kloppe.»

Teichner lacht, ich nicht.

«Grüner wird's nicht», kommentiert Teichner von der Rückbank.

«Als ich deinem Vater also von meinem Krimiprojekt erzählt hab», fährt Kreutzer fort, «da schlug er mir gleich vor, dass ich bei euch hospitieren könnte. Super Idee, fand ich. Ich sach immer: Das Leben schreibt die schönsten Gschschtn.»

Na ja, ob das so schön ist, wenn eine Schulleiterin mit dem Tode bedroht wird, denke ich so vor mich hin.

«Und um was geht's in Ihrem Krimi denn?», frage ich mäßig interessiert.

«Na ja, es ist eigentlich eher 'n Driller.»

«Ui», mache ich. «Und was ist das Thema?»

«Da bin ich noch am Guggn. Stoff hab ich genug. Wenn ich allein die Sache, die ich in der Kreisredaktion beim Vogelsberger Landbote erlebt hab, aufschreim würd, dann hätt ich schon zehn Bücher fertig.» Da lacht er leise und atmet dabei affektiert aus.

Wir fahren auf einer sehr engen Landstraße, die zum Überholen nicht geeignet ist, wie die vielen kleinen Holzkreuze am Straßenrand eindrücklich dokumentieren.

«Und jetzt lass ich mich noch bei euch nbissi insprn.»

«Bitte?»

«Inspirieren.»

«Ach so ...»

«Es soll auf jeden Fall so in die Richtung Stieg Larsson gehen. Adler Olsen und so. Ich plan 'ne vierbändige Trilogie», erzählt Manfred Kreutzer.

«Also 'ne Driller-Drillogie», verarsche ich ihn, wissend, dass er es nicht bemerkt.

«Genau, genau, das isses, besser kann man's net ausdrckn. So 'n bissi mit Geheimdienst, aber auch viel Lokalkollorit hier aus unserem Vogelsberg.»

«Geheimdienst im Vogelsberg?», frage ich zaghaft nach.

«Genau, genau, so was, ja.» Manfred Kreutzer strahlt mich mit weit aufgerissenen Augen an und zückt seinen Notizblock.

«Das wär 'n super Titel», jubelt er. «Geheimdienst im Vogelsberg, super. Moment, muss ich mir gleich aufschreiben. Ich geb die Idee gleich morgen an den Verlag weiter.»

«Ach, haben Sie schon einen Verlag?»

«Ja, das heißt fast, also so gut wie ... Ich hab da so Kontakte ...»

«Kontakte?»

«Ja, von meinem Schwager der Schwippschwager der Kusseng hat 'n guten Draht zum Verlagswesen.»

«O. k., und zu welchem Verlag?», frage ich fast ernsthaft interessiert nach.

«Na ja, so allgemein. Der kennt einfach alle.»

«Alle?»

«Alle!»

Die Unterredung beginnt mir nun mehr und mehr Spaß zu machen. Schade nur, dass Markus Meirich nicht im Auto sitzt und ich ihm keine vielsagenden Blicke zuwerfen kann.

Hi Mara,

danke für die geilen Pics. Voll toll, das Meer *_* ... will auch hin. Wie läufts in der Schule? Verstehst du alles??? Miss u!
So, nun die von dir gewünschten News aus der Heimat ...:
Ich bin so fett. Dabei ess ich gar nicht mehr als wie immer ... ok, is jetzt vielleicht auch nicht sooo megainteressant für dich, geht mir aber im Kopf rum. Hab grad geduscht und beschlossen, ich muss abnehmen!!! Nehm mich beim Wort! Keine Angst, ich will bestimmt nicht so enden wie die Jana mit ihrer Bulimie-Scheiße. Wenn ich die auf ihrem Apfel da rumknabbern sehe ... Da werde ich lieber so fett wie die Lisa ... lol!
Ich habe halt Schiss, dass das immer so weiter geht. Dass ich immer fetter werde, ohne, dass ich was für kann. Dann hab ich bald Oberschenkel wie Cristiano Ronaldo ... Der Unterschied ist nur, bei dem sieht's geil aus.
Und dann liebt mich Adrian bestimmt nicht mehr. Oh Gott, Stopp, nicht weiterdenken, fang jetzt schon an zu flennen, nur bei dem Gedanken ... Oh mann, Mara, jetzt weiß ich echt, was Liebe ist. Alles was vorher war, Kinderkacke. Adrian, das ist ernst. Ich lieb ihn so!!!!!!!!! Ich will ohne ihn nicht mehr leben. Das kann ich mir gar nicht mehr vorstellen. Krass, wie lang wir schon zusammen sind ... es sind jetzt 3 Monate, 11 Tage, 5 Stunden und 8 Minuten. Ich kanns immer noch nicht glauben. Der kann doch alle haben und ich bins. Hammer!!!!
Nächstes Jahr, wenn er Abi hat, dann will er sich ne eigene Wohnung besorgen. Und dann zieh ich zu ihm, wenn ich 16 bin. Und da hält mich keiner von ab!!!!! Auch nicht Mom oder Dad!.
Mom ist ständig daheim, seit sie wieder zurück ist. Das nervt. Ich mein, es hat mehr genervt, als sie weg war, aber immer da ist genauso scheiße. Außerdem geht mir ihr ewiges Rumgejogge auf den Sack. Die hat bald einen dünneren Arsch als ich.
Und wie das mit Mom und Dad läuft, ich weiß nicht. Ich jedenfalls will später so nicht mit Adrian leben. Oh Gott, Alter, verschon mich, Horror!!!

Eigentlich ist es mir scheißegal, ob die das noch hinkriegen oder nicht.
Eigentlich aber auch wieder nicht.
Dad mag Adrian nicht. Das merke ich, bin ja nicht blöd. Das ist mir aber
auch so was von scheißegal!!!!

Ok, Süße, schick mir Pics, wenn du in LA warst. Ilu,
Melina

6. Kapitel

• • •

Spätestens als Günni aus Ober-Hörgern in viel zu enger Hose vehement die Hüfte bewegte und von argentinischer Erotik sprach, wusste ich, dass die Teilnahme am Tango-Kurs der Volkshochschule Nidda ein Fehler gewesen war.

«Lass uns doch mal was zusammen machen», hatte Franziska vor einiger Zeit gesagt. «Nur wir, so als Paar ... ein gemeinsames Hobby haben.»

Erst zuckte ich bei dieser Formulierung zusammen, dann aber fand ich die Idee gut. Im Grundsatz jedenfalls. Doch dass Günni aus Ober-Hörgern das gemeinsame Hobby sein soll, finde ich nun doch schwierig.

Mit sechs weiteren Paaren stehen wir etwas verlegen im kleinen Saal des Bürgerhauses herum und folgen den schwülstigen Ausführungen des kompakt gebauten Tango-Lehrers, der mit seinem Versuch, durch Nach-vorne-Gelen der Haare die Glatze zu kaschieren, wie alle Männer vor ihm kläglich scheitern musste.

Günni hat sich die flotte Astrid geschnappt und zerrt sie nun zu Demonstrationszwecken mit riesigen Schritten und lazivem Blick wild durch den Raum. «Damm, ram dam, damm», macht er dazu. Astrid trägt Gymnastikhose, was die Sache nicht besser macht. Nachdem Tango-Günni die erschöpfte Astrid wieder bei ihrem verlegen im Rhythmus mitwippenden Lebenspartner abgestellt hat, macht er uns klar, dass Tango nicht nur ein Tanz ist. «Leeeebensgefühl ist das, ihr könnt das atmen, spüren, fühlen.»

Scheiße, auch das noch.

Ich sehe Franziska aus den Augenwinkeln zu mir rübergrinsen und versuche neutral auszusehen, was mir vermutlich nicht gelingt. Während Günni aus Ober-Hörgern über das Lebensge-

35

fühl des Argentiniers an sich referiert, höre ich nur halb zu und denke an das grandiose 4:1 der Nationalmannschaft im Viertelfinale der letzten Weltmeisterschaft gegen eben genau dieses Land. Der Konter von Mesut Özil und Thomas Müller hatte für mich deutlich mehr Erotik als Günnis Hüftschwung oder die Gymnastikhose von Astrid.

«Männer», schmettert der wilde Günni plötzlich, sodass ich kurz zusammenzucke, «ihr *tanzt* nicht bloß mit eurer Partnerin, neeeeiiiin, sie ist eure Göttin ... ihr tragt sie und lasst sie schweben. *Feiert* sie!»

Geht es nicht auch ein klein wenig darunter?

Kurz danach übe ich mit Franziska wieder die ersten Grundschritte und blicke konzentriert bis verbissen auf den Boden.

«Sei doch nicht so verspannt», höre ich meine eigentlich zu feiernde Göttin meckern, die so gar nicht schweben will.

Vielleicht hat es mal eine Zeit gegeben, in der wir tatsächlich einen gemeinsamen Hüftschwung hinbekommen hätten. In diesem Moment jedenfalls will uns das nicht gelingen.

Plötzlich kommt Günni mit im Takt wippender Hüfte auf mich zugeschwänzelt.

Er wird doch nicht, denke ich. Doch er wird. Er legt seine Hände fest auf meine beiden etwas starren Hüften.

«Ooooond, ram damm damm», höre ich dann und rieche gleichzeitig sein süßliches Rasierwasser. Günni zieht mich vor, zur Seite und zurück.

Und das viermal hintereinander.

«Looocker, ganz loocker», befiehlt er. Alles andere würde ich nun hinbekommen, nur locker sein, das ganz bestimmt nicht.

«Versuch die Musik mal *einzuatmen* ... Raamm, damm, dam, dam.»

Nachdem ich dann auch noch um die eigene Achse gedreht werde, blicke ich für einen kurzen Moment zu Franziska. Ich sehe, wie sie die Lippen aufeinanderpresst und sich ihre Augen mit Tränen füllen.

Dann kann sie nicht mehr. Es platzt so heftig aus ihr heraus, dass Günni schlagartig innehalten muss und ich mich aus seiner Raamm-damm-damm-Umklammerung befreien kann. Franziska erleidet eine Lachattacke allererster Güte. Der Anfall ist so heftig, dass sie sich nicht mehr auf den Beinen halten kann und auf die Knie fällt. Ihr ganzer Körper vibriert. Für einen kurzen Moment ist mir der Auftritt peinlich. Denn alle anderen Paare blicken stumm auf meine quietschende Ehefrau. Dann aber brechen auch in mir alle Dämme, und ich kann nicht mehr an mich halten. Ich schnappe mir Franziska, lege sie mit dem Bauch auf meine Schulter, mit dem Ergebnis, dass sie noch lauter quietscht. Dann mache ich drei große Schritte und füge im Hinausgehen ein «Ramm damm damm» hinzu.

Irgendwie habe ich dann den Übergang verpasst. Heiter lachend lästerte ich auf dem Heimweg noch über Günni, über Gymnastikhosen und das Ramm damm damm und bemerkte nicht, wie Franziskas Lachen fließend in Weinen überging.

Nun sitzen wir zu Hause in der Küche, und alles ist wieder traurig.

«Was ist denn?», frage ich zaghaft.

«Ich bin einfach traurig», antwortet sie.

«Warum denn?»

«Weil's so ist.»

Immer und immer wieder kippt alles. Warum kann es nicht einfach mal einfach sein? Schon seit der Schulzeit kennen wir uns, da kann man doch mal erwarten, dass es mal wenigstens ein bisschen von selber läuft.

Als würde Franziska meine Gedanken erraten, sagt sie: «Du kannst nicht immer so tun, als wäre nichts passiert, als hätte es das letzte Jahr nicht gegeben. Glaubst du, ich merke nicht, wie du vor mir wegläufst? Wie du Angst hast vor meinen Veränderungen?»

«Ich habe keine Angst davor», entgegne ich. «Ich will halt nur nichts falsch machen.»

«Genau das isses, nichts falsch machen. Das will ich auch nicht. Und so gehen wir uns dann lieber aus dem Weg. Ich weiß doch auch nicht, was ich machen soll.»

«Spiel wieder Klavier!», rutscht es aus mir heraus. Flehender als gewünscht.

«Ach», macht sie und wischt die letzte Bemerkung mit einer unwirschen Handbewegung weg.

«Oder nimm doch wenigstens wieder Klavierschüler», lege ich nach. «Du hast doch jetzt die Zeit, seit du von der Schule weg bist. Vielleicht bekommst du dann auch wieder Lust zum Spielen.»

Seit Franziska vor fünfzehn Jahren ihr Klavierstudium schmiss und auf Lehramt umsattelte, hat sie kaum noch einen Ton gespielt. Sie müsse damit komplett abschließen, sagte sie immer, für sie ginge nur hopp oder top. Also sechs Stunden üben oder eben gar nicht mehr. Sie könne es nicht ertragen, sich selber am Klavier herumstümpern zu hören. Ich habe das nie verstehen können. Bis heute nicht.

«Wir haben doch den Flügel hier stehen», sage ich. «Bitte! Und nebenbei bemerkt, täte es unserem Konto auch ganz gut ...»

«Ach, daher weht der Wind», unterbricht sie mich. «Ich dachte wirklich kurz, es ginge dir um mich.»

«Natürlich geht es um dich», entgegne ich. «Aber es ist doch verdammt noch mal auch eine Realität, dass uns dein Lehrerinnengehalt fehlt. Wir müssen schließlich dieses scheiß Haus hier abbezahlen.»

Während ich das sage, schlage ich mit der Faust auf den Küchentisch und erschrecke dann vor meiner eigenen Heftigkeit.

«Na, dann fang doch selber mal an und kündige dein blödes Pay-TV-Abo», schreit sie zurück.

Ich spüre, wie meine Hand schmerzt und alles andere auch. Franziska legt die Hände vor sich auf den Tisch.

«Henning, wir müssen uns neu erfinden. Das haben wir uns doch damals auf der Berghütte geschworen.»

Diesmal mache ich «Ach» und winke verärgert ab. Geschwätz!

«Stattdessen», fährt Franziska fort, «habe ich ständig das Gefühl, dass ich dankbar sein muss, dass du zu mir hältst und ich hier wieder einziehen durfte.»

Sie steht auf und verlässt die Küche.

Eine Weile noch sitze ich stumm alleine am Tisch. Ihr letzter Satz hallt nach. Vielleicht hat sie sogar ein bisschen recht.

Wenig später stehen wir stumm vor unseren beiden Badezimmerspiegeln und putzen uns die Zähne. So wie immer. So wie seit 17 Jahren. Ich gehe zu ihr rüber und nehme sie in den Arm. Wir küssen uns, und ich schmecke ein wenig Zahnpasta. Dann drücke ich meinen Rücken gerade, öffne die Arme, greife mit der rechten Hand an ihren Rücken, mit der linken ihre Schulter, blicke wie ein argentinischer Latin Lover, packe sie fest und mache Ramm Tam Tam.

Später schlafen wir nach Monaten das erste Mal wieder miteinander. Wir spüren beide, dass es sich hätte anders anfühlen können.

7. Kapitel
• • •

Kreutzer klettet. Wie ein Schatten folgt er mir auf Schritt und Tritt. Und er redet. Viel. Nein, eigentlich eher dauernd.

Schon jetzt wüsste er, dass die Hospitanz auf unserem Polizeirevier in Alsfeld bahnbrechend für die Weiterentwicklung seines Vogelsberger Agententhrillers sei.

«Da muss man dabei sein», schwadroniert er. «Man muss Polizeiluft schnuppern, das muss man einatmen, man muss eintauchen, riechen. Das kann man sich nicht am Schreibtisch alles herdenken. Das spüren dann die Leser. Das macht dann den Unterschied, verstehste?»

Inzwischen habe ich an meinem Schreibtisch Platz genommen. Kreutzer kurz danach auch. Direkt gegenüber, mit freiem Blick auf mich.

Schweigend lese ich den kriminaltechnischen Bericht zu Dr. Murnaus Auto. Der Schriftzug «Tötet Murnau» wurde mit einem spitzen Messer in die Fahrertür geritzt. Erst der Steinwurf, dann die Amokdrohung per Brief und jetzt dieser Mordaufruf, verbunden mit Sachbeschädigung. Das ist kein Dumme-Jungen-Streich mehr. Das alles ist mehr als *unschön*. Vor allem, wo soll das noch hinführen?

«Verstehste?», höre ich dann noch einmal den Kreutzer-Manfred sagen, der sich mit einem Schweigen als Antwort nicht begnügen mag.

«Ja», antworte ich lustlos.

«Ich hab auch noch 'ne gute Nachricht für dich», legt er nach.

«So? Welche denn?» Noch immer blättere ich ohne aufzublicken im Bericht. Dass er sich heute seine spaghettistischen Endresthaare zum Zöpfchen zusammengebunden hat, ist mir trotzdem leider nicht entgangen.

«Rat mal!»

Manfred Kreutzer, den wir alle Manni nennen sollen, aber nicht wollen, entledigt sich seiner speckigen Lederweste und legt sie über meinen Schreibtisch.

«Was?»

«Na, rat mal.»

«Ja was denn, was soll ich raten?»

Gerade kommt eine Mail von Markus Meirich rein. Er habe in einem längeren Gespräch Frau Dr. Murnau endlich überzeugen können, bis auf weiteres nicht mehr in die Schule zu gehen.

«Ei, du sollst raten, welche gute Nachricht ich fürdchab ...»

«Ach, so äh ... puh.»

Markus schreibt weiter, die Schulleitung überlege, eine Sonderpolizeieinheit aus Gießen anzufordern. Eine Abteilung, die vor einiger Zeit für Fälle von Amok und Ähnliches eingerichtet wurde.

«Ich nehm dich in die Danksagung mit rein.»

Das Lehrerkollegium soll morgen in einer Gesamtkonferenz informiert werden. Auch wir von der Polizei sollen dabei sein, lese ich weiter. Es soll diskutiert werden, wie mit der Bedrohung umzugehen sei und in welcher Form im Umfeld der Schule ermittelt werden kann und soll.

«Haste gehört?»

«Ja, was ist denn?»

«Ich nehm dich ins Schlusswort mit rein», sagt Kreutzer und zeigt bei dem Wort «dich», so lässig er kann, mit seinem Zeigefinger auf mich.

«Dann biste auch 'ne kleine Berühmtheit. Nicht schlecht, oder?»

Markus berichtet weiter, dass er versucht habe, über das Schulumfeld hinaus mehr über und von Ellen Murnau zu erfahren. Verschlossen sei sie gewesen. Immerhin habe er herausgefunden, dass sie geschieden sei und einen langjährigen Rosenkrieg gegen ihren Exmann hinter sich habe. Es sei um viel Geld und um das gemeinsame Einfamilienhaus in Nidda gegangen.

«Nicht schlecht, oder?» Kreutzer bleibt hartnäckig,

«Um was geht's jetzt noch mal?», muss ich nachfragen.

«Ei, ums Schlusswort. Und du bist dabei. Ist das was?»

Er meint es tatsächlich ernst.

«Ja, echt super, danke ... äh, du Manfred ...»

«Für dich Manni!»

«Ja, also ... Manni, du, geh doch mal rüber zu Teichner. Der wollte dir noch 'ne spannende Story aus der Praxis erzählen, die du eins zu eins für dein Buch übernehmen kannst.»

Kreutzer springt begeistert auf, hält sich aber gleich darauf schmerzverzerrt die rechte Hüfte und wechselt humpelnd seinen «Arbeitsplatz». Ich atme tief durch und sehe zufrieden, wie Teichner bei seinen Internetsurfereien gestört wird.

Am Abend stehe ich auf unserer Terrasse und vergesse wieder einmal, das Rauchen aufzugeben. Franziska ist beim «Atmen». Mal wieder ein neuer Kurs. Immer freitags. Inzwischen der vierte, seit sie zurück ist.

«Atmen ... tun wir das nicht alle, auch ohne Kurs?», fragte ich sie vorgestern, in einem Tonfall vermutlich irgendwo zwischen naiv und hämisch.

Sie verdrehte nur die Augen und ging weg.

Ich atme nun auch. Allerdings Gift in meine Lungen. Ganz ohne Kurs.

Die andere Hälfte unseres Bad Salzhausener Doppelhauses grillt. Der Rest der Wohngegend auch. Vermutlich grillen alle heute. Ganz Deutschland. Das Wetter befiehlt es. Ich grille nicht. Schon gar nicht, wenn alle anderen es gerade tun.

Auch setzt mich schönes Wetter immer so sehr unter den Zugzwang, draußen sein zu müssen, dass ich mich aus Protest dagegen lieber drinnen aufhalte. So drücke ich schnell die Zigarette in einem Blumenkübel aus; die Anschaffung eines Aschenbechers lohnt sich ja nicht mehr. Schließlich höre ich ja permanent damit auf.

Ich gehe hinein und lege mich aufs Sofa. Berlusconi scheuche ich vom selbigen, da er dort nicht zu liegen hat, auch wenn er es doch immer tut. Ich schalte den Fernseher ein und lasse mir von Ranga Yogeshwar im altklugen Tonfall etwas erklären, was mich nicht interessiert. Ja, ich weiß, Physik kann so spannend sein, soll es aber für mich in diesem Leben nicht mehr werden. Und schon gar nicht mit Hilfe von Ranga Yogeshwar.

«Guten Abend, Herr Bröhmann!» Ich schrecke hoch. Da steht urplötzlich Adrian Albrecht im Wohnzimmer.

«Nabend», murmele ich zurück. Ich richte mich vom Sofa auf, blicke kurz zu ihm, dann aber wieder auf den Fernseher. Adrian setzt sich ungefragt neben mich.

«Ach, der Yogeshwar, der Quoteninder. Nicht schlecht, oder? Wie der immer komplizierte Dinge so einfach erklären kann, dass das auch noch der dümmste Hauptschüler oder Bauarbeiter rafft.»

Dann lacht er dreimal kurz lautlos auf und überprüft mit der linken Hand die Muskulatur seines rechten Bizeps.

«Wo ist Melina?», frage ich ihn.

«Im Bad», antwortet er. Dann zeigt er albern auf seine Uhr, grinst zu mir herüber und sagt: «Frauen halt, ne?»

Oh Gott! Was weißt du Hosenscheißer denn schon von Frauen?

Dann erscheint Melina in der Tür. Schwarze Hose, schwarzes T-Shirt. Schwarze Schuhe. Wie Adrian. Auch der betont dicke schwarze Lidstrich unter ihren Augen ist neu.

«Wir sind dann weg, ne!», blafft sie mir zu, ohne mich anzusehen.

«Wie weg? Jetzt noch?»

«Hohh, Mann, ich bin kein Baby mehr.»

«Um halb elf bist du wieder da!»

Adrian erhebt sich, reicht mir die Hand, sagt: «Keine Sekunde später bringe ich sie wieder unversehrt hierher zurück.» Dann geht dieses achtzehnjährige Riesenbaby zu meiner Tochter, umfasst ihre Hüfte und nimmt sie wieder ein weiteres Stück von mir weg.

Dem Freund meiner Tochter, den, wie ich hörte, alle nur AA nennen, also nicht AA, wie man zum Stuhlgang von Babys sagt, sondern englisch gesprochen Ey Ey, muss man immerhin eines zugutehalten: Er ist Eintracht-Frankfurt-Fan. Und Melina ist nun auch «Fan», obwohl sie sich, bevor sie ihn kennenlernte, einen Dreck um Fußball scherte. Nun will sie sogar am Samstag mit ihm zum Zweitligakracher gegen Erzgebirge Aue ins Stadion gehen. Das Ticket habe ich ihr gerne bezahlt.

8. Kapitel

• • •

Kriminaloberrat Onkel Ludwig Körber, mein Patenonkel und direkter Vorgesetzter, möchte es sich nicht nehmen lassen, der Schulkonferenz der Vogelsbergschule beizuwohnen. Ihm sei die Zusammenarbeit von Schule und Polizei schon immer wichtig gewesen, sagt er, als wir gemeinsam in Alsfeld in seinen Dienstwagen steigen, um nach Schotten zu fahren.

Wie immer stellt er sein in den Bordcomputer integriertes Navigationsgerät ein, obwohl wir beide den Weg sehr genau kennen.

«Jetzt hab ich schon mal so ein Ding, da muss es auch genutzt werden», sagt er. Schlappe sieben Minuten fingert er an diversen Tasten herum, sodass ich langsam Angst habe, zu spät zu kommen.

«Ach guck mal,» ruft Onkel Körber erfreut auf. «Die Vogelsbergschule wird hier auch als Sonderziel geführt. Das ist ja super.»

Was daran super sein soll, weiß ich zwar nicht, es ist mir aber auch egal, da wir nun endlich losfahren können.

«Wie läuft das denn mit dem Kreutzer?», fragt mich Körber wenig später.

«Offen gesprochen, weiß ich nicht, was das soll. Es macht die Arbeit nicht unbedingt leichter, dass er einen unentwegt zutextet.»

Körber nickt. «Ich weiß, der kann manchmal ein bisschen anstrengend sein.»

«Und die Tatsache, dass er bei der Zeitung war, hat mir beim letzten Gespräch mit der Schulleitung einigen Ärger eingebracht», sage ich. «Ich weiß wirklich nicht, was Vater sich dabei gedacht hat.»

Der Kriminaloberratsonkel nickt und schüttelt den Kopf gleichzeitig. «Vielleicht kann er uns aber auch noch mal von Nutzen sein», piepst Körber mit seiner für die beträchtliche Körperfülle viel zu dünnen Stimme.

«Der kennt hier im ganzen Einzugsgebiet Gott und die Welt. Dreißig Jahre Lokalredakteur, das ist schon was. Versuch das einfach zu nutzen, Henning.»

Ich lache ein wenig verzweifelt auf und blicke durch das Autofenster in das grüne Grün der Vogelsberger Weite.

Zehn Minuten später erreichen wir gerade noch rechtzeitig das Schulgebäude. Schnell finden wir das geräumige, aber doch stickige Lehrerzimmer, in dem die Gesamtkonferenz abgehalten werden soll.

«Ist dieser Platz noch frei?», frage ich ein blondes Mädchen, das irgendetwas in seiner Tasche zu suchen scheint.

Sie nickt, ich setze mich neben sie und lächle ihr freundlich zu.

«Hallo», sage ich und wundere mich, dass offenbar auch Schüler anwesend sein dürfen. «Bist du die Schulsprecherin?», frage ich.

«Nein, ich unterrichte Latein und Geschichte», entgegnet sie schroff.

«Oh, Entschuldigung.» Ich spüre, wie ich erröte.

Die sehen aber auch immer jünger aus, die jungen Leute, denke ich patzig vor mich hin und verdränge, dass dies vielleicht auch mit dem eigenen fortschreitenden Alter zu tun haben könnte.

Ich lasse meinen Blick durch das Lehrerzimmer schweifen und stelle fest, dass Dr. Ellen Murnau, unserem Rat folgend, nicht anwesend ist. Dauerhaften Personenschutz hat sie zwar abgelehnt, doch den Weg in die Schule würde sie vorübergehend meiden.

Ein äußerst engagiert daherkommender Lehrer mit Ohrring und Kinnbärtchen übernimmt die Begrüßung und schildert dynamisch die Schreckensvorfälle der letzten Tage. Meine Gedanken driften ein wenig weg, als ich die Schulpsychologin Assmann entdecke, die kürzlich bei der Besprechung in Dr. Ellen Murnaus Büro Manfred Kreutzer als Journalisten geoutet hat. Wider Erwarten lächelt sie mir freundlich zu.

Dann ergreift Onkel Ludwig Körber das Wort und erklärt nach einigen salbungsvollen Worten zur Einleitung:

«Wir respektieren den von Ihnen geäußerten Wunsch, Schüler und Eltern noch nicht zu informieren. Allerdings können wir Ihnen schulinterne Ermittlungen nicht ganz ersparen. Hauptkommissar Bröhmann wird diese übernehmen und Ihnen jetzt unser Vorgehen erläutern.»

Ich schlucke. Eiskalt erwischt! Wollte nicht Körber heute diese Ausführungen übernehmen? Ich fühle mich wie ein hilfloser Schüler, der völlig unvorbereitet an der Tafel eine mathematische Kurvendiskussion oder sämtliche Endungen des Subjonctif II vorführen muss.

Ich erhebe mich und blicke in die skeptischen Gesichter der Lehrkräfte. Ich räuspere mich und merke, wie aufgeregt ich bin. Meine Hände zittern. Ich versuche mich zu konzentrieren.

Ich finde zum Glück den Faden und teile der Versammlung mit, dass ich mit allen Klassen, die Frau Murnau derzeit unterrichtet, sprechen möchte. Man antwortet mir, es seien nur drei. Und es sei ohnehin nur ihrem starken Arbeitseifer geschuldet, dass sie überhaupt als Schulleiterin noch unterrichte.

Nun bricht mir verspätet der Schweiß aus. Verdammt. Ich stehe mal wieder neben mir. Immer wieder dieser Mist. Mein Gott, es sind doch nur Lehrer! Doch, wie die alle gucken! So kritisch, so verkniffen. So, als wüssten sie alles und ich nichts. Ich habe Angst vor ihnen. Es sind so viele. Das gibt's doch nicht. Meine Güte, Henning, reiß sich zusammen, du bist doch erwachsen und zudem auch noch selbst mit einer Lehrerin verheiratet. Warum immer diese Angst? Ich dachte, das wäre besser geworden. Fuck, würde Melina sagen. Nun murmeln auch noch einige mit ihren Sitznachbarn. Ich bringe noch irgendwie hervor, dass ich um eine Schülerliste bitte. Dann fällt mir nichts mehr ein. Ich sage «Danke» und setze mich wieder. Mein kurzärmliges Hemd ist klitschnass geschwitzt.

Nach dem Ende der Konferenz teile ich Onkel Ludwig mit, dass er ohne mich zurück ins Präsidium fahren solle. Ich hätte noch in Schotten zu tun, lüge ich. Ich schäme mich, wegen meines Auftritts eben, und möchte allein sein. Ich beschließe, ein wenig spazieren zu gehen. Auch schön, mal ohne Berlusconi durch die Gegend zu laufen. Ohne dass jemand mich latent nach vorne zieht und in der Gegend herumscheißt.

«Geht's Ihnen besser?»

Ich drehe mich um, und da springt Stefanie Assmann, die Schulpsychologin, gerade sportiv von einem Fahrrad.

«Wie? Was? Nein, ja, danke ...», stottere ich. Du liebe Güte! «Na ja, der Kreislauf», ergänze ich schnell.

«Na, da ist ja Nikotin genau das Richtige», entgegnet sie und deutet mit dem Finger auf meine angezündete Zigarette.

Ich lächle etwas verlegen und nehme den nächsten Zug.

«Haben Sie auch eine für mich?», fragt sie dann und stellt ihr Rad neben sich ab.

«Klar.» Ich reiche ihr mein Päckchen. Sie nimmt sich eine legere Gauloise heraus, und ich gebe ihr Feuer.

«Mensch, Sie zittern ja immer noch.»

«Das geht gleich vorbei», sage ich. «Assmann war Ihr Name, nicht wahr?»

«Richtig. Ich bin die Stefanie», sagt Frau Assmann und reicht mir ihre Hand.

«Henning!»

Ich greife mit meiner feuchten nach ihrer trockenen Hand und erwidere ihren festen Händedruck.

Stefanie Assmann ist kleiner, als ich sie bisher wahrgenommen hatte. Sie ist schlank, nicht dürr, und blickt mich aus großen, blau-grünen Augen wach an. Ihre, wie sagt man so schön, «sportliche» dunkelbraune Kurzhaarfrisur ist gerade noch lang genug, um noch ein wenig im nun stärker werdenden Wind wehen zu können.

«Furchtbar, diese Geschichte mit Ellen, nicht wahr?» Stefanie Assmann nimmt einen kräftigen Zug und bläst den Rauch durch ihre eher markante Nase aus.

«Sie, äh, du, ihr kennt euch näher?», frage ich.

«Wir arbeiten sehr gut zusammen. Sie hat einen tollen Ansatz, die Schule zu verändern, finde ich. Unsere Kinder kennen sich übrigens. Mein Sohn geht in die Parallelklasse von deiner Tochter.»

«Oh, da bist du ja sehr jung Mutter geworden», schmeichle ich.

«Vielen Dank! Ja, ich war zwanzig», antwortet sie nüchtern.

«Hast du eine Idee, aus welcher Ecke diese Drohungen kommen könnten?», frage ich weiter.

«Nicht wirklich. Aber, na ja, ich bin zwar keine Polizeipsychologin, aber ich würde euch raten, nicht nur bei den Schülern zu ermitteln. Ich weiß, dass Ellen Murnau viele Neider im Kollegium hat. Es gibt dort böse Grabenkämpfe. Sie verlangt nicht nur irrsinnig viel von sich selbst, sondern auch vom gesamten Kollegium. Das kommt nicht bei allen gut an. Wie sagt sie immer? Eine Schule ist immer nur so gut wie ihre Lehrer; was nützen die besten Ideen oder Konzepte, wenn sie schlecht umgesetzt werden?»

Ich nicke zustimmend.

«Ellen hat mal angedeutet, dass es im Kollegium eine Gruppe von sechs bis acht Lehrern gäbe, die sich immer stärker gegen sie positionieren.»

«Inwiefern?»

Stefanie Assmann zuckt mit den Schultern. «Details kenne ich nicht. Bin ja keine Lehrerin. Und Ellen ist bei diesen Themen sehr verschlossen. Sie tut alles dafür, dass nur kein schlechtes Licht auf die Schule fällt.»

«Ja, das habe ich auch schon bemerkt.»

Stefanie Assmann blickt kurz auf ihre Armbanduhr, sagt: «Oh, ich muss nun aber los», und greift nach ihrem Fahrrad.

«Falls wir noch Fragen haben, wie und wo kann ich dich erreichen?»

«Hier sind meine Nummern.» Sie reicht mir eine Visitenkarte. Graziös springt sie dann auf ihren Sattel. «Vielen Dank für die Kippe ... und gute Besserung!»

«Wieso?»

«Na, dein Kreislauf.» Dann lächelt sie noch kurz, zieht ihre linke Braue hoch und rollt davon.

Etwas später beschließe ich, heute nicht mehr ins Büro nach Alsfeld zurückzukehren, sondern stattdessen den Feierabend vorzuverlegen und einen Kaffee in Schotten zu trinken, eine Zeitung zu lesen und dann mit dem Bus nach Hause zu fahren. Vielleicht sollte ich den Kollegen noch Bescheid geben. Ich zücke mein Handy, doch der Akku ist leer. Egal. Ich schlurfe in den Einkaufsmarkt, um mir einen Mango-Lassi-Becher, den «Kicker», Aufbrüh-Cappuccino und weiteres sinnloses Zeug zu kaufen.

Den frühen Feierabend bereue ich in dem Moment, als ich die wuchtige Frau Knöppel an der Fleischtheke stehen sehe. Ich versuche sofort die Richtung zu ändern, doch für eine Flucht ist es zu spät. Sie hat mich bereits gesichtet, und es dauert keine halbe Minute, da werde ich auch schon von ihr abgefangen.

«Aaach, hallo Frau Knöppel», tue ich freudig überrascht.

«Na, Herr Bröhmann, frei heute?»

Niemand rollt das «r» so oberhessisch wie Frau Knöppel,

wenn sie Brrrrröhmann sagt. Sie muss beim Friseur gewesen sein. Eigentlich trägt sie seit Jahrzehnten die klassische Vogelsberger Alt-Damen-Frisur, wetterfest und unzerstörbar, doch heute kommt sie wesentlich kecker geföhnt und getönt daher. Auch weht mir ein eher unknöppeliger Haarspray-Duft entgegen.

«Nein, leider nicht. Ich hatte einen Termin hier», antworte ich und versuche nun gehetzt zu wirken, indem ich meinen Einkaufswagen ein wenig nach vorne bewege.

«Soso?» Da war es wieder, dieses «Soso». Es kommt immer. Wie sie dieses «Soso» ausspricht, da schwingt eine ungute Mischung aus Neugierde, Skepsis und Kritik mit.

«Och, Sie Ärmster, und dann müsse Se zwischedorsch auch noch einkaufe?», blökt es mit wie immer zu lauter Stimme aus ihr.

Ich grinse ein bisschen, nicke ihr zu und wage einen unbeholfenen Versuch, mit meinem Einkaufswagen an ihr vorbei in Richtung Kühlregal zu fahren. Doch Frau Knöppel lässt mich, das ist jetzt klar, so schnell nicht wieder frei.

«Ihre Frau seh isch ja als und alsemal im Park. Die ist ja als am Laufe, was? Die hab isch hier net mehr einkaufe gesehe, seit die wieder daheim ist? Oder?»

«Tja», nuschel ich. Was soll man da auch sagen?

«Es geht einen ja nix an, sach isch immer, gelle, aber bei viele von dene junge Familie bin isch mir net so sischer, ob da nix bei de Kinner uff de Strecke bleibt, wenn die Fraue zum Arbeite gehe. Und sind mir mal ehrlich, teilweise net nur halbtags ... na ja jeder so, wie er meint, wie es richtisch ist, sach isch immer.»

Sagt sie immer.

Sie fixiert mich. Ich blicke auf die Hautlandschaft zwischen Kinn und Brust und frage mich, wo bei Frau Knöppel so ungefähr der Hals beginnt.

«Isch mein, das muss ja jeder für sisch selber wisse, aber

wenn isch seh, wie viel Männer so wie Sie hier noch nebe der Arbeit einkaufe müsse, Kerle, Kerle.»

Vehement schüttelt sie ihren Kopf. «Ihre Frau hat wahrscheinlisch kaa Audo net zum Einkaufe, was?»

Es gehört zu meinem Lebensziel, irgendwann auf diese Art Fragen nicht mehr zu antworten, Menschen wie Frau Knöppel einfach mal stumm verhungern zu lassen, ohne blöd zu grinsen oder zu nicken. Doch ich bin noch nicht so weit. Frau Knöppel möchte auch niemand zur Feindin haben. Sie wohnt zwei Straßen von uns entfernt, und sie weiß im Bereich zwischen Nidda und Schotten einfach alles! Oder sie glaubt es zu wissen. Ich treffe sie immer mal wieder bei Hundespaziergängen. Ihr Hund ist genauso breit wie lang und hat kein Vorne und kein Hinten. Meine ständige Furcht ist, dass er ausgerechnet dann, wenn ich mal neben ihm stehe, platzt.

«Nein, stimmt, im Moment hat sie kein Auto», antworte ich also gegen meinen Willen.

«Soso. Da gehtse bestimmt aach bald widder in die Schul, was?»

«Tja, mal sehen ...»

«Na ja, es geht einen ja auch nix an, gelle?»

Stimmt, denke ich.

«Und dann habbe Se ja auch noch ein neue Mitbewohner, was?»

«Wie?»

«Ei, die Melli hat jetzt immer so ein Kerlebursch dabei. Die fange ja aach immer früher an, was? Aus de Kinnder werde Leut, sach ich immer.»

«Tja, ja ...»

«Aber Ihre Melli tut einen wenigstens immer noch schön grüße. Wenn ich da an den Bub von dene Schusters denke ... Wisse Sie, was bei dene los ist? Man sieht die gar net mehr, die Schusters. Die müsse aach viel um die Ohre habe. Na ja, es geht einen ja nix an, gelle, aber vielleicht sind die aach ein paar Woche verreist. Die Hecke ist aach noch net geschnitte. Na ja, das muss ja jeder für sich selber wisse, gelle?»

«Ja.»

«Nu ja, finanziell wenigstens muss es ja ganz gut laufe bei dene Schusters, was?»

«Kann sein, weiß nicht.»

«Doch! Isch mein, eigentlich hat einen das jet net zu interessiere, gelle, aber drei Audos in fünf Jahr'n ... das kann sich aach net jeder leiste. Nu ja, jeder muss selber wisse, was er tut, was?»

«Hmm.»

«Es soll ja jeder mit seiner eigene Fassong glücklisch werde, sach isch immer.»

«Genau.»

Dann erspäht sie ein neues Opfer, und ich bin gerettet.

9. Kapitel
•••

Da bist du ja endlich, Henning», begrüßt mich Franziska, als ich unser Haus betrete. «Du sollst sofort Markus Meirich auf der Dienstnummer anrufen. Es muss was passiert sein. Er hat mehrmals versucht, dich auf dem Handy zu erreichen.»

«Oh, Mist, ja, mein Akku ist leer.»

Ich gebe Franziska einen flüchtigen Kuss auf die Stirn, setze mich in mein Arbeitszimmer und rufe Markus an.

Dann höre ich ihm minutenlang schweigend zu, bringe am Ende des Telefonats nur ein «Verdammte Scheiße» hervor und lege auf.

Ich lehne mich zurück und starre an die Decke.

Franziska öffnet vorsichtig die Tür. «Ist was passiert?»

Ich drehe mich zu ihr um und sage leise: «Auf Ellen Murnau wurde geschossen.»

«Was? Geschossen?»

«Na ja, zumindest ein bisschen.»

Kriminaloberrat Ludwig Körber steht im Revier und schreit: «Das kann doch wohl nicht wahr sein. Du hattest Dienst, kehrst nicht in dein Büro zurück und bist noch nicht einmal telefonisch zu erreichen. Henning, verdammt noch mal, du bist Hauptkommissar. Das wird diesmal Konsequenzen haben, mein Freund!»

Er ist außer sich. Zu Recht.

Es ist inzwischen 21 Uhr. Ich entschuldige mich bei Körber, Teichner und Markus, dass ich nicht rechtzeitig beim Tatort war, und bitte Teichner kleinlaut, mir alles genau zu erzählen.

«Okidoki, die Murnau also wurde hiermit getroffen.» Er hält mir ein kleines gelbes Plastikkügelchen vor die Nase. «Das ist dann richtig ins Auge gegangen ...»

Niemand anderes beherrscht die Kunst deplatzierter Bemerkungen so sehr wie mein Kollege Teichner. Ich ignoriere wie immer seinen Nicht-Scherz und warte einfach, bis er weiterredet.

«Dies ist eindeutig Munition aus einem Softairgewehr. Der Täter hat sich vermutlich hinter der Hecke des Hauses gegenüber versteckt und aus 10 bis 15 Metern, peng, auf sie geschossen.»

«Softairgewehr? Sind das diese scheiß Waffennachbauten?», frage ich nach.

«Yep! Nun ja, so scheiße sind die gar nicht. Das sind teilweise faszinierend detailgenaue Replikate.» Teichners Schweinsaugen beginnen unter seiner feuchten Stirn zu leuchten. «Hammer, die Dinger. Aber halt nix für kleine Kinner.»

«Na eben doch», unterbreche ich ihn. «Die dürfen doch teilweise schon an Vierzehnjährige verkauft werden, oder etwa nicht?»

Ich weiß von Teichner, dass er vor Jahren einige Male an sogenannten Softairspielen teilgenommen hat. Der Idiot. Es ist für einen halbwegs intelligenten Menschen kaum vorstellbar, aber tatsächlich gibt es nicht wenige erwachsene Männer, die freiwillig mit Tarnanzügen bekleidet durch Wälder stolpern, mit diesen Geräten Krieg spielen und den ganzen Quatsch dann auch noch als «Sport» bezeichnen.

Im Moment habe ich natürlich weder Zeit noch Lust, mit Teichner eine Softairdebatte zu führen.

«Wie geht es Ellen Murnau?», frage ich ihn stattdessen.

«Sie ist ins Krankenhaus gebracht worden und wird am Auge operiert. Nix Genaues weiß man net, ob es zu retten ist.»

Ich atme tief durch. Mein Gott, wo sind wir hier eigentlich? Im Vogelsberg oder in der Bronx?

«Gab es Zeugen?» Muss man Teichner eigentlich alles aus der Nase ziehen?

«Nullinger, eine Nachbarin. Die will einen Knall gehört haben. Gesehen hat den Täter keiner. Jedenfalls hat sich bis jetzt niemand gemeldet.»

Erst jetzt bemerke ich sein T-Shirt. «Teichner, wolltest du nicht ab sofort neutrale Kleidung tragen?»

Auf seinem Wanst steht heute: «FBI – Female Body Inspector».

«Oops, wohl danebengegriffen heute Morgen, was?» Teichner grinst hässlich.

«Hat sie selber den Notarzt rufen können?», wechsle ich schnell das Thema.

«Yep. Sie hat sich noch ins Haus schleppen können, hat kurz telefoniert und ist dann ohnmächtig geworden», antwortet der selbsternannte Female-Body-Inspector.

Nun stürmt Markus Meirich an Teichner und mir vorbei, klatscht in die Hände, ruft: «Auf, Leute, Besprechung!», und verschwindet im Besprechungszimmer. Zehn Sekunden später öffnet er wieder die Tür und schmettert ein «Looos, zack, Leute» ins Büro.

Ich mag Markus Meirich sehr, und ich freue mich auch für ihn, dass er im letzten Jahr zum Hauptkommissar befördert wurde. Und ich weiß auch, dass ich dankbar sein muss, wie sehr er mir in den letzten Jahren den Rücken freigehalten und den Laden hier geschmissen hat. Eine Farce, dass ich so etwas wie sein Vorgesetzter war. Das ist nun offiziell korrigiert, doch in letzter Zeit fällt mir immer mal wieder unangenehm auf, dass Markus ab und zu etwas sehr Chefiges heraushängen lässt, das mir nicht wirklich passt.

Teichner und ich nehmen am zeitlosen Besprechungstisch Platz. Markus steht schon mit aufgeschraubtem Edding-Stift vor der Wandtafel.

«Ich fasse zusammen», tönt er. «Punkt 1: Der Steinwurf in Murnaus Büro. Henning ist anwesend, sichtet einen vermummten Jugendlichen, der erfolgreich fliehen kann. Punkt 2: Drohbrief an Murnau. Punkt 3: Zerkratztes Auto mit Morddrohung. Punkt 4: Anschlag mit Softairwaffe. Murnau wird am Auge verletzt. Das alles innerhalb eines Zeitfensters von 10 Tagen. Der Täter droht, teilt aber nicht mit, worum es ihm geht.»

Nun beginnt er Kreise zu malen.

«Wir müssen mit allem rechnen. Es wird möglicherweise weitere Anschläge auch innerhalb der Schule geben. Wir können nicht fest davon ausgehen, dass sich die Aggression nur rein persönlich gegen Murnau richtet. Und es ist auch nicht sicher, dass es sich um einen Einzeltäter handelt.»

«Markus», versuche ich seinen Vortrag vorsichtig zu unterbrechen.

«Moment, Henning, ich bin noch nicht fertig. Wir haben also einmal das Milieu Schule, aus dem der Täter stammen könnte. Der jugendliche Steinewerfer würde dazu passen. Ich denke aber, dass wir unbedingt auch stärker und intensiver das persönliche Umfeld von Frau Murnau durchleuchten müssen. Dazu habe ich gleich noch etwas zu sagen ...»

Ein wenig spüre ich, wie die Zeiten zu Ende gehen, in denen ich mich nur zu gerne hinter Markus versteckt habe. Ich stehe auf, stelle mich auch neben die Wandtafel, zeichne einen weiteren Kreis und sage wichtig: «Ein drittes mögliches Tätermilieu könnte das Lehrerkollegium sein. Mir liegen Informationen vor, dass Frau Murnau dort auch einige Widersacher hat.»

Markus sieht mich skeptisch an. «Das bringt mich zu einem weiteren Punkt», sagt er. «Ich trage nun mehr Verantwortung hier im Team. Und es ist mir wichtig, dass wir a) eine bessere Kommunikation pflegen, sprich alle Infos immer sofort ins Team bringen, und b) brauchen wir dringend ein anderes Tempo. Wir müssten mit den Ermittlungen in den Schulklassen schon viel weiter sein.»

Das galt offenbar mir. Dummerweise hat Markus in allen Punkten recht. Sosehr mir der leicht mackerhafte Auftritt missfällt, er hat doch eines erreicht: dass Teichner sich bis jetzt ehrfürchtig in Schweigen hüllt.

Dann wird die Tür aufgerissen. Kreutzer.

«Jetzt nicht!», blöken Markus und ich synchron in Richtung Praktikanten-Manni.

«Bin schon weg», murmelt er und schließt verlegen grinsend die Tür.

Markus fährt fort. «Morgen Nachmittag wird es in der Schule wieder eine Konferenz geben, einen runden Tisch, mit dem Ziel der Bildung eines Krisenteams, bestehend aus Schul- und Polizeivertretern.»

«Sollen die Eltern und Schüler denn nun eigentlich informiert werden?», frage ich und beobachte, wie sich Teichner gähnend streckt und dabei den Nabel unter seinem T-Shirt auf unnachahmliche Weise freilegt.

«Ich denke schon. Aber das soll morgen festgelegt werden», antwortet Markus. «Gut, dass morgen Freitag ist und am Wochenende die Schule eh geschlossen bleibt.»

«Was ist hiermit?», fragt Teichner und deutet mit seinem Finger auf den Unterpunkt «Privates Umfeld» an der Wandtafel. «What's about her Exehemann?»

«Den kannst du gleich morgen versuchen zu erreichen», sagt Markus und legt ihm einen Zettel mit Telefonnummern und Adressen auf den Tisch. «Da hat's vor drei Jahren eine krachende Scheidung gegeben mit allem Drum und Dran. Ellen Murnau erzählte mir, dass es um viel Geld ging, das sie sich erstreiten konnte. Sie ging als ‹Siegerin›, wie sie selber sagte, aus der Geschichte heraus. Mal sehen, was er dazu zu sagen hat.»

Teichner verspricht, den Kerl auszupressen wie eine Zitrone.

Am Ende unserer Sitzung erzähle ich von den Andeutungen Stefanie Assmanns, es gebe, vorsichtig formuliert, im Kollegium nicht nur Murnau-Fans. Wir legen fest, dass ich morgen nach dem Krankenhausbesuch bei Ellen Murnau den ganzen

Tag in der Vogelsbergschule verbringen werde, um zum einen mehr darüber zu erfahren, zum anderen mit den Schülergesprächen zu beginnen.

Auf dem Weg zur Toilette fängt mich unser Kreutzer-Manni ab.

«Hier Henning, pass acht, hier, ein Horschebuch wird's wohl auch geben.»

«Ein was bitte?»

«Hörbuch.»

«Aha ...»

«Ja, das brauchste heutzutage. Ohne geht's net mehr. Und ich hab mir schon überlegt», nuschelt er weiter, «ich selber tu's net einrdn ...»

«Ja, ist wahrscheinlich auch besser so», sage ich.

«Ja. Das muss ein Name sein. Ich habe meine Fühler schon ausgestreckt. Ich bin am Robert de Niro dran.»

«Was?» Ich kann nicht anders und lache ungläubig auf.

«Ei, also jetzt nicht direkt natürlich der de Niro Robert, sondern halt seine deutsche Stimme.»

«Jetzt ehrlich?», frage ich nach. «Die deutsche Synchronstimme von Robert de Niro spricht deinen Roman ein?»

«Ja, also nein, also fast. Und den Bruce Willis hat der auch drauf.»

«Das ist aber wieder ein anderer», korrigiere ich.

«Was? Häh, na ist auch egal. Jedenfalls der, der immer vorm Fußball das mit dem Bitburger schwätzt.»

«Das ist doch wieder ein anderer. Das ist doch die Stimme von Anthony Hopkins.» Ich suhle mich lustvoll in meiner Pedanterie.

«Genau, der glaube ich isses ... oder?» Kreutzer kratzt sich angestrengt die Halbglatze. «Also, der Tom Hanks isses jedenfalls nicht. Ich hab auf alle Fälle die Kontaktdaten.»

«Wie?»

«Ei, mit'm Internet kriegste das alles raus. Was musste ich

mir früher bei der Zeitung die Finger wundwählen, um an Infos zu komme. Jetzt hab ich ratzfatz alles. Ich hab sozusagen seine Nummer ...»

«Seine Nummer hast du?»

«Ja, oder von seiner Agentur oder so. Muss nur noch anrufen ...»

«Ach, du hast noch gar nicht angerufen?»

Manchmal habe ich das Gefühl, Manfred Kreutzer meint das alles gar nicht ernst, sondern nimmt mich in einer Tour auf den Arm. Doch dem ist nicht so. Er meint es sehr ernst.

«Nee, mach ich aber, wenn ich daheim bin. Mit dem Schmitt Kurt bin ich einig. Der hat bei sich im Schuppe so 'ne Heimrecording-Anlage mit Mikros und allem Pipapo. Das ist der Hammer. Der hat da auch die Demo-Kassette vom ‹Feschen Günther› aufgenommen. Eins-a-Qualität. Da wird de Robert de Niro auch mit zufrieden sein.»

«Aha.» Mehr fällt mir dazu nun nicht mehr ein.

Am selben Abend, zu Hause, wünsche ich mir einfach nur, alleine zu sein. Meinen Gedanken nachzugehen und Ruhe zu haben. Doch es bleibt ein Wunsch.

Zunächst büxt Berlusconi aus, denn Franziska hat vergessen, das Gartentor zu schließen. Dann «übt» Laurin eine Stunde auf einer Trompete, die sein Freund Jannik bei ihm liegengelassen hat. Und nun just in dem Moment, in dem er eine kurze Pause macht, steht Melina mit Dackelblick vor mir.

«Daddy, kann ich mal mit dir reden?»

Ich kenne diesen Tonfall. Was will sie diesmal? Länger wegbleiben? Geld? Antibabypille? Oder alles zusammen? Nein, diesmal nicht. Für so was habe ich nun wahrlich keinen Kopf.

«Ich kann jetzt nicht», sage ich dementsprechend in betont abweisendem Tonfall und schütte Trockenfutter in Berlusconis Napf.

Melina rückt nahe an mich heran. «Ist mir aber wichtig.»

«Jaaa, wichtig, wichtig, wichtig», mosere ich. «Immer, wenn du was willst, dann ist das wichtig. Dass es vielleicht auch mal im Leben viel wichtigere Dinge gibt als die Anliegen der Mademoiselle Bröhmann, geht in dein Köpfchen nicht rein, was?»

Melinas Unterlippe beginnt zu zittern, Tränen schießen ihr in die Augen. «Dann halt nicht, du Penner!», keift sie und rennt die Kellertreppe hinunter. Rumms, knallt die Tür, dann schließt sie ab.

Ich brülle ihr hinterher: «Das hört jetzt ein für alle Mal auf! So hast du mich nicht zu nennen, verstanden? Ich bin dein Vater. Penner, ich glaube es hackt. So kannste deinen Spusi nennen, aber nicht mich.»

Ich atme mit aufgeblasenen Backen meine Restwut aus, gehe zu meinem Geldbeutel und suche die Visitenkarte. Dann wähle ich die Mobiltelefonnummer von Stefanie Assmann.

Hi Mara,

kann das sein, dass der eine da links auf dem Pic aussieht wie Robert Pattinson? Oder issers sogar??? Dass du deine Eltern vermisst, tut mir voll leid. Aber ich sags dir, freu dich trotzdem drüber, dass du die nicht jeden Tag sehen musst, so wie ich. Ok, ein ganzes Jahr, ich glaub, da würde ich selbst meine vermissen. Wenn auch zu Unrecht ...

Ich will ausziehen. Ich hab da endgültig keinen Bock mehr drauf!

Mein Dad labert immer rum, ich soll, wenn ich ein Problem oder so hab, immer drüber reden und so und nix reinfressen. Aber wenn ich dann mal mit ihm reden will, dann hat er keine Zeit oder motzt rum. Ich will auch ein Jahr Amerika. Aber natürlich nur mit Adrian!!!

Mom geht mir auch so was von auf die Stöcke!

Also ausziehen ... aber wohin? Zu AA? Der will mich bestimmt auch nicht. Wir hatten voll den Zoff eben. Er muss ja nicht immer gleich beleidigt sein, nur weil ich nicht zu seinem scheiß Fußball will. Müllo und Sebi können mich doch eh nicht leiden. Und mich auslachen lassen, weil ich die dummen Spieler nicht kenne, das muss ich mir ja echt nicht geben. Und Biersaufen können die auch alleine. AA ist immer so süß, wenn wir allein sind. Mit seinen Kumpels ist er aber immer ganz anders, voll abweisend. Alles ist grad scheiße, sorry, dass ich dich damit zuspame. Aber du bist halt meine Liebste. Love u!. Nadine und Jessi heulen auch nur rum ... öhhh, ich hätte keine Zeit mehr für sie, würd mich voll abspalten, nur noch mit AA abhängen und so. Manchmal sind die echt noch voll kindisch.

Kannst du jetzt schon alles auf Englisch verstehen? Auch wenn dein Gastdaddy so nuschelt? Wenn du wiederkommst, haste in Englisch bestimmt immer ne Eins.

Schreib mir ... und vergiss nicht, ich will alles wissen ... vor allem über Robert Pattinson!!!

Kuss Mel

10. Kapitel

• • •

Sind Sie sicher, dass es eine Hämorrhoide ist?»

Die Dame, der diese Frage gestellt wurde, macht nicht den Eindruck, als ob sie darauf gerne öffentlich antworten möchte.

«Das sollten Sie genau wissen, wenn Sie diese Salbe benutzen möchten. Ich kann Ihnen aber auch Zäpfchen vom gleichen Hersteller anbieten. Die wirken dann schon im Enddarm, sozusagen gleich an der Wurzel.»

Diesmal schüttelt die Dame schüchtern den Kopf.

«Viele denken, man hätte Hämorrhoiden, dabei ist es auch oft etwas anderes. Zum Beispiel eine Analthrombose.»

Ich gebe alles, so zu tun, als würde ich nicht zuhören. Doch es ist unmöglich. Zu eng stehen wir hintereinander in der Reihe.

«Wo genau ist es denn? Sollten Sie den Knubbel bereits am Aftereingang spüren, ist es vermutlich eine Analthrombose. Dann müssen Sie sich eher mit kühlenden Medikamenten helfen. Auf gar keinen Fall ein warmes Bad nehmen. Am besten lassen Sie das von einem Proktologen abklären. Es könnte ja auch eine Analfissur sein. Ich empfehle da immer das Rektalcenter bei Gießen. Kennen Sie das?»

Ich tue so, als würde ich meine Mobilbox abhören, und frage mich, ob ich mich in einer Schottener Apotheke befinde oder nicht vielleicht doch eher in einem Charlotte-Roche-Roman.

«Und wenn die Beschwerden in einer Woche nicht besser werden, gehen Sie auf jeden Fall zum Arzt ...»

Die Kundin vor mir flüstert leise etwas über den Tresen.

«Ach, da waren Sie schon», schmettert die Frau Apothekerin durch den Raum. «Na, dann ist ja gut, dann wissen Sie ja Bescheid. Wiedersehen und gute Besserung, Frau Schlesig.»

Frau Schlesig packt ihre kleine Tüte, dreht sich um, blickt scheu zu mir und zuckt zusammen.

«Hey, Manu», sage ich überrascht. «Lange nicht mehr gesehen. Kommste auch zum Abitreffen?»

«Weiß noch nicht», antwortet sie kurz und huscht an mir vorbei hinaus ins Freie.

Na, dann haben wir doch dann ein schönes Gesprächsthema, denke ich mir. Oft weiß man ja nicht, was man bei Klassentreffen so reden soll.

«Bitte sehr?», sagt die Dame mit dem weißen Kittel, der starken Schminke und der albernen grünen Brille nun zu mir. Ich lege das Rezept für Franziskas Beruhigungsmedikament auf den Tisch.

«Aha», macht sie nun. Sie holt tief Luft und sagt: «Sie wissen schon, dass ...»

«Nein», unterbreche ich sie. «Ich weiß gar nichts und ich möchte von Ihnen auch gar nichts weiter wissen. Ich möchte von Ihnen nur, dass Sie nun zu Ihrem Schrank dahinten gehen und mir einfach dieses Medikament geben. Wenn ich oder meine Frau – oder Mutter oder Vater oder weiß der Geier wer – eine medizinische Frage haben, dann gehen wir zum Arzt oder der Ärztin unseres Vertrauens und stellen diese dort und nicht hier in Ihrem Medikamentenladen. Ich gebe Ihnen nur den Auftrag, mir dieses Medikament auszuhändigen und sonst zu gar nichts. Sollte das bei Ihnen Minderwertigkeitskomplexe hervorrufen, dann hätten Sie sich früher überlegen sollen, statt Pharmazie Medizin zu studieren. Danke!»

Frau Apothekerin starrt mich mit offenem Mund an.

«Unverschämtheit», zischt sie.

«Vielen Dank, Ihnen auch noch einen schönen Tag», sage ich und verlasse zufrieden die Apotheke.

Schotten, das Herz des Vogelsbergs, so wird es genannt. Die Metropole schlechthin mit fulminanten 12 000 Einwohnern, die in der Kerngemeinde oder in Stadtteilen mit den schönen Namen Betzenrod, Breungeshain, Burkhards, Busenborn, Eichelsachsen, Einartshausen, Eschenrod, Götzen, Kaulstoß, Michelbach, Rainrod, Rudingshain, Sichenhausen und Wingershausen aus Überzeugung leben oder einfach nicht von dort weggekommen sind. Ich, der ich in Rudingshain aufgewachsen bin, das so winzig ist, dass selbst Google Maps es manchmal übersieht, bin so etwas wie ein Verräter, da ich nach Bad Salzhausen zog, einem Stadtteil Niddas, das wiederum offiziell zum Wetteraukreis zählt.

Schotten darf von dem einen oder anderen nicht zuletzt wegen des mittelalterlichen Stadtkerns und diverser enger Gässchen als malerisch gepriesen werden. Zudem liegt die Stadt am Fuße des Mount Everests des Vogelsbergs, des Hoherodskopfs, der touristischen Topadresse schlechthin. Ob man allerdings in Schotten, wie die stadteigene Homepage tönt, «ganz schnell bei einem Stadtrundgang, Einkaufsbummel oder im Park mit netten Leuten ins Gespräch kommt», lasse ich mal dahingestellt. Der Fremde sollte eher den durchaus skeptischen Blicken der Einheimischen standhalten oder sie ignorieren können. Auch sollte man es aushalten können, wenn in Gaststätten vor Ort die Gespräche mit einem Schlag verstummen, wenn man es wagt, eine solche ohne Vorankündigung zu betreten. In Rudingshain ist es bis heute eine Attraktion, wenn ein Auto ohne Vogelsberger, Wetterauer oder Gießener Kennzeichen durch den Ort rauscht.

Für mich ist Schotten Heimat. Was auch immer das sein mag. Ich habe Spaß an den alten Männern, die den ganzen Vormittag stumm mit einer Flasche Bier an Stehtischen vor Einkaufsmarktbäckereien stehen und die Wachsfiguren von Madame Tussaud imitieren. Ich liebe den rauen Wind der Gegend und den latenten Geruch von Kuhmist in der Luft.

Ich mag den oberhessischen Dialekt, den ich aufgrund meiner hochdeutschen Eltern nie gelernt habe und bis heute nicht immer verstehe. Man sagt, der Norddeutsche sei eher unterkühlt und ruhig, der Ruhrpöttler laut und lebensfroh und der Bayer bodenständig und gemütlich. Der Oberhesse ist einfach oberhessisch, nicht mehr und nicht weniger. Und von dem Wenigen allerdings hat er richtig viel. Wie sagte der Gärtner meiner Eltern immer? «Wer iewes eabbes eass, eass ean Owerhess» – Wer ein bisschen etwas ist, ist ein Oberhesse. So soll es sein.

Ich setze mich an diesem bedeckten schwülen Maimorgen in das sogenannte «Vulkan-Café» des «Zuckerbäckers» Haas, bestelle mir neben einem Cappuccino einen «Kirsch mit Streusel» zum Frühstück und warte auf Stefanie Assmann. Vielleicht kann sie mir mehr über Ellen Murnau erzählen, bevor ich diese in einer Stunde in der Gießener Augenklinik besuche.

Die Schulpsychologin wirkt gehetzt, als sie das Café betritt. Ihre Oberlippe ist mit einem Hauch Schweiß benetzt und die Haare sind ein wenig vom Fahrradwind zerzaust. Ich begrüße sie freundlich per Handschlag, und wir kommen sehr schnell zur Sache. Sachlich, professionell und gefasst wirkt sie, als ich ihr ausführlich von den jüngsten Ereignissen berichte.

Kurz bevor ich Fragen zu Dr. Ellen Murnau stellen möchte, klingelt mein Handy. Es ist Teichner.

Er habe wichtige Neuigkeiten. Ich verlasse den Tisch, um mehr Ruhe zu haben, nicke Stefanie Assmann entschuldigend zu und stelle mich vor die Bäckerei. Schweigend lausche ich Teichner und schaue dabei auf adipöse Zwölfjährige, die sich Zigaretten anzünden.

«O. k., alles klar», sage ich zu ihm, nachdem er mich ausführlich informiert hat. «Danke und tschüs.»

«Tschüssinger!»

Als ich zurück ins Café komme, sehe ich nun Stefanie telefonieren und Notizen machen. Wenig später beendet auch sie ihr Gespräch, blickt zu mir auf und sagt: «Mann, Eltern können solche Arschlöcher sein, das glaubt man kaum.»

Ich stimme ihr zu und erzähle von Teichners Anruf, wohl wissend, dass ich eigentlich nichts über laufende Ermittlungen erzählen darf. Ich tue es aber trotzdem.

«Bei uns im Revier hat sich eine Zeugin gemeldet», berichte ich, «die einen vermummten Jugendlichen mit Gewehr gesehen haben will.»

Stefanie Assmann setzt die Kaffeetasse ab und verschüttet dabei einige Tropfen auf ihren hellen Rock. Sonst bin ich es ja immer, der etwas verschüttet, umstößt oder irgendwo dagegenrennt.

«Es scheint also wieder unser Steinewerfer zu sein», füge ich hinzu. «Es ist schwierig, das Gewaltpotenzial einzuschätzen. Ein Dumme-Jungen-Streich ist das ja nicht mehr. Ein Schuss aus einer Softairwaffe kann aber auch nicht als Mordanschlag gewertet werden. Und dass er ein Auge getroffen hat, war vermutlich Zufall und nicht beabsichtigt.»

Stefanie nickt. «Er nimmt aber das Risiko in Kauf, Ellen zu verletzen. Der Steinwurf letzte Woche hätte auch schon schlimmer ausgehen können.»

«Was würdest du denn tun?», frage ich sie. «Würdest du die Schule schließen? Siehst du eine Gefahr, dass es Anschläge auf Schüler geben könnte?»

«Frag mich was Leichteres», antwortet sie und versinkt in Gedanken.

Beide schweigen wir eine Weile und der Kaffeevollautomat, der mit spürbarer Verspätung inzwischen auch im Vogelsberg Einzug gehalten hat, summt eine nachdenkliche Melodie dazu.

Nicht erst heute ist mir bewusst geworden, dass ich mich in der Gesellschaft von Stefanie Assmann sehr wohlfühle. Ich empfinde so etwas wie Vertrauen, was dem Umstand geschuldet sein mag, dass sie Psychologin ist. Natürlich ist sie auch nicht unbedingt unattraktiv, denke ich, während ich den Ehering an ihrer rechten Hand betrachte, und «nicht unattraktiv» ist ziemlich untertrieben.

Zurück zum eigentlichen Thema.

«Tja, es sieht wohl so aus, als ob wir nun auch einmal intensiv unter den Schülern ermitteln müssten», sage ich.

Stefanie Assmann nickt.

«Weißt du wirklich von keinem Vorfall, bei dem Ellen Murnau früher mal in irgendeiner Weise bedroht wurde?», frage ich sie.

Diesmal schüttelt sie den Kopf. «Ich sage dir jetzt was, was du aber offiziell nicht von mir erfahren hast, o. k.?»

«O. k.», antworte ich.

«Es gibt einen Lehrer im Kollegium, mit dem sie irrsinnige Schwierigkeiten hat. So etwas hat sie mir immer wieder mal angedeutet. Es ist ihr Kollege Dohmknecht. Den Vornamen weiß ich nicht.»

Ich tippe den Namen in das «Notizen»-App meines Smartphones. Das mache ich jetzt immer so, und ich finde es inzwischen auch nicht mehr albern. Einen Notizblock braucht man dann nicht mehr. Ich habe mich sogar schon dabei ertappt, dass ich während ausgedehnter Berlusconi-Spaziergänge erinnerungswürdige Gedanken, Vorhaben und Ideen auf mein Diktiergerät-App geplaudert habe. Ich höre sie zwar später niemals mehr ab, fühle mich dabei aber so was von ein Mann dieser Zeit, dass mir nahezu schwindelig wird.

Stefanie Assmann wartet geduldig, bis ich den Namen «Dohmknecht» nach viermaligem Vertippen endlich korrekt eingegeben habe.

«Der Dohmknecht ist Oberstufenleiter und so etwas wie ihr Stellvertreter», fährt sie fort. «Er legt ihr ständig Steine in den Weg und sperrt sich gegen jegliche Form von Veränderung, die

Ellen Murnau angeht. Aber es ist dann noch viel schlimmer geworden, er hat ihr Affären mit Kollegen angedichtet und die Schüler gegen sie aufgehetzt.»

Ein albernes «Oha» rutscht mir heraus. «Und warum?»

«Er ist wohl nie damit zurechtgekommen, dass damals Ellen Schulleiterin wurde und nicht er.»

«Was hatte er sonst gegen sie?»

Stefanie Assmann zuckt mit den Schultern.

«Das konnte sie sich auch nicht wirklich erklären. Das muss so ein Typ sein, der sich nichts von Frauen sagen lassen will. Soll es ja geben.»

«Und du denkst, er könnte was damit zu tun haben?», hake ich nach.

«Noch mal», Stefanie Assmann fixiert mich nun mit ernstem Blick, «offiziell denke ich hier gar nichts. Aber inoffiziell traue ich dem schon zu, dass er Jugendliche anstiften könnte, so etwas zu tun. Laut Ellen hat er inzwischen auch im Lehrerkollegium Jünger um sich geschart.»

Stefanie nippt zum dritten Mal an ihrer leeren Tasse, dann winkt sie der Bedienung und bestellt noch einen Kaffee.

«Ich danke dir für diesen Tipp und das Vertrauen», sage ich und meine es auch so.

Ein älteres Ehepaar erhebt sich vom Nachbartisch und steuert zielstrebig auf uns zu. «Guten Tach, Frau Pfarrer», sagt die Dame zu Stefanie, «wisse Sie, ob Mittwoch wieder Singstund ist? Net, dass mir widder umsonst herkomme ...» Mit vorwurfsvoller Miene fixiert sie Stefanie.

Ihr Mann, der scheu hinter ihr stehen geblieben ist, bestätigt die Worte seiner Frau mit eifrigem Nicken.

«Das kann ich Ihnen leider nicht sagen», entgegnet Stefanie Assmann souverän mit warmer dunkler Stimme. «Da rufen Sie am besten im Gemeindebüro an.»

Die ältere Dame, die eine viel zu enge und grelle Bluse trägt, sagt noch einmal in klagendem Oberhessisch: «Net, dass mir widder umsonst komme ...», und verlässt mit ihrem Mann im Schlepptau das Café des Zuckerbäckers.

«*Frau Pfarrer?*», frage ich sofort.

«Na, ich bin keine Pfarrerin», antwortet sie. «Das ist nur ange-heiratet.»

«Ach ...» Kurz denke ich nach. «Ach, du bist die Frau vom Pfarrer Assmann?»

«Ja, stell dir vor», entgegnet Stefanie leicht genervt. «Ich dachte, das wüsstest du.»

«Nö, woher denn?»

Gregor Assmann dürfte seit ungefähr zehn Jahren Pfarrer in Schotten sein. Persönlich kenne ich ihn nicht, doch ich habe schon einiges über ihn gelesen oder gehört. Gregor Assmann hat sich durch sein starkes, politisch eher links gerichtetes Engagement in Schotten nicht nur Freunde gemacht. Er war Initiator vieler Bürgeraktionen, hat sich zum Beispiel stark gegen Atomkraft eingesetzt und viel für die Integration ausländischer Mitbürger getan.

«Der Pfarrer Assmann ...», sinniere ich.

Stefanie verdreht die Augen.

«Als ich damals zum ersten Mal hörte, dass der neue Pfarrer in Schotten Assmann heißt, habe ich mich kaputtgelacht ...»

Stefanie rührt unbeteiligt in ihrer Tasse.

«Meine Oma hatte nämlich früher immer gesagt: ‹Das kannste machen wie der Pfarrer Assmann.› Ich hab dann gefragt: ‹Hmm, wieso, wie macht der das denn?› Dann sie: ‹Na, wie der Pfarrer Nolte ... und der, der machte es so, wie er's wollte› ...»

Ich grinse blöd vor mich und füge noch hinzu: «Ist doch lustig. Kennste den nicht, den Spruch mit dem Pfarrer Assmann?»

Stefanie gähnt. «Nö», antwortet sie.

«Echt? Noch nie gehört?»

«Och, ich weiß nicht», sagt Stefanie und verzieht dabei keine

Miene, «höchstens ungefähr zweitausendmal in den letzten zehn Jahren.»

Wir quatschen weiter, und das Gespräch geht zu Privatem über. Sie erzählt von ihrem Sohn Lasse, der in Melinas Parallelklasse geht und inzwischen wohl auch mit den Unwegsamkeiten der Pubertät zu kämpfen habe. Sie erzählt ein wenig von ihrem Job, bei dem sie permanent das Gefühl habe, bei allem Einsatz nie genug tun zu können. Da sie für alle Schulen im Vogelsbergkreis zuständig sei, seien ihre Möglichkeiten schon rein zeitlich begrenzt. Das nerve sie. Ich erzähle ein wenig von Laurin, der in diesem Sommer nun endlich eingeschult werden soll, nachdem es im letzten Jahr nicht geklappt hatte. Wir hatten ihn schon in seinem Kindergarten, der integrativen und elternverwalteten Kindergruppe «Schlumpfloch», abgemeldet und hatten fest vor, ihn zur Schule gehen zu lassen. Doch dann bekam Laurin es mit der Angst zu tun. Er regredierte plötzlich zu einem Dreijährigen, weinte häufig, pinkelte wieder ins Bett und klagte über Bauchschmerzen. Also entschieden Franziska und ich, ihm noch ein Jahr Zeit zu geben. Ob es die richtige Entscheidung für ihn war, wissen wir nicht.

Stefanie Assmann hört mir aufmerksam zu, geht mir aber nicht in die Falle, sich auf ein getarntes Beratungsgespräch einzulassen.

«Sorry, dass ich dir das alles erzähle. Du kannst so 'nen Mist bestimmt nicht mehr hören.»

Sie lächelt milde, und ich gucke mich ein wenig an ihren charmanten Lachfältchen fest.

«Ach weißt du, ich bin es gewohnt, dass mir ständig alle Leute von ihren Problemen mit den Kindern erzählen.»

Ihr leicht arroganter Unterton stört mich, ebenso das in mir aufsteigende Gefühl einer gewissen Unterlegenheit. So blicken wir beide recht bald auf unsere Uhren und stellen fest, dass der nächste Termin auf uns wartet.

11. Kapitel

• • •

Krankenhaus ist wie Flugzeug. Ist man erst mal drin, legt man, ohne zu zögern, sein Schicksal in die Hände von fremden Menschen. Man gibt jegliche Kontrolle ab. Stümpert der Arzt, stirbt man oder verliert man ein Bein oder beides, stümpert der Pilot, geht es ähnlich unschön aus. Ich mag das nicht. Ich kenne sie ja noch nicht einmal. Den Piloten bekomme ich noch nicht einmal zu Gesicht, ich weiß nicht, ob er Alkoholiker ist oder seine Frau ihn letzte Nacht verlassen hat. Mit dem Arzt fahre ich vor einem etwaigen Eingriff auch nicht drei Wochen in den Urlaub, um Vertrauen in seine Fertigkeiten aufzubauen. Vermutlich habe ich einfach zu viel Misstrauen Autoritäten gegenüber. Wenn ich mit dem Flugzeug fliege, schaue ich während der gesamten Flugdauer in die Gesichter der Stewardessen und versuche bei jedem kleinen Luftloch ihre Mienen zu deuten. Wenn meine Ärztin mir den Blutdruck misst, entgeht mir nicht die kleinste Gesichtszuckung. In ihrem Gesicht lese ich dann Dinge wie: «Oh, noch schlimmer, als ich befürchtet habe! Am besten sage ich ihm das jetzt gar nicht, lohnt sich ja ohnehin nicht mehr.»

Als ich zwölf war, lag ich einmal mit einer Blinddarmentzündung im Krankenhaus. Ich habe mich vermutlich nie in meinem Leben so allein gefühlt wie in dieser einen Woche. Meine Eltern besuchten mich zwar jeden Tag, blieben auch immer mehrere Stunden, doch jedes Mal, wenn sie ein kurzes «So» ausstießen und nach ihren Jacken griffen, um den Aufbruch vorzubereiten, konnte ich trotz größter Anstrengung die Tränen nicht zurückhalten. Mir war es peinlich, ich war doch schon zwölf, tapfer, keine Heulsuse mehr, und eine Blinddarmoperation war doch nichts Schlimmes. Jedenfalls sagten das alle. Doch für mich war es sehr schlimm, und dafür schämte ich mich noch mehr. Ich fühlte mich in diesem riesigen, sterilen, erbarmungslos weißen Apparat so verloren, dass mir die Angst vor dem Alleinsein den Magen umdrehte. Ich teilte ein Zimmer mit Herrn Bugspecht, der den ganzen Tag Volkslieder aus einem Transistorradio hörte und mir von Besuchen bei Prostituierten erzählte, was mich genauso verstörte wie die Frage der Krankenschwester vor meiner OP, ob bei mir eine Rasur im Schambereich schon vonnöten sei.

Als ich heute Vormittag die Gießener Augenklinik betrat und mir gleich dieser spezielle Geruch in die Nase stieg, hatte ich große Probleme, diese alten Bilder und Gefühle abzuschütteln. Auch jetzt, wo ich das Gespräch mit Frau Dr. Ellen Murnau hinter mir habe und mich auf dem Weg zur Vogelsbergschule befinde, lastet eine gewisse Beklemmung auf mir.

Ellen Murnau wird noch eine zweite Augenoperation über sich ergehen lassen müssen, wenn die Sehkraft am linken Auge gerettet werden soll.

Ich war erleichtert, dass wir uns nicht in ihrem Krankenzimmer unter Aufgabe jeglicher Intimsphäre unterhalten mussten, sondern einen kleinen Raum zur Verfügung gestellt bekamen, in dem wir würdevoll miteinander sprechen könnten.

Mir saß eine tapfere traurige Frau gegenüber, die wie immer Haltung bewahrte, gefasst wirkte und alle meine Fragen beantwortete. Ich fühlte mich schuldig, dass ich vor zwei Wochen zu langsam reagiert und es nicht fertiggebracht hatte, den vermummten Burschen nach seinem Steinwurf dingfest zu machen. Ich fühlte mich zudem schuldig, dass ich diesen Vorfall unterschätzt hatte. Ich entschuldigte mich. Daraufhin öffnete sie sich während unseres Gesprächs mehr, als ich es vorher hätte erwarten können.

Frau Dr. Ellen Murnau berichtete mir in großer Offenheit vom Ende ihrer Ehe. Ihr Mann habe sie mit einer 23-jährigen Studentin betrogen, die zu allem Überfluss schwanger wurde. Ellen Murnau reichte daraufhin sofort die Scheidung ein und lehnte kompromisslos jedes Versöhnungsangebot ab. Sie habe eben klare Prinzipien, sagte sie mir. Und sie rächte sich. Ihr Exmann betrieb mit einem Kollegen ein immer erfolgreicher werdendes Architekturbüro in Büdingen. Da das Ehepaar Murnau nicht davon ausgegangen war, dass es jemals zu einer Trennung kommen könnte, und erst recht zu einer schmutzigen, verzichteten sie auf einen Ehevertrag. So gehörten Ellen Murnau 50 Prozent der Firmenanteile ihres Mannes, also 25 Prozent des gesamten Firmenwertes. Getrieben von verletzten Gefühlen und der zugefügten Demütigung klagte sie die Auszahlung ihres kompletten Anteils ein, der mit schlappen 650 000 Euro bemessen wurde. Und da sich zusätzlich zu diesem gehörigen Eigenkapitalverlust gerade die Krise der Bauwirtschaft weiter verschärfte, musste das Architekturbüro zunächst immer mehr Mitarbeiter entlassen und dann schlussendlich im vergangenen Jahr Konkurs anmelden. Seitdem würde er sie nur noch hassen, sagte sie nüchtern, mit einem riesigen Pflaster auf dem Auge.

Auf meine Frage, ob sie ihrem Mann zutraue, hinter den Anschlägen zu stecken, antwortete sie, dass sie seit einiger Zeit allen alles zutrauen würde. Sie habe sich auch nicht zugetraut, diese Scheidung so durchzuziehen, und sich selber überrascht.

Während ich nun also über diese vergangene Stunde mit Frau Murnau sinniere und dabei die kurvenreiche schmale Landstraße zwischen Laubach und Schotten entlangfahre, erspähe ich im Rückspiegel das dümmliche aufgedunsene Gesicht eines Vogelsberger Mitbürgers. Viel zu nah klebt er an meiner Stoßstange. Ich bin mir sicher: Sein verzweifelt auf sportlich getrimmter Opel ist mindestens so tief gelegt wie sein Verstand, und die Reifen sind so breit wie seine rote Visage. Ich verlangsame mein Tempo auf aufreizende 60. Nun fuchtelt er mit den

Händen herum und betätigt die Lichthupe. In dem Moment, in dem er seinen Motor laut aufheulen lässt und in einer kaum einsehbaren Kurve zum Überholvorgang ansetzt, beschleunige ich und winke ihn mit einer Polizeikelle, die ich aus genau diesen Gründen immer unter dem Sitz bereitliegen habe, in die nächste Bucht. Zufriedenheit durchpulst mich, während ich alle seine persönlichen Daten aufnehme und ihm eine saftige Geldstrafe mit Flensburger Pünktchen verspreche. Manchmal ist es schön, ein Cop zu sein. Henning Bröhmann, der knallharte Rächer der Landstraße. Deutlich besser gelaunt steige ich wieder ein und denke darüber nach, was mir Ellen Murnau über ihren Kollegen Bernhard Dohmknecht berichtet hat.

Hey Mara,

sorry, dass ich schon wieder maile, obwohl du ja noch gar nicht geantwortet hast, Süße. Bin jezz deine Stalkerin … ;-

Aber, ich muss es tun … Bin noch so geflasht!

Einfach krass – die Murnau liegt im Krankenhaus … auf die hat irgendein Typ mit einer Softair geschossen, und sie ins Auge getroffen. Du weißt, wie ich Mrs 1000 % hasse, aber das tut mir total leid und macht mich voll traurig. Das hat sie nicht verdient. Ich finds echt heftig. Es soll ein Junge gewesen sein, in unserem Alter. Wie krank ist der denn??? Es wurde einer gesehen, mit grauem Kapuzenpulli, vermummt!

Deswegen war heut mein Dad in der Schule. Peinlich!!!!! Der war sogar bei uns in der Klasse. Oh Gott!!!! Hat rumgelabert, dass wenn wir irgendwas drüber wissen, wer was gegen die hat oder jemand etwas beobachtet hat und so, dass man sich bei ihm melden soll. Hat den Obercoolen raushängen lassen und den Mr Oberwichtig gemacht. Und alle ham dann auf mich geguckt. Erdboden geh auf – und Auf-Wiedersehen hätt ich mir gewünscht. Nebenbei: Hab ich dir eigentlich erzählt, dass die Murnau was mit dem Günzing haben soll … das hat uns mal der Munker gesteckt. Hammer, oder? Genau, der Schnaps-Munker. Und wohl nicht nur mit dem … krass!!! Aber egal jetzt, hoffentlich wird sie bald gesund und wird nicht blind oder so.

Für Adrian isses auch blöd mit der Murnau. Der muss sich jetzt in Deutsch nen anderen Prüfer fürs Mündliche suchen. Manchmal nervt er mit seinem Abi. Redet immer davon, dass er besser als 1,5 machen will und so. Dann frag ich mich oft, wie er das schaffen soll, so toll sind seine Noten auch nicht. Bei mir heult er dann immer rum, wenn ich ne schlechte Arbeit geschrieben habe. Ich finds zwar voll süß, wenn er mir helfen will, aber manchmal hab ich das Gefühl, dass er sich schämt, wenn ich vielleicht sitzenbleibe. Er sich für mich, weisste? Aber ich will nicht lästern, denn sonst ist er einfach immer noch der Oberhammer!!!

Ich bin sooo stolz, dass ich seine Freundin bin!!!

Nun aber bist du dran. Schreib mir, Baby!!! Freu mich total drauf …
Deine Mel

12. Kapitel
• • •

Franziska fände es schön. Immer wieder kann es bitter enden, wenn Franziska was schön fände. Vor allem dann, wenn ich beteiligt sein soll. Oft fände sie es schön, wenn ich mit ihr im Garten gemeinsam Unkraut rupfe, im Baumarkt bummeln gehe oder Kunstlieder-Abende besuche. Diesmal aber fände sie es schön, wenn ich beim Schlumpfloch-Kindergarten-Zeltlager teilnehmen würde.

«Ist doch nur eine Nacht», sagt sie, «und Laurin würde sich bestimmt riesig freuen. Es ist doch auch das letzte Mal, sozusagen der Abschied von seiner Kindergartenzeit.»

Franziska dreht sich mit dem Gesicht zu mir und rutscht näher an mich heran. Warum beginnt sie diese Diskussionen in letzter Zeit immer im Bett und immer kurz bevor mir beim Lesen die Augen zufallen?

«Und ich fände es auch schön, mit dir mal im Zelt aufzuwachen», fügt sie hinzu, legt zu meiner völligen Überraschung ihre Hand auf meinen Bauch, und ich spüre ihre Brust an meinem Oberarm.

Franziska weiß, was ich von Isomatten, Schlafsäcken und feuchten Zeltwänden halte. Nämlich so viel wie von Samstagvormittagsbesuchen in Baumärkten oder Einladungen zu Junggesellenabschieden.

«Gib dir mal 'nen Ruck, du Pfeife», flüstert sie mir ins Ohr und knabbert an demselbigen herum.

«O. k., ich werde drüber nachdenken», antworte ich großherzig und drehe mich zu ihr.

Berlusconi ist ein Freigeist. Einer, der, von der Leine gelassen, ungehindert durch das Leben hecheln, in alles seine Nase stecken und sich niemals und niemandem unterwerfen will. Er ist bestrebt, einfach alles zu seinem Revier zu machen und jede Ecke, jeden Baum und jeden Busch feierlich zu bepinkeln. Da viele Menschen – zu Recht, wie ich finde – ein Problem damit haben, wenn Hunde aller Größen und Rassen allzu freigeistig durch die Umwelt stürmen und ungehindert ihren diversen Trieben und Instinkten nachgehen, leine ich Berlusconi bei meinen Spaziergängen an. So wie es sich gehört. Meistens jedenfalls.

In aller Form möchte ich mich von Hundebesitzerkollegen und -kolleginnen abgrenzen, die ihren Kötern nur dümmlich grinsend nachblicken, wenn diese auf Ball spielende Kleinkinder zustürzen. Wenn dann die Mutter das Kind aus Angst vor Gesichtsverstümmelung in die Höhe reißt und sich zudem erdreistet, ihrem Schrecken und Ärger Luft zu machen, wird nicht selten verständnislos mit dem Kopf geschüttelt und süffisant weitergegrinst. Der will doch nur spielen, weiß man ja. Ich hörte kürzlich: «Der will doch nur hallo sagen.» Der Spruch war mir neu. Die Frage, ob allerdings das vor Todesangst kreischende Zweijährige auch unbedingt hallo sagen wollte, beantwortet sich ein wenig von selbst.

Da aber konsequente Konsequenz nicht zu meinen liebsten Hobbys zählt und ich zunehmend von Berlusconis Röcheln und Dauerziehen an der Leine genervt bin, lasse ich ihn an diesem Samstagmorgen einfach einmal frei laufen. Ich blicke mich um, niemand ist in der Nähe, da geht das doch auch mal.

Grün. Überall grün, der Vogelsberg zeigt sich von seiner schönsten Seite, die Sonne trägt ihren bescheidenen Teil dazu bei, und unzählige Vögel singen heitere Liedchen. Federleicht federe ich über den Waldboden, meine Stimmung ist gut. Noch immer wirkt die SMS nach, die ich heute früh erhielt: Frau Dr. Ellen Murnau wird bald wieder mit beiden Augen sehen können. Die Operation hatte Erfolg. Sie wird noch drei Tage in der Klinik «zur Beobachtung», wie es so schön heißt, bleiben müssen, ehe

sie dann schon wieder nach Hause kann. Um einen Personenschutz werden wir nicht herumkommen, denke ich, als ein Vo-
gelschiss vom Himmel fällt und ich von weitem ein Muuhh höre.
Es sei denn, wir fassen die Drecksau schon vorher.

Die glasklare Mittelgebirgsluft trübe ich mit Zigarettenrauch,
da sehe ich Berlusconi wie von der Tarantel und vom Hafer
gleichzeitig gestochen in Höchstgeschwindigkeit wegrasen.
Mein Schrei BERLUSCOOOOONI verhallt wirkungslos in den
Wäldern. Scheiße, Drecksvieh, bleib hier.

Kurz darauf höre ich eine Frauenstimme: «Hilfe, nein, weg
da, pfui ...»

«Halloooo», rufe ich.

«Hier bin ich», kommt es zurück. Dann: «Geh weg da, geh
weg da, oh nein ...»

Auf einem Feldweg, der am Waldesrand entlang verläuft, sehe
ich durch ein paar abgestorbene Fichten eine Frau, die verzweifelt versucht, zwei Hunde auseinanderzuhalten. Einer von beiden
ist Berlusconi.

Ich stolpere durchs Geäst und rufe: «Bin gleich da, Entschuldigung!»

So schlimm kann es nicht sein, denke ich. Berlusconi ist
völlig harmlos und friedfertig und kommt mit allen anderen
Hunden gut klar.

Zu gut, bemerke ich, als ich keuchend am Ort des Geschehens eintreffe und Berlusconi mit irre weit aufgerissenen Augen
intensiv am Hinterteil einer zugegebenermaßen entzückenden
Hündin herumjuckeln sehe.

Scheiße.

«Oh nein, oh nein, oh nein», schreit die Dame verzweifelt.
«Frieda ist läufig.»

«Berlusconi, nein», brülle ich. Doch es ist zu spät. Der andere
Berlusconi da unten in Italien würde vor Neid erblassen. Mein
Hund ist fest in Frieda verankert, die sich ihm ihrerseits bereit-

willig zur Verfügung stellt. Würde ich nun versuchen, Berlusconi herauszuziehen, könnte erstens Frieda verletzt und ich zweitens vom eigenen Hund gebissen werden.

«Das kann doch wohl nicht wahr sein», schreit die hagere Mittfünfzigerin mit der Allzweckhose mich an. «Warum haben Sie verdammt noch mal Ihren Hund nicht angeleint?»

«Ich kann mich wirklich nur entschuldigen», stottere ich auch etwas unter Schock. «Normalerweise leine ich ihn immer an.»

Ist auch nicht wirklich tröstlich für das Frieda-Frauchen.

«Da fällt mir wirklich nichts mehr ein», kreischt sie weiter. «Mein Gott, dann lassen Sie ihn doch kastrieren, wenn Sie ihn schon frei laufen lassen wollen. Der ist sofort über meine arme Frieda hergefallen, obwohl ich sie an der Leine hatte.»

Die beiden Hunde geben seltsame Laute von sich. Es bleibt mir nun nichts anderes mehr übrig, als diesem Schauspiel bis zum Finale beizuwohnen und mich berechtigterweise beschimpfen zu lassen.

Der aufgebrachten Dame nun vorzuwerfen, dass sie ihre Frieda doch auch hätte kastrieren lassen können, bringt jetzt wohl nichts.

«Eins sage ich Ihnen», droht sie nun mit etwas gedämpfterer Stimme, «das wird ein Nachspiel haben.»

Ich presse wieder einige nutzlose Entschuldigungsfloskeln heraus, da es das Einzige ist, was ich tun kann.

«Oh Gottogottogott», wimmert sie nun. «Hoffentlich tut Ihr Köter meiner Frieda nicht weh.»

Das hoffe ich auch und lenke mich mit der Fragestellung ab, ob Frieda bei dieser Aktion wohl so etwas wie Lust verspürt. Ich glaube eher nein, denke ich, als ich ihr kurz ins Gesicht schaue. Berlusconi jedenfalls ist voll bei der Sache.

«Alimente, ich verklage Sie auf Alimente, da können Sie Gift drauf nehmen, wenn Frieda nun trächtig ist.» Das Frieda-Frauchen sieht mich drohend an. «Und wenn meiner Frieda irgendwas passieren sollte, dann Gnade Ihnen Gott.»

Unaufgefordert schreibe ich ihr meinen Namen, Telefonnummer und Adresse auf die Rückseite eines Leergutbons, den ich wie immer einzulösen vergessen habe. Wenn ich all diese Bons, die irgendwo und irgendwann in den letzten Jahren versandet sind, zusammenzählte und Franziskas gesammelte Strafzettel abzöge, wäre ich ein reicher Mann und könnte problemlos alle Hunde-Alimente auf der ganzen Welt bezahlen. Aber das ist jetzt hier nicht Thema, sondern vielmehr der brünftige Berlusconi, der noch keine Anstalten macht, von seiner Gespielin abzulassen. Bunga Bunga.

Irgendwann ist es so weit. Nach gefühlten Stunden, nein Monaten, wenn nicht gar Jahren, ist Berlusconis Teil so weit abgeschwollen, dass es wieder möglich ist, die beiden unverletzt zu entzweien. Und ich schleiche mit dem vierbeinigen Triebtäter an kürzester Leine und mit einem Rucksack voller Schuldgefühle davon.

13. Kapitel
• • •

Adrian trägt ein schwarzes AC / DC-Shirt. Ich frage mich, ob er es seinem Vater aus dem Schrank gestohlen hat, widme mich aber schnell dem eigentlichen Anlass unseres Sit-ins auf der Bröhmann'schen Terrasse. Auch Melina hat mit verschränkten Armen am runden Gartenholztisch Platz genommen. Franziska ist mit Laurin zum Baden im diesigen Wasser des Nidda-Stausees gefahren.

«Adrian», beginne ich, «ich möchte mit dir über deinen Tutor Bernhard Dohmknecht sprechen.»

AA nickt und nimmt einen betont männlichen Schluck aus der Licher-Bier-Flasche.

«Ich bitte dich um ehrliche Antworten auf meine Fragen. Du kannst sicher sein, dass alles unter uns bleibt.»

«Und ich?», wirft Melina nölig in die Runde.

«Wie, und du?»

«Na, was soll ich denn dann hier?» Melina stellt beide Füße auf die Tischkante und legt patzig ihr Kinn auf die Knie.

«An dich habe ich dann auch noch Fragen.»

«Und wie lange soll das dauern?», legt sie in aufreizend gelangweiltem Tonfall nach.

«So lange, wie's halt dauert», fährt sie plötzlich Adrian von der Seite an. «Und nimm die Füße vom Tisch. Du bist doch kein Kleinkind mehr, oder?»

Melina gehorcht ohne Widerworte, was mich gleichermaßen beeindruckt wie überrascht. Eigentlich hatte ich mir fest vorgenommen, nur als Hauptkommissar Bröhmann an diesem Tisch zu sitzen und nicht als Vater.

«Also, Adrian, ich würde von dir gerne wissen, was euch euer Tutor Dohmknecht so alles über Ellen Murnau erzählt hat.»

«Wie?»

Adrian schaut mich an. Zum ersten Mal überhaupt erlebe ich einen Anflug von Unsicherheit in seinem Gesicht.

Ich schweige einfach. Der alte Polizeitrick: Statt die Frage immer und immer wieder zu wiederholen, einfach mit festem, beharrlichem Blick auf Antworten warten.

Adrian räuspert sich. «Na ja, er hat uns auf der Klassenfahrt im Februar ein paar Storys gesteckt. Die Murnau soll halt was mit dem halben Pauker-Kollegium gehabt haben.»

Es gelingt ihm nicht ganz, ein hämisches Grinsen zu unterdrücken.

Ich blicke zu Melina, für die das alles offenbar ein alter Hut ist.

«Findest du es nicht merkwürdig, dass er über seine Vorgesetzte so etwas euch Schülern erzählt?»

«Doch schon, aber ist doch lustig. Kann ich mir noch eins holen?», fragt er und zeigt auf die geleerte Bierflasche.

«Ja, klar.»

Adrian erhebt sich, tätschelt noch kurz die Wange meiner Tochter und verschwindet Richtung Küche.

«Und du, Melina, kennst du diese Gerüchte?»

«Mann, das weiß doch inzwischen jeder. Die Murnau macht immer nur auf so superkorrekt. Die hat ja auch was mit 'nem Schüler gehabt.»

«Tatsächlich?», frage ich nach. «Woher weißt du das?»

«Ei, was weiß ich. Geht halt so rum. Der Schnaps-Munker macht auch immer so Andeutungen.»

«Schnaps-Munker? Ist das ein Lehrer von dir?»

«Ja, das solltest du aber auch mal langsam wissen, ich hab den seit der Siebten.»

«Und ihr meint, dass der säuft?»

Melina lacht laut.

«Meinen? Das riechst du fünf Kilometer gegen den Wind.»

Ich nicke. «Glaubt ihr die Vorwürfe, dass Frau Murnau Affären mit Schülern hat?»

«Keine Ahnung. Mir doch egal.»

Adrian kehrt mit Bierflasche zurück und öffnet sie mit den Zähnen. Melina giggelt. Ich nicht.

«Außerdem erzählt man sich, dass die Murnau groß aussieben will», fährt Melina fort.

«Wie meinst du das?» Auch ich nehme einen Schluck aus meiner Radlerflasche, die ich allerdings mit einem handelsüblichen Flaschenöffner geöffnet habe.

«Nur die Guten überleben», bemerkt Adrian. «Sie will nur noch Topschüler. Alle anderen fliegen. Was glauben Sie, warum Melina so Schwierigkeiten hat?»

Das liegt daran, dass sie strutzefaul ist. Nur daran. Ich denke an Stefanie Assmanns Schwärmereien über Ellen Murnaus Schulphilosophie. Das hat mit dem, was ich hier höre, rein gar nichts zu tun.

Melinas Ton verschärft sich. «Und ich bin auch net die Einzige. Total viele haben abgekackt. Die Murnau will nur die Streber in der Schule haben.»

«Denken das viele bei euch?», frage ich.

«Das denken alle! Nur halt nicht die Streber.»

«Das heißt, viele eurer Mitschüler sind sauer auf Dr. Murnau?»

«Ei klar! Weil die ja auch allen Lehrern gesagt hat, dass sie schlechtere Noten geben sollen.»

«Hat sie das? Wer behauptet das? Dohmknecht?»

Ich blicke zu Adrian, der lautstark auf Erdnussflips herumkaut.

«Ja», antwortet er kurz und kratzt sich dabei so am Bauch, dass sein T-Shirt nach oben rutscht und Vater wie Tochter sein tolles Sixpack bewundern können.

«Ich bitte euch jetzt um eins. Und das hat überhaupt nichts

mit Petzen oder Verrat oder sonst was zu tun.» Ich mache eine kurze Pause, um meinen Gesichtsausdruck noch wichtiger zur Geltung kommen zu lassen.

«Ihr wisst, dass wir einen schmächtigen Jungen suchen. Vermutlich in deinem Alter, Melina. Bitte geht mal in euch und überlegt, wer da im weitesten Sinne in Frage kommen könnte. Wer einen besonderen Hass auf Frau Murnau haben könnte. Und wenn ihr Ideen habt, bitte ich euch eindringlich, sie mir mitzuteilen. O. k.?»

Melina nickt missmutig. Adrian, der inzwischen auch Flasche zwei geleert hat, sagt: «Sorry, Herr Bröhmann, ich geh in die Zwölf. Ich hab mit den Kindern aus der Mittelstufe nicht wirklich was zu tun.»

Während er zu einem Grinsen ansetzt, fällt ihm beim Blick in Melinas Gesicht selber auf, was er sich da gerade für einen schwerwiegenden Fauxpas erlaubt hat. Beleidigt springt meine Mittelstufentochter vom Tisch auf und verschwindet mit dramatischen Schritten ins Haus. Adrian trottet ihr gebeugt hinterher. Ich kichere leise vor mich hin und stopfe den Rest der Erdnussflips in mich hinein.

Als Franziska mit Laurin heimkehrt, sitze ich an meinem Schreibtisch und sortiere die ganzen Notizen, die ich mir nach den Gesprächen der letzten Tage gemacht habe. Mit unzähligen Lehrkräften habe ich gestern in der Schule gesprochen. Die Aussagen über Ellen Murnau bleiben äußerst widersprüchlich. Es scheint tatsächlich, so wie es Stefanie angedeutet hat, zwei Lager zu geben. Der junge Vertrauenslehrer Thorsten Roth beispielsweise steht eng an der Seite seiner Schulleiterin. Er bezeichnete Bernhard Dohmknecht als verbitterten frustrierten Menschen, der einen persönlichen Kreuzzug gegen Murnau führe und ihr eindeutig schaden wolle. Dohmknecht selbst war äußerst kurz angebunden und wies jegliche Vorwürfe, er habe Gerüchte gestreut, kategorisch und beleidigt zurück. Ob es denn nicht mehr erlaubt sei, andere Auffassungen über Schulpädagogik als die Direktorin zu hegen, moserte er. Es gehe ihm nur um die Sache, denn auch ihm liege die Schule am Herzen. Von wegen; Dohm-knecht decke die Trinkerei des Lehrers Munker, so Thorsten Roth. Alle würden es wissen, doch Dohmknecht drohe allen, die Ludger Munker Alkoholmissbrauch während der Schulzeit vor-werfen, mit einer Anzeige wegen übler Nachrede.

Von den Schülern kam nichts. Wie auch, wenn sie nur im Klassenverbund befragt werden. Hier kommen wir nur über Ein-zelgespräche weiter. Doch wo anfangen?

Ellen Murnaus Exmann spukt mir durch den Kopf. Wenn der kein Motiv hat, sich an seiner Ellen zu rächen, wer dann? Nur sieht er vermutlich nicht aus wie ein Jugendlicher. Wen also kann er angestiftet haben? Ich notiere mir, dass wir überprüfen müssen, ob er irgendwelche Schüler in der Vogelsbergschule kennt.

Dann stürmt Laurin ins Arbeitszimmer und wirft mir seinen neuen Strandball gegen den Kopf. «Hey», gebe ich mich empört und kitzle ihn dann nach allen Regeln der Kunst durch. Am Ende versuche ich ihn wie früher durch die Luft zu wirbeln, vergesse aber, dass er nicht mehr drei ist. Ich bin aber dafür schon fast vierzig und verrenke mir prompt die Schulter.

«Bin laufen», ruft Franziska durch den Flur. Dann fällt die Tür ins Schloss.

14. Kapitel

• • •

Thorsten Roth erinnert mich an die Vorabendserie «Unser Lehrer Doktor Specht» aus den frühen neunziger Jahren mit einem smarten Robert Atzorn mit Umhängeledertasche in der Hauptrolle. Auch Thorsten Roth hat eine sympathische Brille auf der Nase; er fährt unprätentiös mit dem Fahrrad, trägt Jeans und offene Hemden und wird vermutlich genau wie Dr. Specht von der Hälfte seiner Schülerinnen angehimmelt. Roth ist Vertrauens-, Sucht-, Gewalt- und Was-weiß-ich-noch-Präventionslehrer und leitet zudem die Schulband, bei der er selber lässig den Bass zupft.

Er hat neben Stefanie Assmann in Ellen Murnaus Esszimmer Platz genommen und schiebt mir eine Liste mit leistungsschwachen und auffällig gewordenen Schülern und eine zweite mit Murnau-kritischen Lehrerinnen und Lehrern zu.

Ellen Murnau, deren verletztes Auge noch immer von einem monströsen Pflaster geschützt wird, gibt sich kämpferisch.

«Ich werde einen Teufel tun, mich davon einschüchtern zu lassen. Nach den Sommerferien bin ich wieder zurück, und alles wird ganz geordnet weiterlaufen. Hilfreich wäre natürlich, wenn bis dahin der Täter gefasst würde.»

Stefanie wirft mir ein dezentes und Mut machendes Lächeln zu.

«Diesen Personenschutz», fährt Murnau fort, «den sie mir da geschickt haben, also, verstehen Sie mich nicht falsch, Herr Bröhmann, aber was ist denn das bitte für ein Unhold? Wo haben Sie den denn ausgegraben? Ich lebe ja schon lange hier im Vogelsberg und bin daher in Sachen Männer eigentlich abgehärtet. Aber dieser Mensch, also nein. Ich kann weder verstehen, was er sagt, noch in sein Nussknackergesicht schauen.»

Roth, Stefanie und ich blicken durch das Terrassenfenster auf den 150-Kilo-Koloss mit drei saftigen Genickfalten unter der Glatze, dann zu Ellen Murnaus angewiderter Miene und kichern alle vor uns hin.

«Kevin Costner war gerade nicht frei», sage ich und versuche dann, etwas ernsthafter die Wichtigkeit dieses Personenschützers zu erklären, kann damit aber nicht wirklich landen.

«Ich bitte doch sehr darum, dass Sie ihn abziehen. Das muss wirklich nicht sein. Meine Güte, es hat jemand mit einem *Spielzeuggewehr* auf mich geschossen! Nicht mehr, nicht weniger.»

Kurz versuche ich etwas dagegen einzuwenden, doch ich beiße auf Granit.

«Es tut mir leid, aber das geht wirklich zu sehr auf Kosten meiner Lebensqualität. Es reicht doch schon, wenn ich bis zu den Sommerferien nicht mehr zur Schule gehe, oder? Auf meine Verantwortung: Nehmen Sie den bitte wieder mit.»

Ich nicke stumm.

Dann liest Thorsten Roth einen Brief an alle Eltern der Vogelsbergschule vor, der noch morgen offiziell herausgeschickt werden soll. Darin steht, dass Ellen Murnau Opfer eines Anschlags wurde, nun aber auf dem Weg der Gesundung sei. Die Schüler und Schülerinnen seien aber ungefährdet und wiederholt aufgerufen, sich bei der Polizei zu melden, falls ihnen irgendetwas einfalle, was die Suche nach dem Täter erleichtern könnte. Stefanie macht ein paar wenige Umformulierungsvorschläge, die Thorsten Roth alle dankend annimmt. Dann packt «Unser Lehrer Doktor Roth» seine engagierte Lederumhängetasche, setzt sich vorbildlich einen ebenso sinnvollen wie albernen Vorbilds-Fahrradhelm auf seinen Kopf und verabschiedet sich.

Kurz bevor auch Stefanie und ich das Murnau'sche Wohnhaus verlassen, packt mich die Schulleiterin am Arm.

«Ich sage es nicht gern, und Sie können sich denken, wie unangenehm es mir ist, aber bitte behalten Sie meinen Exmann im

Auge. Er ist seit meiner Entlassung aus dem Krankenhaus schon wieder viermal auf meinem Anrufbeantworter. Ich habe kein gutes Gefühl.»

Was hatte Teichner von seinem Verhör bei Jochen Hirschmann, dem geschiedenen Mann der Ellen Murnau, berichtet? Extrem gereizt und cholerisch habe er sich verhalten; er war nicht annähernd bereit, vernünftig auf Teichners Fragen zu antworten. «Das kriegt sie alles zurück», hat er laut Teichner mehrmals herumkrakeelt.

«Da können Sie sich drauf verlassen, Frau Murnau. Wir haben ein Auge auf ihn», verspreche ich. Eines mehr als sie, denkt das Böse in mir, während ich auf ihr Pflaster schiele.

Frau Dr. Ellen Murnau nickt, schüttelt Stefanie und mir die Hand und geleitet uns hinaus in den strömenden Regen.

«Eine beeindruckende Frau», sage ich zu Stefanie, die zustimmend nickend in ihre Regenjacke schlüpft und dann skeptisch gen Himmel blickt.

«Soll ich dich mitnehmen?», frage ich sie, während ich mit der Fernbedienung die Türschlösser meines Diesel-Kombis öffne.

«Ach weißte was», antwortet sie, «da sage ich nicht nein.»

Es dauert ungefähr eine Viertelstunde, bis ich die Rückbank endlich umgeklappt habe, dann verstaue ich Stefanie Assmanns Fahrrad umständlich im Kofferraum und steige schließlich völlig durchnässt ein.

«Wo musst du hin?», frage ich.

«Nach Hause, wenn das o. k. ist. Lasse geht's heute nicht gut. Hatte heute früh Magenkrämpfe und war auch nicht in der Schule.»

«Mathe-Arbeit?», frage ich und grinse elternaltklug.

Stefanie lächelt müde. «Nee, nee, und selbst wenn, Lasse steht in Mathe auf einer guten 2. Das ist nicht das Problem.»

«Was denn sonst?»

«Ach, keine Ahnung. Wahrscheinlich nur die Hormone. Er ist so verschlossen in letzter Zeit.»

«Kenne ich», werfe ich ein und stelle fest, dass die Scheibenwischerdinger unbedingt ausgewechselt werden müssen, denn viel sehe ich nicht. «Vielleicht ist er bloß unglücklich verliebt.»

«Ja, vielleicht.»

«Sag mal, siehst du überhaupt was?», fragt sie kurze Zeit später, ohne eine Miene zu verziehen.

«Nö, du?»

Sie lacht und sagt: «Ach, komm, lass uns doch noch einen Kaffee trinken, oder?»

Am Abend sehe ich mit Franziska eine alte «Tatort»-Wiederholung mit Hansjörg Felmy aus den frühen achtziger Jahren.

«Ach, das waren noch Zeiten», murmelt Franziska. «So gemütliche Kriminalfälle, und so angenehm, nicht ständig von den privaten Problemen des Hauptkommissars angeödet zu werden, stimmt's?»

«Stimmt.» Recht hat sie.

Franziska schält sich langsam aus ihrem Sessel. «Ich bin müde.»

«Ich bleib noch ein bisschen, gute Nacht.»

«Gute Nacht.»

«Franziska?»

«Ja?»

«Alles klar?»

«Ja, wieso?»

«Nur so.»

«Nur so?»

«Ja, nur so.»

Franziska geht. Ich bleibe.

Ich liege auf dem Sofa, leer, schwer, und rutsche ein wenig

zur Seite, um endlich wieder einmal für ein bisschen Melancholie Platz zu schaffen. Ich spüre etwas, das mich genau an das Gefühlsdings erinnert, in dem ich mich in den unzähligen selbstmitleidigen Nächten des letzten Jahres gesuhlt habe. Die schwermütig weinseligen Nächte, in denen Franziska fort war. Kurioserweise kommt es mir vor, als würde ich in diesem Moment genau diese Einsamkeit vermissen, diese Form des desaströsen, destruktiven Alleinseins. Vielleicht ist sie mir damals näher gewesen als heute, wo ich sie fünf Meter Luftlinie die Treppe hinaufgehen höre.

Ich verdrehe die Augen. Über mich selbst. Ich bin ein Meister des Verklärens der Vergangenheit und sehne mich grundsätzlich immer genau nach dem Gegenteil dessen, was ich gerade habe. Ich schäme mich dafür, in letzter Zeit häufig Anflüge von Freude oder Erleichterung empfunden zu haben, wenn ich abends nach Hause kam und Franziska noch irgendwo unterwegs oder «Laufen» war. Andererseits habe ich gleichzeitig große Angst davor, dass sie plötzlich ohne ein Wort wieder aus meinem Leben verschwindet.

Das gab es früher nicht: Jetzt bin ich auch einer dieser Männer, die sich in Arbeit stürzen, etwas länger fortbleiben als unbedingt notwendig, um sich so lange wie möglich von all diesen komplizierten Gefühlsdingen zu Hause fernzuhalten.

Als wir im letzten Jahr in zaghafter Euphorie diesen Neuanfang starteten, war ich sicher, das wird schon, irgendwie.

Doch von alleine geht nichts. Das habe ich verstanden. Nutzt aber nichts, oder jedenfalls nur sehr wenig.

«Papa?»

Eine halbe Stunde später, nachdem ich abwechselnd eingenickt und aufgewacht bin und stetig die Weinflasche geleert habe, sehe ich plötzlich die impertinente Visage eines furchtbar grünen Ungeheuers vor meiner Nase.

Shreck ist es, der mich vom Schlafanzug meines Sohnes Laurin anstarrt. Barfuß steht er vor mir, also Laurin, nicht Shreck.

«Hey Kleiner, was ist?»

«Kann nicht schlafen.»

«Komm mal her.» Laurin tapst zum Sofa und legt sich in meinen Arm. Berlusconi gähnt und gibt dabei merkwürdige Quietschtöne von sich.

Nach kurzer Zeit des Einfach-nur-Daliegens fragt Laurin:

«Kommst du echt nicht mit zum Zelten?»

Das Zelten, oje. Das gemeinsame Eltern-Kind-Zelten der Kindergruppe «Schlumpfloch e. V.».

«Zum Zelten? Ich?» Was sag ich nur? «Weißt du, ich würde echt total gerne», lüge ich lahm, «aber ich habe einfach im Moment zu viel zu tun …»

Laurin schweigt.

«Da kann ich einfach nicht weg. Verstehste?»

Laurin nickt.

«Die anderen Papas kommen auch alle», sagt er dann.

«Echt? Wer denn?», frage ich. Ich kann ja nicht sagen, dass das genau der Hauptgrund ist, nicht mitzukommen.

«Ulli, Andi, Michi, Flori, Wolle … alle halt.»

«Aah, echt schade, dass ich nicht kann …»

«Und außerdem ist es doch mein Abschied», legt Laurin nach.

Hoffentlich diesmal wirklich. Es war kompliziert genug, Laurin nach seiner Abmeldung und dem fehlgeschlagenen Versuch, ihn einschulen zu lassen, wieder beim «Schlumpfloch» anzumelden. Ich hatte den fusseligen Oberschlumpf Wolle kurz vor der damaligen Abmeldung in der übergroßen Freude, ihn niemals wiedersehen zu müssen, als «zwanghaften, selbstherrlichen Kontroll-Ökofaschisten» beschimpft.

Die Kindergruppe «Schlumpfloch» wird von einem Elternverein selbst verwaltet. Sie hat sich einer Doktrin unterworfen, in der von Zucchini über Zahnpasta bis Klopapier alles vollwertig sein muss. Der bärtige Wolle, der kürzlich eine Initiative mit dem sperrigen und grammatikalisch äußerst zweifelhaften Namen «Wider dem Vergessen des Waldsterbens» gegründet hat und seitdem ebenso fieberhaft wie erfolglos nach weiteren Mitgliedern fahndet, wacht über genau diese Doktrin und infiltriert den Elternverein mit immer wieder neuen Vorschriften.

Als ich mich einmal nach einem anstrengenden Arbeitstag plus anschließendem Ehestreit, auf Laurin wartend, der noch in den Zwängen eines Schlusskreises verharren musste, zum heimlichen Rauchen hinter das Schlumpfloch-Haus verdrückte, schlich er mir nach, der Wolle, zeigte mit dem Finger auf mich und rief:

«Da! Hah – ertappt! Hab ich's doch geahnt. Ich wusste, irgendwann erwisch ich dich.» Er jauchzte geradezu. Dann rückte er nah, wie immer viel zu nah, an mich heran, setzte sein bedrohlich verständnisvolles Gesicht auf, atmete mir seinen fauligen Mundgeruch aus Fenchel-Kohlrabi-Rückständen in die Nase, zückte sein Notizbuch, las mir weitere Vergehen, wie verspätetes Abholen, Kochen mit *Weißmehlnudeln* oder Verwenden von Kraftausdrücken wie «Scheiße» im Beisein von Kindern vor und belegte all dies mit dem jeweiligen Datum. Dann sagte er betrübt schauend: «Henning, sorry, aber du musst verstehen, jetzt kann ich dich nicht länger schützen. Beim nächsten Elternabend werden wir uns Konsequenzen für dich ausdenken müssen. Tut mir leid, aber da kannste dich auf was gefasst machen.»

Er drehte sich um und stapfte mit zufriedener Miene davon. Da rief ich ihm ebendiese Worte hinterher. Ging nicht anders. Und zwar so laut, dass es auch die anderen Eltern, die ihre Kinder abholten, hörten. Man verlangte von mir natürlich eine sofortige Entschuldigung, die ich verweigerte, es war ja die reine Wahrheit gewesen.

Als dann aber die Einschulung fehlschlug, wir Laurin keinen neuen Kindergarten für nur ein Jahr zumuten wollten und darum auf Knien um die Wiederaufnahme beim «Schlumpfloch» betteln mussten, blieb auch mir nichts anderes übrig, als der klaren Worte wegen vor Wolle zu Kreuze zu kriechen. Nach dreiwöchigem Beratschlagen ließ man großherzig Gnade über uns walten, und Laurin durfte sein letztes Kindergartenjahr dann doch noch im «Schlumpfloch» verbringen.

Inzwischen ist Laurin mit dem Kopf auf meinem Schoß eingeschlafen. Ich packe ihn, lege ihn auf meine Schulter, trage ihn in sein Bett und decke ihn zu. Mein Vater hat meinen Theater-Auftritt als Dr. Doolittle vor dreißig Jahren in der Grundschulaula auch verpasst, weil er so viel zu tun hatte. Ich kann mich noch genau daran erinnern, wie es sich anfühlte, und noch bevor ich das Kinderzimmer verlassen habe, ist klar, dass ich Zelten gehe.

«Verwürfnis»
oder
Geheimdienst im Vogelsberg

Ein Vogelsberg-Thriller von Manfred Kreutzer

Er nannte ihn Bock.

Niemand konnte eine 500er Kawasaki R35 von Laubach nach Schotten so um die Kurven brettern lassen wie Fred Leutzer. Das wussten alle, und alle erkannten es an. Auch Fred wusste es, ließ sich aber nie was anmerken. Der Könner schweigt und genießt. Das war sein Motto. Er brauchte keine Route 66, er hatte den Schottenring. Noch immer blickten ihm die Mädels nach, wenn er mit seinem Bock, wie er ihn nannte, durch die Dörfer donnerte.

Kurz bevor Fred in unnachahmlicher Manier den Bock am Parkplatz der «Schnitzelranch» zum Stillstand brachte, riss er sich schon den Helm vom Kopf. Geschmeidig wie eine Katze sprang er von seinem Bock und strich sich mit den Handschuhen durch sein noch erstaunlich volles Haar.

Fred wurde von seinen Biker-Kumpels schon sehnsüchtig erwartet. Sein Stammplatz im Biergarten wurde für ihn wie immer frei gehalten.

«Wie immer?», rief Dagmar, die leckere Bedienung, ihm zu, denn sie wusste, was Fred immer trank. «Klar, wie immer», antwortete er und gab ihr einen Klaps auf den Popo. Dagmar quietschte auf und lächelte ihn vielseitig an.

Wie immer klopfte er auf den Tisch, rief ein «Servus Jungs!» in die Runde und schwang sich auf seinen Stammplatz. Nur sieben Sekunden später stand schon sein Kristallweizen vor ihm. Aus den Musikboxen tönte verdammt coole Musik von «Truck Stop».

Fred war für seine 57 Jahre saugut in Schuss. Nachdem er jahrelang die Vogelsberger Rundschau geleitet hatte, wurde ihm das alles zu spießig, und es ging sowieso nur noch ums Geld und nicht um knallharte Recherche. Also gründete er im vergangenen Jahr mit Lucy eine Zeitschrift, in der er die Machenschaften der Politiker und Wirtschaftsbosse schonungslos aufdeckte. Apropos Lucy: Lucy war 19, hatte verdammt große feste Brüste und war wahnsinnig intelligent. Sie half ihm bei der knallharten Recherche im Internet. Sie wurde früher jahrelang in einem Jugendheim gefangen gehalten. Man sagte, sie sei aggressiv und verhaltensauffällig. Fred befreite sie vor drei Jahren. Er wusste, dass dies eine Lüge ist. Aber Lucy hatte auch noch andere Qualitäten. Noch immer brannten ihm die Eier von letzter Nacht ...

«Hey Leute, was geht ab?», schmetterte er in die Runde. Seine Kumpels johlten. Endlich war Fred da. Der Abend konnte nun so richtig lustig werden. Dann klingelte sein iPhone 4s. Fred war der Erste von seinen Kumpels, der so ein Ding hatte, und er konnte damit alle möglichen verrückten Sachen machen, Fotos angucken, SMS, Internetrecherche hoch und runter und sogar Musik hören. Aber er gab damit nicht an. Für ihn war das ganz normal.

«Leute, entschuldigt mich», rief er in die Runde, da schwang er sich mit einem Satz wie ein 20-Jähriger von der Sitzbank, damit er beim Telefonieren seine Ruhe hatte. Auf der Anzeige hatte er gleich erkannt, wer der Anrufer ist. Auch das konnte sein neues Telefon.

«Polizeikommissar Henrich Müller», stand da geschrieben. «Ah, der Henrich», schmunzelte Fred leise zu sich selbst und ging ran.

«Fred Leutzer», sagte er.

Henrich Müller, der Vogelsberger Kommissar, war ein anständiger Bulle. Aber er kam schnell an seine Grenzen, wenn es mal wieder gehörig in puncto Kriminalität zur Sache ging. Vor allem, wenn die Russenmafia ihre Hände im Spiel hatte, die immer stärker das gesamte Gebiet zwischen Hungen und Schotten-Rainrod zu unterdrücken versuchte. Die Leute dachten immer, das gibt es nur in New York und Berlin, weil das im Fernsehen immer so dargestellt wurde. Aber in letzter Zeit verschwanden immer mehr Menschen aus dem Vogelsberg. Wegen seiner zentralen Lage. Da kam die Polizei natürlich mit ihren altbackenen Methoden schnell an ihre Grenzen, wenn es um Drogen, osteuropäische Prostituierte, Uranhandel und irgendwelche politischen Sauereien ging. Wenn es Freds Zeit zuließ und er nicht an noch größeren Dingen dran war, half er, wie er konnte.

«Hey Henrich, alter Schwerenöter, was gibt's?», begrüßte ihn Fred.

«Fred, wir brauchen dich, unbedingt. Wir kommen mal wieder total an unsere Grenzen», sagte Müller. Müller war eher so ein Typ, den man schnell mal übersah. Das Gegenteil von Fred. Das wusste Müller, daher baute er so auf Fred. Fred wusste auch, dass Müller nur über gute Beziehungen seinen Kommissarsjob bekommen hatte. Aber er war ein anständiger Kerl und bewunderte Fred, auch wenn er nicht wollte, dass Fred das bemerkte. Aber dem war das egal. Was zählte, war der Fall.

«Was gibt's?», fragte Fred, der den Blickkontakt zu Dagmar suchte und mit der Zunge kurz über seine Lippen leckte. Dagmar errötete. Fred wusste noch immer, wie's geht.

Müller war ganz aufgeregt und kam nicht zu Potte.

«Jetzt mal langsam mit den jungen Kühen», scherzte Fred.

Müller sagte: «Wir brauchen dich dringend, Fred. Die Russenmafia hat einen Stein in die Schule geworfen und dann …»

«Na, und?», fiel ihm Fred entrüstet ins Wort, «und dafür störst du mich auf der ‹Schnitzelranch›?»

«Nein», stammelte Müller wehleidig. «Das ist noch nicht alles, es ist … oh mein Gott, es ist … so unfassbar grauenhaft. Du musst kommen. Wir brauchen dich hier. Wir wissen sonst nicht, was wir machen sollen …»

15. Kapitel
• • •

Und, wie findstes?»

Manfred Kreutzer starrt mich mit aufgerissenen Augen Lob heischend an.

Mir fehlen ein wenig die Worte.

«Ja, nee», bringe ich dann singsangend irgendwie hervor. «Nee, schön, auch so mit dem Regionalbezug und so. Man kennt da ja selbst so einiges ...»

Kreutzer kann sein begeistertes Nicken überhaupt nicht mehr bremsen.

«Ja, gell? Und die Story? Was sagste dazu?»

«Nee, na ja, doch ...», stammele ich. «Da müsste ich vielleicht mehr lesen ... pass auf, bring mir doch mal den Rest mit. Dann kann ich bestimmt mehr dazu sagen», winde ich mich.

«Wieso den Rest?», sagt Kreutzer. «Mehr hab ich noch nicht.»

«Ach so, o. k., das war schon alles ...» Ich bemerke, dass ich nervös an den Nagelbetten kaue, was ich sonst nie tue.

«Na, aber hier oben» – Kreutzer tippt sich vielsagend auf seine Stirn – «hier oben, da ist schon alles drin. Muss es nur noch runtertippen.»

Ich nicke stumm, ziehe dabei die Brauen hoch und suche weiter nervös nach einem Grund, dieses Gespräch zu beenden.

Kreutzer scheint nun doch eine gewisse Reserviertheit meinerseits zu spüren. «Findste scheiße, ne?» Enttäuscht greift er nach seinem Manuskript und zieht ab.

Nun tut er mir leid. Daher rufe ich ihm hinterher: «Manni, jetzt warte doch mal.»

Kreutzer dreht sich zu mir um. «Ja?»

«Also, so schlecht finde ich es gar nicht ...»

«Jetzt echt? Was gefällt dir denn so besonders?»

«Puuh, na ja, man kommt ja eigentlich recht schön, äh, sehr schnell in die Geschichte rein ...»

«Ja, gell?»

«... und man hat auch gleich ein klares Bild vom Protagonisten ...»

«Von wem?»

«Von der Hauptfigur.»

«Ja, gell? Und wie findste Fred?»

«Was?»

«Wie findste Fred?»

«Du, Manni, ich bin ja kein Fachmann, aber ich habe mal gehört, dass es gut ankommt, wenn der Held auch mal ein paar Brüche hat.»

Kreutzer schaut mich verständnislos an.

«Also ich finde, der Fred ist ... wie soll ich sagen ... vielleicht ein bisschen zu ... perfekt.»

«Ah, verstehe ...» Kreutzer kratzt sich nachdenklich am Kinn.

Ich sehe hinüber zu Markus, der mich mit ausladenden Handbewegungen zu sich ruft.

«Jedenfalls kann ich mir super vorstellen, wie Robert de Niro dein Buch liest», sage ich noch zu Kreutzer und gehe hinüber zu Markus.

«Henning, wenn es dich nicht stört, würde ich gerne ein paar berufliche Dinge besprechen», ruft mir Markus mit kritischem Blick auf den mir im Schlepptau folgenden Manfred Kreutzer entgegen. «Natürlich nur, wenn ich euch damit nicht zu sehr von euren Literaturgesprächen ablenke.»

Ich sage dazu nichts, während Teichner feist feixt.

«Leute, wir haben eine schwarze Mütze gefunden, die höchstwahrscheinlich der Täter zur Vermummung getragen hat», sagt

Markus nun mit fester Stimme. «Ein Geo-Cacher hat sie am Waldrand ganz in der Nähe von Murnaus Haus gefunden.»

«Das ist ja Weltklasse», freue ich mich. «Großartig!»

«Und da der Finder Zeitung gelesen hatte», fährt Markus fort, «und somit wusste, welche Klamotten unser schmächtiger Attentäter trug, hat er die Mütze zu uns gebracht.»

Teichner nimmt einen riesigen Schluck aus einer 2-Liter-Cola-Flasche und sagt glucksend: «Will heißen: Wir haben sein DN-Ärschchen.»

Kreutzer lacht laut auf, murmelt «Der ist gut» und notiert sofort Teichners humoristische Gipfelleistung, der dies höchst erfreut zur Kenntnis nimmt.

«Ja, wir haben seine DNA und sollten so schnell wie möglich alle Schüler einen Speicheltest machen lassen», fährt Markus fort.

«Dann haben wir ihn», rülpst Teichner hinterher.

«*Wenn* es ein Schüler war», sage ich. «Und so schnell wird das mit dem Speicheltest auch nicht hinhauen. Die meisten Schüler sind minderjährig. Wir werden eine schriftliche Erlaubnis der Eltern brauchen. Und schon jetzt weiß ich, dass wir die nicht von allen ...»

«Egal», unterbricht mich Markus, «es ist besser als gar nichts. Ich bespreche das mit Körber, und dann werden wir das veranlassen.»

Wer wir?, denke ich. Markus und Körber? Markus und Onkel Ludwig veranlassen etwas? Zu zweit? Ohne mich? Kann es sein, dass ich mich da gerade übergangen fühle? Dass so etwas untergraben wird wie meine Position als Hauptkommissar? Kann es sein, dass mir so etwas früher vielleicht scheißegal war, jetzt aber ist es mir nicht mehr scheißegal? Ja, das kann sein.

«Ich bin übrigens dafür, dass alle Schüler einen Test abgeben», ergänzt Markus, der, während er redet, gleichzeitig etwas in sein Notebook tippt. «Auch die Mädchen. Schließlich können wir nicht hundertprozentig davon ausgehen, dass es ein Junge war.»

Wir nicken alle, und mir wird in diesem Moment klar, dass bald auch die DNA meiner eigenen Tochter mit der des Täters abgeglichen wird.

Wenig später löst sich die Besprechung auf, und jeder kehrt zurück zu seinem Schreibtisch. Wieder spüre ich den Atem vom Praktikanten-Manni im Nacken.

«Henning, hier, eins noch ...»

Oh nein, bitte nicht schon wieder, denke ich und beschleunige mein Gehtempo.

«Henning, was ich noch sagen wollte. Also, ihr habt doch da neulichst über den Pauker Dohmknecht und den Exkerl von der Murnau, den Hirschmann Jochen, geredet, oder?»

«Ja, haben wir», bestätige ich.

«Ich weiß ja net, ob das uns weiterbringt, aber – die kennch.»

«Wie bitte?»

«Die kennen sich.»

«Was?»

«Von der Freiwilligen Feuerwehr her. Der Dohmknecht leitet schon seit Jahren die Jugendfeuerwehr Schotten, und der Hirschmann war bis zum letzten Jahr dort im Vorstand.»

Ich bin sprachlos.

«Und das sagst du erst jetzt?»

Manfred Kreutzer kratzt sich den Bauch. «Ihr sagt doch immer, ich soll bei euren Besprechungen die Klappe halten.»

Jugendfeuerwehr, sinniere ich. Da können wir dann ja gleich den nächsten Speicheltest durchführen lassen.

16. Kapitel

• • •

Zugegebenermaßen war es ein etwas bemühter Versuch, den Franziska auch sogleich durchschaute, als ich ihr zu ihrem Geburtstag im Februar Karten für ein Klavierkonzert schenkte.

Doch es war gut gemeint, und das honorierte sie. Natürlich war es ein Wink mit dem Zaunpfahl, eine flehende Bitte, sich von diesem Geschenk und diesem Abend dazu inspirieren zu lassen, sich wieder selbst ans Klavier zu setzen. Doch das war ihr egal, sie freute sich spürbar über das Geschenk. Ich wusste, dass Graziella Toccati zu ihren Lieblingspianistinnen gehört und sehr selten in Deutschland auf Tournee ist. Und als ich dann kurz vor Franziskas Geburtstag in der Zeitung las, dass Toccati auf dem Gießener Schiffenberg im Mai ein Konzert geben wird, musste ich die Karten einfach kaufen.

Mir ist danach, mich zu overdressen, und ich binde mir zu Franziskas Vergnügen seit langer Zeit einmal wieder eine Krawatte um den Hals. Franziska verzichtet auf Abendgarderobe, da sie ohnehin «nichts anzuziehen» habe. Sie trägt eine schwarze schmal geschnittene Hose und einen roten Rollkragenpullover.

Auf der halbstündigen Fahrt nach Gießen reden wir nicht viel, und wenn, dann schon gar nicht über etwas, das auch nur im weitesten Sinne mit Klavierspielen zu tun haben könnte.

Der Schiffenberg ist so etwas wie das Schmuckstück der eher unscheinbaren Universitätsstadt Gießen. Von einigen Gießenern weiß ich, dass sie ihre Gäste gerne zum Hausberg zerren, um sich die Peinlichkeit zu ersparen, den weitgereisten Besuchern die Innenstadt zeigen zu müssen.

Die alte Klosterruine Schiffenberg macht was her. Ein hübscher Ausflugspunkt, stadtnah und doch abgelegen, mit Wald, Wiesen, Würstchen, Kaffee und Kuchen garniert. Im Innenhof des Klosters finden im Sommer Kulturveranstaltungen statt, angefangen mit der Feuerwehrkapelle aus Wettenberg über heimische Rock-Cover-Bands, deren Musiker inzwischen noch mehr in die Jahre gekommen sind als die Musik, die sie noch immer spielen, bis hin zu Großveranstaltungen mit BAP oder ähnlichen Kalibern.

Heute Abend aber soll es deutlich schöngeistiger zur Sache gehen. In der überdachten Basilika wird zum Klavierabend geladen. Dementsprechend dünn sind die Plätze besetzt, bemerke ich, kurz nachdem Franziska und ich Platz genommen haben. Obwohl Graziella Toccati eine Musikerin von internationalem Rang ist, verirren sich gerade einmal sechzig Zuschauer mit uns in diese Veranstaltung.

Ein untersetzter Mann mit Strickweste, gestreiftem Hemd, gepflegtem Vollbart und violetter Krawatte begrüßt das Publikum, entpuppt sich als Konzertveranstalter, redet zu lange zu langweiliges Zeug und bittet dann endlich Signora Toccati auf die Bühne. Gießens angespanntes Bildungsbürgertum klatscht gehemmt, und die Meisterin, die dreißig Jahre älter ist, als sie auf den Plakatfotos aussieht, verbeugt sich scheu, ehe sie am Konzertflügel Platz nimmt, ihre Hände auf die Tasten legt, kurz innehält, den Oberkörper vorbeugt und zu spielen beginnt.

Schubert.

Routiniert absolviert sie ihr Pensum, und ein kühler Wind weht in die Basilika.

Ich versuche mich aufs Hören zu konzentrieren, was mir nicht immer gelingt. Zu oft fliegen meine Gedanken weg, zu DNA-Tests, zu Laurins Zeltlager oder zu Freds Bock. Dann höre ich eine Passage, die mir bekannt vorkommt. Die mich wie ein Donnerschlag berührt. Ich spüre, wie ein Schauer über meinen Rücken jagt und in einer furiosen Gänsehaut auf meinen Unterarmen endet. Franziska hatte das gespielt, früher. Sie war schwanger mit Melina, saß dickbäuchig und breitbeinig, auf das Platzen der Fruchtblase wartend, auf der schmalen Klavierbank und spielte genau das.

Ich greife nach ihrer Hand. Sie nach meiner, ihre Hand ist warm, meine kalt, und ich weiß, ohne dass ich sie anschauen muss, dass sie leise weint.

Der zweite Teil des Konzerts mit sperrigen Rachmaninow-Stücken langweilt mich eher, und ich sehne mich ein klein wenig dem Ende und der Bratwurst entgegen, die ich für die Heimfahrt fest ins Auge gefasst habe.

Irgendwann ist es dann so weit, die gesetzten grauhaarigen Damen und Herren applaudieren mit freundlichen Gesichtern, und Graziella Toccati verlässt die Bühne.

«Henning, das war toll, vielen Dank», flüstert Franziska und küsst mich auf die Wange. Ich freue mich, lockere meine ungemein lässige Krawatte und sehe plötzlich in das Gesicht von Stefanie Assmann.

«Hallooo», ruft sie strahlend, winkt dabei einen Mann um die vierzig und einen pubertierenden Knaben zu sich und schreitet zielstrebig auf uns zu.

«Hallooo», schmettere ich etwas zu laut zurück und begrüße sie mit Handschlag.

«Das ist ja 'ne Überraschung. Kaum gibt's mal echte Kultur in Gießen, schon trifft sich der halbe Vogelsberg hier», scherzt sie.

«Jaha», mache ich.

«Hallo, ich bin Franziska Bröhmann», sagt meine Frau, nicht darauf wartend, bis ich sie vielleicht irgendwann vorstelle.

«Stefanie Assmann.»

Kurz erläutere ich etwas umständlich, woher Stefanie und ich uns kennen.

Inzwischen ist auch ihr Gefolge eingetroffen.

Pfarrer Gregor Assmann ist mir auf den ersten Blick sympathisch. Ein jungenhaft wirkender Mann, mit spitzbübischem Gesichtsausdruck, kleiner runder Brille, sportlicher Figur und einer angenehmen, warmen Stimme.

«Ich habe schon viel von Ihnen gehört», floskele ich.

«Ich kenne meinen schlechten Ruf», kontert er.

«Das ist unser Sohn Lasse», stellt Stefanie einen etwas abseits stehenden blonden Jungen vor, der eindeutig noch mehr Kind als Mann ist. Er reicht uns höflich die Hand.

«Lasse spielt selbst Klavier. Deswegen sind wir heute hauptsächlich hier», bemerkt Stefanie und legt ihre Hand um Lasses Schulter, was diesem altersgemäß unangenehm ist. Er entwindet sich sacht ihrem Arm und stellt sich schnell einen Sicherheitsmeter neben seine Mutter.

«Ach ja?», sagt Franziska, und ihr Gesichtsausdruck erhellt sich.

«Und das Verrückte ist», mischt sich Gregor Assmann ein, «er spielt sogar freiwillig. Weiß auch nicht, was wir falsch gemacht haben.» Er grinst kokett.

«Das ist ja toll», sagt Franziska. «Bei wem hast du denn Unterricht?»

Lasse, der, auf den Boden schauend, unsicher herumdruckst und mit den Schuhen kleine Steinchen sortiert, nuschelt: «Bei Olga Demerova, in Laubach.»

«Oh, wow!», macht Franziska. «Dann musst du ja richtig gut sein. Olga unterrichtet nicht jeden.»

Etwas stolz berichten die Assmanns, dass Lasse, seit er fünf Jahre alt ist, gerne Klavier spiele und ganz freiwillig jeden Tag übe. Seit einiger Zeit spiele er auch auf der Kirchenorgel Bach.

So plänkeln wir noch ein wenig heiter weiter, bis wir uns verabschieden, in unsere Autos steigen und ich endlich zu meiner Bratwurst komme.

Mannmannmann Maaaaara, ich flipp aus. Du und der Robert Pattinson, sorry, jaaa ich weiß, Dan heißt er ... Wie geil ist das denn??? Ich freu mich voll für dich und ihr seht so total süß aus. Ich glaub's ja nicht. Wie haste den bitte rumgekriegt, du German Luder? Ich brauch mehr Infos!!! Und alle Einzelheiten bitte, Miss Mara!!

Heute kriegste auch mal ein paar Pics. Auf dem dritten gucke ich voll blöd, ich weiß, aber ich finds so süß, wie AA da seinen Arm um mich legt.

Ach scheiße Mara, ich weiß eigentlich gar nicht, ob ich dir das jetzt schreiben soll, denn es ist voll peinlich. Ich war voll arschig. Und wenn ich dir jetzt maile, darfste nichts Superschlimmes von mir denken. Bitte bitte!! Und natürlich ist es top secret, aber das brauch ich ja dir nicht extra zu sagen.

Oh mann, ich schäm mich so ...

Also ...

Ich hab geschnüffelt. Ich war bei AA, wir ham da abgehangen. Da kam der Müllo vorbei und wollte mit ihm was belabern, wegen der Burschen-schaft-Kirmes oder so. Müllo und AA sind dann raus und ich bin im Zimmer geblieben. Und ich hab gar nicht so richtig nachgedacht, und mir war langweilig, da hab ich dann halt gesehen, dass sein Handy da noch rumlag. Und ich habs einfach genommen.

Ich weiß, das geht gar nicht und du findest das bestimmt voll scheiße, ich ja auch, ich weiß auch nicht, warum ich das gemacht hab. Ich schäm mich auch. Ich hab ja gar nix bestimmtes gesucht und so.

Und dann war ich total geschockt ... Da waren so Videos. Total krank ... da wurde eine Katze an nen Baum gehängt und mit Dartpfeilen auf sie geschmissen. Ich hätt fast gekotzt. Ich erspar dir weitere Einzelheiten. Jedenfalls konnt ich das gar nicht weiter angucken.Ich habs dann sofort weggelegt und war total durch. Das Schlimmste ist: ich kann nicht mal ausschließen, ob AA das nicht sogar selber gefilmt hat. Oh Mann, ich will das gar nicht wissen ...

Mara, echt, der Adrian ist nicht so. Ich kapier das überhaupt net. Oder ist das normal bei Jungs? Wie siehstn du das? Der hat so Videos doch nur wegen seiner Kumpels auf seinem Handy, glaub ich ... weil es alle haben.

Du kriegst jetzt bestimmt ein voll falsches Bild von AA. Weil ich dir das schreibe. Ich hätt das nie tun dürfen, ich blöde Kuh, in seinem Handy stalken! Ich bin so schlecht ... Ich fühl mich so scheiße!!!!

Sorry, dass ich dir das geschrieben habe, jetzt wo du so happy bist mit deinem sweet Ami-Boy ...

Lass dir von mir nicht die Laune verderben ...

Love u

Mel

17. Kapitel

• • •

Als ich von der Diensttoilette der Polizeidirektion Alsfeld zurückkehre, drückt sich Praktikant und Schriftstellergott Manfred Kreutzer mal wieder an meinem Schreibtisch herum. Er pfeift tonlos vor sich hin und wirft Blicke auf Dokumente, die auf meiner Arbeitsfläche liegen.

«Ahhh, servus, Meister», begrüßt er mich.

«Ja, was gibt's?», frage ich ihn.

«Och, nichts Besonderes.»

«Ja, dann ist ja gut, ne?» Ich lächle ihm nickend zu, um zu signalisieren, dass er nun auch gerne meinen Arbeitsplatz verlassen dürfe.

«Was'n das?», fragt er dann und deutet auf einen Zettel, der direkt vor mir liegt.

«Das ist die Liste der Namen der Lehrer, die man zu den sogenannten Murnau-Feinden zählen darf. Die also zur Dohmknecht-Gruppe gehören.»

«Den da kenne ich.»

Manfred Kreutzer scheint tatsächlich alle Bewohner Mittelhessens zu kennen.

«Den Ludger Munker, den kenne ich sogar gut. Der ist bei uns Grillsportler.»

«Grill... was?»

«Grillsportler. Mir habbe in Rainrod einen Grillsportverein. Und der Lusi ist sogar aktueller Spare-Ribs-Vereinsmeister.»

Kreutzer sagt dies mit tiefer Ernsthaftigkeit und im Tonfall aufrichtiger Bewunderung. Spare-Ribs-Vereinsmeister scheint eine äußerst honorige Auszeichnung zu sein.

«Das klingt ja spannend», sage ich.

«Ei, dannkmmdochmlmit.»

«Bitte?»

«Ei, ich kann dich doch mal mitnehmen zum Grillsport, wenn dich das interessiert. Ich sag dann einfach, dass du ein alter Kumpel von mir bist. Und da kannst doch ganz nebenbei mit dem Ludger über die Murnau quatschen. Der muss ja net wissen, dass du ein Bulle bist.»

«Aber ich war doch ein paar Mal zu Ermittlungszwecken in der Schule», wende ich ein. «Vielleicht erkennt er mich wieder.»

«Na und, dann isses halt so.»

«Aber weiß der denn nicht, dass du hier ein ... äh ... Praktikum machst?»

«Ach was», winkt Kreutzer ab, «mir reden eigentlich nur übers Grillen. Das ist kein Platz für privates Gelaber.»

«Verstehe.»

Also, warum eigentlich nicht? An so etwas könnte ich Freude haben. Vogelsberger Männern beim «Grillsport» zuzuschauen und nebenbei vielleicht in den Ermittlungen weiterzukommen. Was will man mehr?

Eines will ich dann aber doch noch wissen.

«Wie heißt eigentlich euer Verein?»

«Die Rainroder Schweinebäuche e. V.»

Ich notiere mir auf meiner Liste hinter dem Namen Ludger Munker das Wort «Schweinebauch» und versuche mich ein wenig zu sortieren:

Gesucht: Jugendlicher, schmächtige Gestalt, verliert Mütze nach Softairangriff, DNA-Analyse Schule.

Murnau-Gegenspieler im Lehrerkollegium:

Bernhard Dohmknecht, verbreitet nachweislich Gerüchte, Murnau hätte Affären mit Kollegen und Schülern, will ihr schaden, wollte seinerzeit selbst in Schulleitung.

Dohmknecht schart immer größer werdende Gruppe um sich:

Ludger Munker, Doris Schmidt, Claus-Dieter Othmann, Christian Voss, Traudl Görrling.

Exmann: Jochen Hirschmann, Rachegelüste.

Verbindung: Dohmknecht und Hirschmann sind beide in Jugendfeuerwehr Schotten aktiv.

Zufall?

Verdacht: Jugendlicher wird von Dohmknecht und Hirschmann angestiftet, sie zu bedrohen, mit dem Ziel, dass sie ihren Job als Schulleiterin entnervt hinschmeißt.

Ich grüble noch ein wenig so vor mich hin, ehe ich sehe, wie Markus einen Anruf entgegennimmt. Sein Gesicht erstarrt.

18. Kapitel
• • •

In der Regel turnt Pfarrer Gregor Assmann sonntagmorgens vor vielleicht zwanzig verloren im Raum sitzenden Schäflein herum. Er leide darunter, erzählte mir Stefanie. Immer wieder habe er mit unterschiedlichsten Ideen und Konzepten versucht, mehr Menschen in seine Gottesdienste zu ziehen und für eine Mitarbeit in der Gemeinde zu begeistern. Er hat Rockkonzerte organisiert, Filmnächte veranstaltet, Kabarettvorstellungen durchgeführt und noch einiges mehr versucht. Am Ende aber sitze immer wieder das gleiche kleine Häuflein in den Gottesdiensten.

Doch heute ist alles anders. An diesem Dienstagnachmittag platzt die Schottener Liebfrauenkirche aus allen Nähten. Nicht alle haben Platz gefunden, viele drängen sich an den Seiten oder vor der Kirchentür. Wie allen anderen, die gekommen sind, sitzt auch mir der Schock noch immer in den Knochen. Ein kollektives Gefühl der Fassungslosigkeit, der Trauer und des Entsetzens hat sich im Kirchenschiff breitgemacht. Viele Schüler und Schülerinnen weinen, einige andere starren ausdruckslos in Richtung Altar, während von oben mit Johann Sebastian Bach schwermütig die Orgel dröhnt.

Hinter mir tuscheln zwei verhärmte Frauen, wo denn nun die Eltern säßen und dass sie den Mann ja gar nicht finden könnten.

«Gut, dass wenigstens kaa Kinner mit im Spiel sind. Sind doch net, oder? Das wollt doch bei dene net klappe, gelle? Oder sie wollt net, wesche der Karriere ... Kein Wunner, dass der fort is. Kerle, Kerle, was e Tragik!», höre ich von hinten und bekomme dabei fortwährend kleine Tröpfchen in den Nacken gespuckt.

Pfarrer Gregor Assmann trifft den richtigen Ton und findet

die passenden Worte. Er verzichtet darauf, sich auf die Kanzel zu stellen und entscheidet sich stattdessen dafür, seine Gemeinde sozusagen auf Augenhöhe anzusprechen. Seine Rede ist erfrischend unklerikal und authentisch. Er vermeidet theologische Floskeln und spricht nahezu frei. Es ist keine dieser würdelosen Trauerfeiern, bei denen ein angetrunkener Alleinunterhalter auf seiner Bontempi-Orgel «Time to Say Goodbye» zum Besten gibt und ein überalterter Pfarrer den Namen des Toten mit dem Taufkind des Morgengottesdienstes verwechselt.

Hätten wir es verhindern können oder gar müssen? Immer wieder geht mir diese Frage durch den Kopf, während ein mickriger Posaunenchor sein Bestes gibt. Links neben mir sitzt Stefanie, die immer wieder nach ihrem Taschentuch greift. Markus Meirich hat direkt vor mir Platz genommen und neben ihm Onkel Ludwig Körber.

Pfarrer Assmann bittet die zahlreichen Journalisten diverser Tageszeitungen erneut, das Fotografieren zu unterlassen, woran sich natürlich konsequent nicht gehalten wird.

In den letzten Tagen hat der Vogelsberg einiges von seiner friedlichen Beschaulichkeit verloren.

Wir hatten gerade begonnen, nach einigem Hin und Her und vielen Protesten seitens der Öffentlichkeit, den Schülern Speichelproben zu entnehmen, als es passierte. Als das passierte, was niemals hätte passieren dürfen.

Eine gute Woche ist es nun her, dass Dr. Ellen Murnau in ihrem Wohnhaus mehrmals brutal mit einem Messer in den Bauch gestochen wurde.

Die Putzfrau hatte sie an diesem Montagmorgen gefunden. Ellen Murnau hatte den Täter offenbar selber ins Haus gelassen, Einbruchsspuren gab es keine. Bisher wurden auch keine DNA-Spuren gefunden, die mit denen der Mütze identisch sind. Trotzdem warten wir derzeit fieberhaft auf das Ergebnis der Schülerproben, in der Hoffnung, dass wir dann endlich den Träger der Mütze identifizieren können.

Natürlich stehen wir nun als Polizei sehr stark in der Kritik. Zu langsam, zu unentschlossen würden wir handeln. Die Zeitungen waren in den letzten Tagen voll davon. Körber, Markus und ich wurden auf der gestrigen Pressekonferenz attackiert wie nie zuvor. Es lastet nun ein so hoher öffentlicher Druck auf uns, den Mörder so schnell wie möglich zu fassen, dass es mich eher lähmt als antreibt. Ich wünschte, es wäre anders, doch es ist so. Mit Druck konnte ich noch nie sonderlich gut umgehen.

Und doch ist dieser Fall für mich anders als alle anderen. Ich nehme ihn irgendwie persönlich.

Die Glocken läuten, und ich bin überrascht, wie fehlerfrei ich das Vaterunser noch über die Lippen bekomme.

Eine halbe Stunde später liegt die tote Schulleiterin der Vogelsbergschule unter der Erde.

Eigentlich wollte ich nach der Trauerfeier direkt ins Büro fahren, doch Stefanie Assmann hatte nicht viel Mühe, mich noch zu einem kurzen Spaziergang zu überreden.

Es fühlt sich immer freundschaftlicher an, denke ich, als wir beide ein paar Minuten schweigend nebeneinander Richtung Niddasee laufen.

«Wie geht denn deine Tochter mit der ganzen Sache um?», fragt sie unvermittelt, während es leise zu nieseln beginnt.

«Puuh», mache ich. «Schwer zu sagen. Ich denke, das nimmt sie alles mehr mit, als sie zeigt. Im Moment kriegen wir eh nicht so viel von ihr mit. Sie kapselt sich immer mehr von Franziska und mir ab. Dass sie einen Freund hat, verstärkt das noch.»

Eine Gruppe überholt uns, und vor uns wackeln plötzlich unzählige Frauenhintern in engen Hosen zwischen Stöcken. Der Nordic-Walking-Lauftreff «Running Mädels» aus Atzenhain ist unterwegs, wie ich auf den Rücken einiger Damen lesen kann.

113

«In meinem Job habe ich ständig mit den Problemen von Jugendlichen zu tun», schreit mich Stefanie an, während wir verzweifelt versuchen, aus dem Gestöckel und Geplapperlärm der heiteren Damentruppe auszubrechen.

«Und habe fast immer schlaue Sprüche parat», bemüht sich Stefanie unbeirrt weiterzusprechen.

«Wie bitte?», brülle ich zurück, mein eigenes Wort im Gequasselhagel nicht verstehend, und spüre einen Stock auf meiner Ferse.

«Ich sagte, dass ich trotz meines Jobs, in dem ich ständig Hilfestellungen zu Problemen von Jugendlichen gebe, bei meinem eigenen pubertierenden Kind genauso hilflos und ratlos bin wie alle anderen Eltern.»

Der Regen wird stärker, und Stefanie zieht sich die Kapuze ihrer Jacke über den Kopf. Ich ertrage die Nässe mannhaft.

«Der zieht sich immer mehr zurück. Und was ganz neu ist, Lasse redet kaum. So kennen wir ihn nicht. In der Theorie weiß ich, dass das ganz normal sein soll. Aber trotzdem, manchmal würde ich mir wünschen, er würde uns anbrüllen, den offenen Konflikt suchen oder so. Ich weiß wirklich gar nicht mehr, wie ich an ihn rankommen soll. Scheiß Pubertät! Ach, Mann, komm, Themenwechsel.»

Mein Handy klingelt. Es ist Markus. Ich drücke ihn weg.

«Hätte Ellen nicht doch länger Personenschutz bekommen müssen?», fragt Stefanie dann und legt ihre glatte Stirn in Falten.

«Im Nachhinein natürlich schon», antworte ich bitter. «Aber wir konnten sie erstens nicht zwingen, und zweitens galten die Softairschussattacke und der Steinwurf nicht als Mordversuche. So war sie offiziell nicht mit dem Leben bedroht.»

Stefanie zieht ihre Kapuze wieder nach unten.

«Glaubst du, dass wirklich ein Jugendlicher dieser Schule zu so einer Tat fähig ist? Ihr ein Messer in den Bauch zu rammen?»

«Was weiß ich ...?»

Wieder überkommt mich dieses Schuldgefühl. Immer wieder denke ich, dass ich den Kerl nach dem Steinwurf ins Lehrerzimmer hätte fassen können. Wenn ich nur etwas schneller reagiert hätte.

«Ich habe es auch falsch eingeschätzt», bemerkt Stefanie, als könnte sie meine Gedanken hören. «Ich habe fest geglaubt, dass es nur um Drohungen geht. Dass ihr nur Angst eingejagt werden soll. Der Stein, der Brief, das Autogekratze und selbst dieser Softairschuss. Dass ihr Auge getroffen wurde, habe ich für Zufall gehalten, aber dann diese grauenhafte Bluttat ... meine Güte.»

Dann überkommt es mich einfach, und ich sage: «Das Beste an dieser ganzen Scheiße bist du. Also, dass ich, äh dich kennenlernen durfte.»

«Danke», sagt sie nur kurz, bleibt dann aber stehen und greift nach meiner Hand. Ich nehme dies zum Anlass, nach ihrer zweiten zu fassen. Dann beuge ich mich zu ihr herunter und küsse sie auf den Mund. Nach einem kurzen Moment zieht sie ihren Kopf zur Seite und reißt sich von mir los.

«Du spinnst wohl», zischt sie.

«Oh, sorry ...», stammle ich.

«Was denkst du dir eigentlich?»

«Ich weiß auch nicht, was da in mich ...»

Oh Gott, wie fühle ich mich schlecht.

Stefanie ist außer sich. «Du kannst doch nicht einfach ...»

«Nein, ich weiß. Es tut mir wirklich leid.»

Dass ich mich zutiefst schäme, wäre heillos untertrieben.

«Was glaubst du denn, wer du bist? Machst du das immer so?»

«Nein, natürlich nicht, es tut mir wirklich total ...»

«Du hast sie doch nicht mehr alle. Fällst hier einfach so über mich her ... ich bin eine verheiratete Frau.»

«Ja natürlich, ich weiß. Ich ja auch, also Mann ... also verheirateter, äh, Mann. Das war nicht so geplant, ehrlich nicht. Ich ...»

«Du kannst mich doch nicht einfach, kannst du doch nicht einfach so ... das geht doch nicht, dass ...»

Sie greift nach meinem Arm, hält ihn so fest, dass ich erwarte, im nächsten Moment eine gescheuert zu bekommen. Stattdessen aber zieht sie mich zu sich herunter und beginnt mich nach allen Regeln der Kunst zu küssen.

«Du Spinner», nuschelt sie in einer kurzen Pause. «Was soll das denn jetzt hier, bitte?»

«Ich verbitte mir das», flüstere ich und weiß beim nächsten Kuss schon längst nicht mehr, wie mir geschieht.

Während sie meine Wangen mit ihren Händen umfasst, flüstert sie: «Ich bin eine Pfarrersfrau, ich mache so was sonst nie, damit du's nur weißt.»

«Ich auch nicht», hauche ich zurück. «Ich bin der Anstand in Person, bin schließlich Polizeipräsidentensohn.»

19. Kapitel
• • •

Ach, nein, das jetzt bitte nicht auch noch. Was hat *er* denn bitte hier schon wieder zu suchen? Mein Vater hat an meinem Schreibtisch Platz genommen und klopft mit seinen Fingern auf der Tischkante herum. Direkt nach dem Spaziergang mit Stefanie Assmann bin ich nach Alsfeld gehetzt, um pünktlich zur Teambesprechung um 17.30 in der Direktion zu sein.

«Ich war gerade in der Nähe, da dachte ich mir, ich schau mal vorbei», teilt der Herr Vater mit. «Ein gannnnz ausgezeichneter Mann, der Herr Meirich. Das sieht dein alter Herr gerne, wenn solch ausgezeichnete Mitarbeiter bei der Kriminalpolizei arbeiten. Gannnnz ausgezeichnet, der Herr Meirich.»

«Ja, ich weiß», murmele ich und suche meine Unterlagen für die Besprechung in einem der Papierberge auf meinem Schreibtisch.

«Gannnnz hervorragend, wie er eben gerade hergegangen ist und mich sachlich, auf den Punkt formuliert, über die aktuelle Sachlage informiert hat. Und glaub mir, Henning, da habe ich noch immer ein Gespür für. Der Herr Meirich ist ein gannnnz ausgezeichneter Mann. Du kannst dich glücklich schätzen, dass er in deinem Team ist.»

«Papa ...»

«Kompetenz, Ehrgeiz und Intelligenz bemerke ich da, bei dem jungen Herrn, nicht wahr?»

«Ja.»

«Kann man hier so durchblicken?» Mein Vater legt seine Stirn in Falten und deutet auf das Chaos, das meinen Schreibtisch ziert.

«Ja, tut *man*», blaffe ich zurück. «Hast du was dagegen, wenn ich nun meiner Arbeit nachgehe?» Ich deute mit meinem Blick an, dass mein Vater dazu seinen Hintern von meinem Schreibtischstuhl erheben müsste.

Günther Bröhmann bleibt sitzen. «Da kann man nur hoffen, dass du Herrn Meirich nach Kräften unterstützt, nicht wahr? Ein gannnz ausgezeichneter Kriminalist ist das. In vier, fünf klaren Sätzen ist er hergegangen und hat mir einen Überblick verschafft, über all diese Dinge, die sich gegen diese Frau Doktor zugetragen haben. Ich habe seine Einladung gerne angenommen, an eurer Sitzung gleich teilzuhaben.»

Ich verdrehe innerlich die Augen und bemerke, wie mir sekündlich jegliche Energie aus dem Körper zu fließen scheint. Ein Zustand, der mir zwar vertraut ist, den ich aber so heftig lange nicht mehr erleben musste.

Nun sitzen wir im Besprechungszimmer, mein Vater neben mir. Teichner spricht. «Die Murnau muss nur wenige Minuten nach den Messerstichen tot gewesen sein, sagt der Doc. Der Täter hat viermal zugestochen. Das Messerlein hat er brav wieder mitgenommen. Frau Murnau hat ihn wohl selber ins Haus gelassen. Jedenfalls gibt es keine Einbruchsspuren. So gehen wir mal locker flockig davon aus, dass sie ihren Mörder kannte.»

«Verdächtiger Nummer eins ist unser vermummter Jugendlicher», schaltet sich Markus ein. Mein Vater nickt und blickt wohlwollend zu ihm. «Übermorgen haben wir die Ergebnisse der DNA-Tests, dann wissen wir vielleicht mehr. Es sind sieben Jungs, die zu unserer Zielgruppe passen, die keinen Test abgegeben haben. Diese jungen Männer haben wir natürlich besonders im Blick.»

Ich räuspere mich. «Ich habe eine Liste mit Namen von Mitgliedern der Jugendfeuerwehr Schotten. Wir wissen ja, dass diese vom Lehrer Dohmknecht ...»

«Wer soll das denn sein?», unterbricht mich brummend mein Vater.

«Das ist der Lehrer, der …»

«Herr Meirich», fällt mir mein Vater ins Wort. «Ich habe großes Vertrauen in Ihre Arbeit, bin guter Dinge, dass Sie bald Ermittlungserfolge aufzuweisen haben, nicht wahr.» Er erhebt sich von seinem Platz.

«So, ich verabschiede mich dann mal. Man sollte nicht hergehen und die Regierung zu Hause mit der zubereiteten Abendspeise warten lassen.» Dann verlässt er, ohne mich eines Blickes zu würdigen, den Raum. Ich dachte früher immer, mit fast vierzig wäre einem das Verhalten der eigenen Eltern komplett egal. Falsch gedacht.

Der Rest der Besprechung geht weitgehend an mir vorüber. Ich merke, wie ich in mein altes Loser-Lustlos-Muster zurückfalle, und schaffe es nicht, mich in diesem Sturz zu bremsen. Während Onkel Ludwig Körber mit seiner kehligen Stimme vom Druck der Staatsanwaltschaft redet, beobachte ich die Cowboystiefel von Manfred Kreutzer und finde sie fast so lächerlich wie mich selbst.

Noch ehe er aufgelegt und sich bei Kommissar Henrich Müller verabschiedet hatte, hatte Fred sich schon auf seinen Bock geschwungen und war auf dem Weg zu dieser Schule.

Enttäuscht blickten seine Freunde von der Schnitzelranch ihm nach. Dagmar, die Bedienung, ganz besonders ... Schade, wieder mussten sie einen Abend ohne Fred rumbringen. Alle wussten, dann wird es nur halb so lustig. Alle standen drauf, wenn er Storys von früher erzählte. Und wenn es besonders lustig wurde, dann drängten ihn alle, seine Witze auszupacken. Da lagen dann immer alle am Boden, schmissen sich weg und pissten sich vor Lachen in die Hosen.

Kurti, einer von Freds besten alten Kumpels, sagte: «Schade, jetzt wird's nur halb so lustig. Er hätte bestimmt heute ein paar alte Storys erzählt und einige seiner Witze ausgepackt.»

«Ja, schade», murmelten alle. Aber so ist er nun mal, der Fred. Wenn er gebraucht wurde, war er da.

Nun also brauchte ihn mal wieder die Polizei.

Als er in der Schule ankam, also da, wo ihn Kommissar Müller hergebeten hatte, sah er die ganze Sauerei vor sich. Fred war hart im Nehmen, doch dieser Anblick machte ihm wie immer auch nichts aus.

Eine bedrohliche Stille lastete über der ganzen Schule. Man merkte, dass etwas ganz Schreckliches passiert war. Die irre Sommerhitze war schuld daran, dass überall ein süßer, metallischer und ekelhafter Geruch zu riechen war. Fred wusste, was das bedeutete. Ein junger Polizist übergab sich, murmelte dabei: «Oh, mein Gott, wer macht so etwas?», und hob dann für Fred das Absperrband hoch, damit Fred hineingehen konnte. «Alter Vogelsberger», murmelte er, in der Betonung von «Alter Schwede». Diese Redewendung hatte er eingeführt. Inzwischen haben das alle übernommen. Zum Teil sogar in der Wetterau. «Alter Vogelsberger», wiederholte er noch einmal. Vor seinem geistigen Auge blitzen Bilder von furchtbaren Gewalttaten auf, er hat alles schon gesehen. Mit ein paar Schritten ist er im Gebäude drin. Und sah zunächst auf die durch einen Steinwurf zerschmetterte Fensterscheibe, denn er wusste: Auf jedes Detail kommt es an. Die ganze Polizei am Tatort ist erleichtert, dass Fred da ist. Das spürt er. Sie nicken und hängen an seinen Lippen.

Die zerbrochene Scheibe war leider nicht alles, was zerstört wurde. Denn im Klassenraum liegen verteilt ein Kopf, zwei Beine, ein Arm, drei Ohren und acht Finger.

Der Forensiker kam auf ihn zu, ein Wurstbrot in der Hand, als würde ihm der grauenhafte Leichengeruch nichts ausmachen. Er zündete sich eine Zigarette an und nuschelte mit vollem Mund: «Eine herrliche Leiche. So etwas Schönes sieht man nur alle paar Jahre.» Dann erklärte er Fred in allen Details, wie und warum die Körpereinzelteile in den nächsten Tagen verwesen werden.

«Wieso glaubt ihr, dass es wieder die Russenmafia ist?», fragte Fred.

«Wer sonst?», antworteten alle Polizisten. Fred hatte nichts anderes erwartet. Die Bullen dachten immer in ihren eingefahrenen Bahnen, und wenn sie doch einmal irgendwelchen mächtigen Politikern zu nahe kamen, wurden sie gleich von ganz oben zurückgepfiffen oder kaltgestellt.

Schnell zückte er wieder sein mobiles Handy. Er rief Lucy an. Während er die Freitöne hörte, dachte er an die letzte Nacht und sah ihre scharfen Tätowierungen wieder vor sich, während sie auf ihm stöhnend ihre Haare um sich rumschmeißend ritt, dabei laut «Oh mein Gott» schrie und ihre großen Brüste auf und ab wippten. Er lächelte genießerisch in sich hinein. Auf Lucy konnte er sich verlassen. Sie war eine Außenseiterin. Niemand mochte sie. Nur Fred. Er erkannte ihr Potenzial. In jeder Hinsicht!! Viele dachten, sie sei kriminell und brutal. Fred wusste es besser. Sie war immer und immer höher begabt. Sie fegte total gekonnt durchs Internet, und sogar Fred, der sich selbst super auskannte, konnte von ihr lernen, wie man Datenbanken knackt und Gelder von Konten krimineller Wirtschaftsbosse ins Ausland überweist und pädophile Politiker überführt und bei Facebook eine Fred-Leutzer-Fan-Seite einrichtet. «Lucy, hör zu, es ist äußerst dringend, geh doch mal bitte ins Internet und recherchier mal.»

«Klar, mach ich, Fred», antwortete sie. Und Fred wusste, dass er sich auf sie verlassen konnte.

Nur fünf Minuten später meldete sie sich wieder.

«Und?», fragte Fred.

«Die Recherche hat sich gelohnt», sagte Lucy. «Der Fall ist komplizierter als angenommen. Da hängen noch viel mehr drin. Es sind unglaubliche Verstrickungen …»

«Dacht ich's mir doch», antwortete Fred. «Und, wer hängt noch mit drin?»

«Die Politiker da oben», antwortete Lucy. «Und Wirtschaftsbosse.»

«Dacht ich's mir doch.» Fred nickte nachdenklich, wie immer wenn er nachdenklich war. «Und welche?»

«Fast alle. Die genauen Namen kriegst du noch alle auf einem Datenstick», sagte Lucy. «Korrupte Schweine, die immer alles in die eigene Tasche stecken, tagsüber den Saubermann spielen, und abends quälen sie minderjährige russische Frauen in ihren Sexkellern.»

«Die Drecksäcke, na warte», fluchte Fred.

Entschlossen griff Fred nach seiner Lederjacke und machte sich zurück auf den Weg zu seinem Bock, wie er ihn nannte.

Henrich Müller, der immer lieber auf Nummer sicher ging, rief ihm nach. «Keine Alleingänge, Fred, ja?»

Dabei wusste er, ist Fred einmal in Fahrt, kann ihn niemand mehr aufhalten.

Zu Hause, angekommen in seiner «Ranch», wie er sein Einfamilienhaus nannte, schmiss er erst mal einen Schweinebauchlappen auf den Schwenkgrill, zog sich seinen Cowboyhut auf den Kopf, ein

Originalstück von Old Surehand, das er bei den Bad Segeberger Karl-May-Festspielen erwarb, zündete sich eine filterlose Marlboro an und legte die Füße hoch und hörte «Ich möcht so gern Dave Dudley hörn», seinen Lieblingssong. Er dachte lange nach und plante die nächsten Schritte.

20. Kapitel
• • •

Das kommt aber mal gar nicht, aber mal so was von überhaupt gar nicht in Frage!»

Diese Worte Franziskas höre ich, während ich den Schlüssel
in die Haustüre unseres Wohnhauses stecke. Den Schulpsycho-
loginnen-Kuss schuldbewusst und verwirrt nachschmeckend,
schleppe ich mich in den Hausflur.

Dann folgt aus der Küche das schon längst erwartete «Hoh
Mann» meiner Tochter. Ein vertrautes Geräusch. Eines Tages
wird es mir fehlen. Irgendwann, wenn sie plötzlich mit adrett
hochgesteckten Haaren und einem netten Blüschen bekleidet
vor mir steht und sagt: «Papa, ich geh jetzt mal studieren. Mein
Stipendium in Harvard ist jetzt durch», dann wird es kein «Hoh
Mann» mehr geben.

Vielleicht kompensiert Laurin das dann, indem er auf unserem Dachbalkon Hanf anpflanzt.

«Henning, sag du doch auch mal was», ruft Franziska ohne
weitere Begrüßungsworte.

«Zu was?»

«Na los, Melina, sag deinem Vater, was du vorhast.»

Franziska lehnt sich auf ihrem Stuhl zurück und verschränkt
die Arme.

«Ihr seid doch so was von verklemmt», keift Melina.

Oh Gott, denke ich. Das klingt bedrohlich.

«Deine Tochter möchte», schaltet Franziska sich wieder ein,
«dass Adrian hier übernachtet, wenn wir mit Laurin und der
Kindergruppe nächste Woche zelten gehen.»

Ein zaghaftes «Ui» kommt aus mir hervor. Beide Damen blicken mich erwartungsfroh an.

«Puuh», mache ich dann. «Muss das denn sein?»

Eine Weile kratze ich mich am Ohr, weil mir nichts anders in den Sinn kommt.

«Was sagen denn Adrians Eltern dazu?», frage ich, um Zeit zu gewinnen.

«Hallooooo», schmettert Melina, «er ist 18, Dad!»

«Ja, klar, das ist er wohl. Stimmt», stottere ich. «Aber du bist nicht 18.»

Melina verdreht die Augen.

«Ich sehe das wie Mama», füge ich nun etwas bestimmter hinzu und hole mir eine Flasche Wasser aus dem Kasten. «Das ist zu früh. Das läuft nicht. Ich habe keine Lust auf Opa-Sein.»

Ich mag diese Situationen einfach nicht.

«Hohh Mann!» Melina springt von ihrem Stuhl auf. «Das hat man davon, wenn man fragt. Hätte ich's doch einfach so gemacht, ich Penner, ihr hättet dann gar nichts gemerkt. Das hat man dann davon, wenn man ehrlich ist. Suuuper, vielen Dank!»

Da hat sie nicht unrecht.

Ich versuche es nun anders. «Melina, glaubst du nicht, dass es dafür noch zu früh ist? Du bist doch erst 15. Meinst du nicht, es ist besser, wenn du ...»

«Sagt mal, denkt ihr beide immer nur an das eine? Kann der AA nicht einfach so hier pennen? Glaubt ihr denn, dass wir dann automatisch sofort ... ach fuck!»

Genau, Fuck. Darum geht es wohl.

«Na ja, wir waren auch mal jung ...», entgegne ich gleichermaßen zaghaft wie hilflos.

Franziska greift nach Melinas Hand, die sie sofort wegzieht. «Schätzchen, pass mal auf. Natürlich wissen wir, dass du kein Kind mehr bist, und wir haben auch Vertrauen zu dir. Aber wir finden, es ist einfach noch zu früh, dass ein Junge bei dir schläft. Da kommt man manchmal in Situationen, die man vielleicht gar nicht will, und ...»

«Ihr seid solche Spießer», unterbricht Melina ihre Mutter und stürmt hinaus.

Franziska und ich blicken uns ratlos an.

«Wenn sie es wollen, machen sie es doch eh», flüstert Franziska resigniert in die Salatschüssel, die vor ihr auf dem Tisch steht. «Es ist wirklich albern, was wir hier abziehen.»

«Ich will nicht, dass dieser Blödmann hier schläft», sage ich und schlage dabei leicht mit der Faust auf den Tisch.

Franziska greift nach meinem Arm. «Wir sollten lieber anfangen, mit ihr über Themen wie Verhütung zu sprechen.»

«Franziska, sie ist 15!»

«Eben.»

Franziska schaut mich mit ihren blauen Augen an.

Ich kann nicht anders, als diesen Augen auszuweichen. Ich schäme mich. Warum nur ist mir das mit Stefanie heute Nachmittag passiert? Warum nur kann ich nicht einfach mehr für Franziska da sein?

«Dich nimmt das mit, oder?», fragt sie.

Ich schrecke aus meinen Gedanken hoch. «Hm, was?»

«Na, das mit Ellen Murnau.»

«Ja», antworte ich kurz. «Hoffentlich können wir das bald aufklären.»

Franziska schweigt und beobachtet mich weiter, was mich verunsichert.

«Bis Anfang nächster Woche sind die DNA-Tests analysiert», sage ich. «Wenn wir Glück haben, wissen wir dann mehr. Mir graut davor, einen Schüler festnehmen zu müssen.»

«Und was macht ihr, wenn es keine Übereinstimmung gibt?»

«Dann überprüfen wir die Schüler, die sich geweigert haben, einen Test abzugeben, und gehen den anderen Spuren nach.»

Franziska lächelt. «Du bist so anders.»

«Wie … was?»

«Du bist so richtig bei der Sache. Das kenn ich so gar nicht, wie dir nicht alles egal ist, was mit deinem Job zu tun hat.»

Ich nicke stumm. In gewisser Weise hat sie recht. Seit dem Drossmann-Fall fühle ich mich immer häufiger tatsächlich als Hauptkommissar und nicht mehr nur als der Sohn, dem der Herr Papa einen Job verschafft hat.

«Du hast einen ganz anderen Gesichtsausdruck, wenn du morgens zur Arbeit fährst», sagt Franziska leise.

«Echt?», frage ich nach und freue mich still. Franziska nickt und lächelt.

«Ich will auch wieder arbeiten», sagt sie dann plötzlich. Sie steht auf, geht zum Kühlschrank und schenkt sich einen Weißwein ein. «Ich überlege, mich bei Musikschulen zu bewerben.»

Mein Gemüt erhellt sich. «Ehrlich? Das fände ich super.»

«Na ja, mal sehen, ob das überhaupt klappt», ergänzt sie schulterzuckend und nippt an ihrem Weinglas.

Von unten aus dem Kellergeschoss donnern Wut-Bässe aus Melinas Boxen, und mein Handy empfängt eine SMS. Ich sehe den Absender, Stefanie Assmann, und drücke sie ungelesen weg. Ich habe das Bedürfnis, Franziska zu umarmen, aber noch mehr Angst vor einer Nähe, mit der ich nach diesem Tag nicht umgehen könnte. So gehe ich ins Wohnzimmer, schalte den Fernseher an und mich ab.

Einige Stunden später in der Nacht wache ich auf und erinnere mich an Stefanies SMS. Ich greife im Dunkeln nach meinem Handy, das, als Wecker dienend, auf meinem Nachttisch liegt, und öffne die Kurznachricht:

«Henning, ich will das auf gar keinen Fall, und doch kann ich nicht aufhören, daran zu denken. Stefanie.»

Franziska neben mir atmet tief und ruhig. Ich war ihr in 16 Ehejahren eigentlich immer treu. Das im letzten Jahr zählt nicht, da war das Eheregelwerk außer Kraft gesetzt. Zugegebenermaßen hatte ich in den Jahren davor auch nicht unbedingt allzu viele Möglichkeiten zum Seitensprung, aber ich habe auch nicht danach gesucht. Wie Franziska es gehalten hat, weiß ich nicht. Wir hatten einmal die Abmachung getroffen, sollte einer von uns beiden einem außerehelichen Vergnügen nachgehen, dass er dies dann bitte für sich behalten und den anderen nicht mit unnötigen Details quälen möge. Ich werde Franziska also nicht damit belästigen, wie er- und aufregend es war, Stefanie Assmann zu küssen. So liege ich neben meiner ruhig schlafenden Frau, und das schlechte Gewissen hält mich noch lange wach.

21. Kapitel
• • •

Der neue kommissarische Schulleiter der Vogelsbergschule Schotten Bernhard Dohmknecht lässt zwanzig Minuten auf sich warten, ehe er mich in Ellen Murnaus Büro hineinruft, das kaum drei Tage nach der Beerdigung schon zu nutzen ihm nichts auszumachen scheint. Eine Entschuldigung seinerseits bleibt aus. Das negative Bild, das ich von ihm habe, scheint sich problemlos zu bestätigen.

Bernhard Dohmknecht, ein großgewachsener, kräftig gebauter Mann Mitte fünfzig, mit hellbrauner weiter Cordhose und kariertem kurzärmligem Oberhemd bekleidet, bietet mir keinen Platz an. Ich setze mich trotzdem.

«Herr … äh?»

«Bröhmann.»

«Herr Bröhmann, ich habe eigentlich gar keine Zeit. Mir steht alles bis hier.» Mit der Handkante berührt er sein markantes glatt rasiertes Kinn. «Wissen Sie, man soll ja über Tote nicht schlecht reden, aber was meine Vorgängerin mir hier für einen Scherbenhaufen hinterlassen hat, das passt auf keine Kuh.»

Haut, denke ich. Kuh-haut!

«Regeln wir das also bitte fix. Um was geht's denn, Herr Braumann?»

Ich korrigiere meinen Nachnamen nicht, sondern stelle gereizt und trocken die Mutter aller Hauptkommissarsfragen:

«Herr Dohmknecht, wo waren Sie am vergangenen Mittwoch zwischen 17 und 18 Uhr?»

Bernhard Dohmknecht, der bis zu diesem Zeitpunkt in einer Schreibtischablage herumgewühlt hat, hält mit einem Schlag inne.

«Wie bitte?»

Ich wiederhole meine Frage.

«Das ist ja wohl unfassbar.»

Ich merke, wie er mich am liebsten hinausschmeißen würde, doch im letzten Moment reißt er sich am Riemen.

«Reine Routine, nicht wahr?», sagt er nun in milderem Ton und nickt mir unsicher zu. Ich tue ihm nicht den Gefallen, seine Annahme zu bestätigen.

«Warten Sie», grübelt er, «ich war zu Hause, am Schreibtisch, habe Klassenarbeiten korrigiert.»

Nun freue ich mich auf meine Nachfrage. Ein weiterer Klassiker: «Gibt es dafür Zeugen?»

Dohmknecht schüttelt den Kopf und bringt hervor, dass er allein lebe.

«Sie hatten kein allzu gutes Verhältnis zu Frau Dr. Murnau, nicht wahr?»

Ich bilde mir mehr und mehr ein, ihn in die Ecke zu drängen. Und das gefällt mir.

«Wir hatten in manchem verschiedene Ansichten, das ist alles. Aber was sollen diese Fragen eigentlich? Sie suchen doch nach einem jugendlichen Täter. Ich habe jetzt aber gerade das ungute Gefühl, als würden Sie mich verdächtigen. Ich kann dem offen gesprochen nicht folgen. Was soll das also bitte alles?»

Ich freue mich nun diebisch «Ich stelle hier die Fragen» bellen zu können.

«Ich bin hier seit 27 Jahren Lehrer, ja?» Dohmknecht sieht mich an, als erwarte er Applaus. «Ich bin der dienstälteste Lehrer hier. Ich kenne mich hier wahrlich aus, das können Sie mir glauben. Eines war immer mein Grundsatz: Ich will die Kinder auf das Haifischbecken Leben da draußen vorbereiten.»

Er nickt ein paarmal, als müsse er sich selber Mut machen, weiterzureden.

«Hören Sie, die Schüler, die wissen bei mir, woran sie sind. Und mir braucht wirklich keiner zu erzählen, wie Lehrer-Sein geht. Auch keine Frau Murnau. Die kommt hierher, irgendwo aus Norddeutschland, weiß alles besser und glaubt, das Rad neu erfunden zu haben. Und alles so von oben herab. Als hätten wir bisher die Schüler falsch unterrichtet. Nee, nee, nee, so nicht, so geht das nicht.»

Dohmknecht schüttelt noch eine Weile lang den Kopf, murmelt «Nee, nee, nee» in sich hinein, und dann bricht es erneut aus ihm heraus.

«Die wollte mich tatsächlich noch auf Fortbildungen schicken. Neue Unterrichtsmethoden und so 'n Mumpitz. Ich soll mich mit meinen 56 Jahren noch auf diesen albernen digitalen Whiteboard-Mist umstellen? Bei mir weiß der Schüler, woran er ist. Funktioniert er und bringt er die Leistung, dann hat er keine Probleme. Tut er's nicht, bekommt er Schwierigkeiten. So ist nun mal das Leben, so funktioniert doch das Arbeitsleben auch, oder nicht?»

Wieder wartet er auf Bestätigung, die er nicht bekommt.

«Glauben Sie, irgendeinen Chef beeindruckt es im Vorstellungsgespräch, wenn vor ihm ein junger Mensch sitzt und erzählt, wie schön er in der schulischen Theatergruppe rumgehampelt oder Appelkuchen gebacken hat? Nix gegen Hobbys, aber in der Schule sollte es doch vorrangig mal ums Lernen gehen, oder etwa nicht?»

«Ja, da haben Sie wohl recht», antworte ich. Bernhard Dohmknechts Gesichtszüge entspannen sich, und er scheint zufrieden mit seiner Kampfrede zu sein. Aber ich bin noch nicht fertig:

«Dann sollte es in der Schule auch darum gehen, dass unsere Kinder von Lehrkräften unterrichtet werden, die keine infamen Lügen über ihre Vorgesetzte verbreiten.»

Bernhard Dohmknecht legt seine Stirn in Falten. «Ich weiß nicht, was Sie hier insinuieren.»

«Herr Dohmknecht, Sie müssen nicht versuchen, mir etwas vorzumachen. Sie und Ihr Kollege Munker, dessen Sauferei Sie vorzüglich decken, haben Schüler für Ihre Zwecke instrumentalisiert. Was war Ihr Ziel? Selber hier zu sitzen, nachdem Frau Murnau Ihnen damals den Job des Schulleiters vor der Nase weggeschnappt hat? War das Grund genug für einen Rachefeldzug? Der scheint Ihnen ja nun geglückt zu sein. Ellen Murnau ist aus dem Weg geräumt. Da liegt doch der Verdacht mehr als nahe, dass Sie bei all den Anschlägen und dem finalen Tötungsdelikt auf irgendeine Weise Ihre Finger mit im Spiel haben.»

Lehrer Dohmknecht erhebt sich aus seinem Stuhl und sagt: «Das ist ja wohl eine Unverfrorenheit, die ... also ...»

Dann verliert er endgültig die Fassung und brüllt mich an: «Was fällt Ihnen überhaupt ein? Das sind Verleumdungen, die ihresgleichen suchen. Das werden Sie noch bereuen. Das geht wirklich zu weit ...»

«So? Werde ich das bereuen?», brülle ich zurück. Ich weiß inzwischen nicht mehr, was in mich gefahren ist. Es ist völlig klar, dass ich zu weit gegangen bin, ich kann aber nicht aufhören.

«Na, dann rufen Sie doch am besten gleich den Exmann von der Murnau an, Ihren Kumpel aus der Feuerwehr, den Hirschmann, und setzen einen Jugendlichen auf mich an.»

«Verlassen Sie sofort mein Büro», schreit er noch, doch da bin ich schon längst im Begriff, die Tür zu öffnen. Es macht Dong, und das Holz der Tür trifft unsanft die Stirn des Hausmeisters Uwe Niespich.

«Au», macht er, dann wird er puterrot. «Äh, ei ei ei, isch wollt grad nur mal gucke, wie wo, na ja, was halt so anliege tut.»

«Und ham Se's gefunden?», frage ich und verlasse die Vogelsbergschule.

22. Kapitel
• • •

In vielerlei Hinsicht bin ich ausgesprochen unmännlich. Ich kann keinen Dieselmotor reparieren, habe keine Werkstatt im Keller, war noch nie im Bordell, frage Passanten nach dem Weg, nachdem ich meine Frau ans Steuer gelassen habe, bin weder im Schützenverein noch bei der Feuerwehr, ich mag Liebesfilme mit Hugh Grant, langweile mich dafür bei Actionszenen oder Verfolgungsjagden, lese gerne Psychologie-Dossiers in der «Brigitte» und kann vor allem kein Feuer machen. Geschweige denn, ein Zelt aufbauen.

Ob nun die Teilnahme an einem Zeltlager mit dem Kindergarten unseres sechsjährigen Sohnes der Inbegriff von Männlichkeit ist, soll jeder für sich entscheiden.

«Die Männer bauen die Zelte auf und machen Feuer», hieß es nämlich. Und da stehe ich nun also mit Ulli, Andi, Michi, Flori und Wolle im Wald und sammle und jägere. Ich suche nach trockenen Ästen für unser Kindergruppenlagerfeuer, ich Mann, ich. Nebenbei beobachte ich Wolle, wie er sich sein T-Shirt über den Kopf zieht und laut «Uuuhuu» in den Wald schreit. «Ich lieeebe die Natur», ruft er.

«Uuuuhhhaaaa», brüllt er nun an diesem sonnig schwülen Zeltlagertag tarzanesk in den still vor sich hinsterbenden Wald.

Dann bemerkt er, dass ich ihn beobachte. Mist. Sofort kommt er zu mir gelaufen: «Ist das nicht dufte hier draußen, Henning?» «Joh», antworte ich und bücke mich schnell nach neuen Ästchen. «Ich glaube, dass Mutter Natur es albern findet, wie wir zwei aneinandergeraten sind. Das alles hier, Henning, ist so groß und schön, da wird einem doch klar, wie nichtig unsere menschlichen Zwistigkeiten sind, was?» Ich schlucke. Er kommt immer näher. «Frieden, Amigo?» Wolle breitet seine mächtigen Arme aus, so-

133

dass ich freien Blick auf die üppig gewachsene verschwitzte Achselbehaarung habe. Für Frieden bin ich eigentlich auch, doch wenn der Preis dafür diese drohende Umarmung sein soll, würde ich mich in diesem Falle mal für Krieg entscheiden. Doch zu spät, Wolles wolliger Körper klebt bereits an mir. «O. k., Schwamm drüber», mümmele ich verlegen und schiebe ihn vorsichtig wieder auf Distanz. Dann dreht er sich um, schaut gen Himmel, macht wieder «Uuuhuu» und geht.

Das letzte Mal, dass ich ein Zelt aufbauen musste, war 1986, Osterfreizeit des Handballvereins. Dann flog am zweiten Tag Tschernobyl in die Luft. Wir fuhren nach Hause und schlossen die Fenster.

Jetzt stehe ich hilflos mit diesen albernen Heringen in der Gegend rum und traue mich nicht zuzugeben, dass ich kein Zelt aufbauen kann.

Wolles und Mollis Zelt steht schon. Es ist so groß wie ein Einfamilienhaus. Molli ist die Lebensgefährtin von Wolle, sie sieht genau wie er so aus, wie sie heißt, und stellt dreibeinige Sitzhocker ohne Lehne in den Eingangsbereich. Dazu einen Tisch und einen Gaskocher. Wolle versucht auf der Wiese ein Rad zu drehen, bricht aber in halber Drehung ab und hält sich mit schmerzverzerrtem Gesicht den Rücken.

Ich pikse einfach einen Hering in die Wiese und gucke mal, was passiert. Nichts, stelle ich schnell fest. Franziska müsste jeden Moment mit den anderen Mitmüttern und Kindern vom Einkauf zurück sein. So setze ich mich auf die feuchte Wiese, krame eine der Luftmatratzen heraus und fange an, sie aufzupusten. Luftmatratze als Unterlage war Bedingung. Zwei Dinge habe ich mir nämlich für mein Leben vorgenommen. Niemals auf einer Feier bei einer Polonaise mitmachen und niemals nachts auf einer Isomatte liegen müssen. Nachdem ich fünfmal in die Luftmatratze reingeblasen habe, wird mir schwarz vor Augen, und ich brauche eine Pause. Ich blicke zu Wolles und Mollis Luxusdomizil und sehe, wie sie, rittlings auf ihm hockend, seinen Rücken massiert. Schnell schaue ich weg.

«Moin, moin», sagt dann plötzlich Ilja Richter zu mir. «Wir kennen uns noch gar nicht, ne?» Ich drehe mich um und blicke in ein von blonden Haaren umrahmtes, lächelndes Männergesicht. «Ich bin die Schlampe», sagt er. Ich glaube, ich verkrafte das Ganze nicht. Setzt mir das Zelten jetzt schon so zu, dass mir blonde Männer erscheinen, die wie Ilja Richter reden und «Schlampe» heißen? Der Mann reicht mir seine Hand.

«Ich bin Henning», stelle ich mich vor.

«Wir sind sozusagen eure Nachfolger. Unser Noel übernimmt nach den Sommerferien euren Platz. Wolle hat uns zum Kennenlernen schon mal eingeladen», sagt Schlampe und wirft einen kritischen Blick auf meinen Zelthaufen. «Kann ich dir beim Aufbauen helfen?»

Mein erster Impuls ist, diese Frage zu verneinen. Aber besser, ich nehme die Chance wahr, schnell zu einem aufgebauten Zelt zu kommen. Schlampe trägt komplett Weiß. Eine weite Leinenhose und ein weißes luftiges Hemd mit Bändchen in der Mitte. Als wir das Zelt aus dem «Seesack» herausziehen, lacht er laut und klingt wieder wie Ilja Richter. Vermutlich ist er Zeltkenner und hat sofort gesehen, dass dieses Modell seit dem Mauerfall nie mehr aufgebaut wurde. Ich suche hektisch nach weiteren Heringen, da höre ich Ilja Richters Stimme: «In der Ruhe liegt die Kraft.» Gütig lächelt er mich an. Nach zehn Minuten ist mit Schlampes Hilfe das Zelt aufgebaut, und ich frage mich, wie wir in diesem Dingelchen zu dritt Platz finden sollen.

«Danke für die Hilfe, äh, sorry, ich hatte deinen Namen vorhin nicht ganz verstanden», sage ich. «Die Schlampe» antwortet er daraufhin wieder. «Ist auch nicht so einfach», ergänzt er. «Ist ja auch nicht mein ursprünglicher Name. Ich habe einen neuen Namen angenommen. Dsche steht für ‹Der Besondere› und

Champa für ‹Liebend›. Dsche Champa. Ist aus dem Buddhistischen. Nenn mich einfach Champa.»

Dann kommen die Frauen mit den Kindern zurück. Laurin stürmt auf uns zu und bleibt vor unserem kümmerlichen Zelt stehen. Seine Augen wandern zu den modernen Konstruktionen unserer Nachbarn; er kann seine Enttäuschung nicht verhehlen. Meine Bemerkung «Da hat dein Papa schon drin geschlafen, als er so alt war wie du» erzielt auch nicht die gewünschte Wirkung.

Nun folgt endlich ein männlich besetzter Programmpunkt, mit dem ich klarkomme: Fußball. Sechs gegen sechs. Wolle steht bei uns im Tor. Schlampe spielt mit Laurin in der gegnerischen Mannschaft.

Gleich zu Beginn werde ich vom sechsjährigen Mücahit getunnelt. Ich tue so, als hätte ich es mit Absicht zugelassen, und wünsche mir schon jetzt, dass er sich in zwölf Jahren für die deutsche Nationalmannschaft entscheidet und nicht für die türkische.

«Wie steht's?», ruft Ilja, die Schlampe, während einer kurzen Spielpause über das Feld. «Keine Ahnung», antworte ich. Danach entspinnt sich ein Streit zwischen den Vätern, ob es 5:5, 6:5 oder 5:6 stehe. Wolle, der bisher erwartungsgemäß keinen einzigen Ball gehalten hat, sagt: «Ist doch völlig schnuppe, oder? Hier geht es doch um Spaß und nicht um die hessische Weltmeisterschaft.»

So selten es auch vorkommt, diesmal stimme ich ihm zu, auch wenn ich noch lange darüber nachgrübeln muss, was genau er mit «hessischer Weltmeisterschaft» meint. So spielen wir weiter. Einmal lasse ich Schlampe lässig aussteigen, passe zu dem vierjährigen Viktor, der den Ball nur ins Tor zu schieben braucht, ihn aber stattdessen in die Hand nimmt und unter seinem T-Shirt versteckt. «Haaand, Haaand», plärrt Schlampe aufgeregt. «Freistoß für uns!» Er wirkt etwas angespannt, der Gute.

Da kann er noch so buddhistisch tun, hinter seinem dauernden Herumgelache ist ein Ehrgeiz zu spüren, der so gar nicht zum aggressionsfreien Vater-Kind-Kicken passt. «In der Ruhe liegt die Kraft», möchte ich ihm am liebsten zurufen.

Zehn Minuten brauchen wir, um Viktor zu überreden, den Ball wieder freizugeben. Schlampe will nun an mir vorbeidribbeln, doch mit dem rechten Innenrist gelingt es mir lässig, ihm die Pille abzunehmen. Ich höre ihn laut lachen, dann packt seine Hand meine Schulter und ich liege auf dem Boden. Alle lachen, Schlampe am lautesten. Ich gebe mir alle Mühe und lache mit. Der Freistoß bringt nichts ein, wie es so schön heißt. Nachdem wir uns längst alle geeinigt hatten, nicht mehr zu zählen und endlich nur noch aus Spaß an der Freude zu spielen, ruft unser Buddhisten-van-Bommel übers Feld: «9 : 9, das nächste Tor entscheidet.» Schlampe, das Gesicht vor Anstrengung gerötet, springt wie ein Boxer vor dem Kampf auf der Stelle herum. Nun hat die dreijährige Larissa aus unserer Mannschaft den Ball. Schlampe stürmt auf sie zu und nimmt ihn ihr sofort ab. Larissa verliert das Gleichgewicht und kippt auf ihren Po. Sie fängt an zu weinen. Starke Leistung, denke ich und renne der Buddhisten-Schlampe hinterher. Ich grätsche, wie es früher nur Karlheinz Förster konnte, und berühre äußerst gekonnt nur den Ball. Doch Schlampe schreit laut «Aaaaah» und stürzt mit schmerzverzerrtem Gesicht zu Boden. «Mensch, Henning», nölt mir Wolle zu. «Ich hab ihn doch gar nicht berührt», protestiere ich patzig. Schlampe brüllt, als hätte er sein Bein verloren, und wälzt sich am Boden. Wir beschließen einhellig, dass es wohl das Beste ist, das heitere Fußball-Treiben hier zu beenden.

Mein Sohn wenigstens ist stolz auf meine Defensiv-Aktion. Während wir gemeinsam zu unserem Zelt schreiten, redet er von nichts anderem als von meiner Blutgrätsche. So unmännlich kann ich also doch nicht sein.

Mit Eifer tritt Franziska auf dem von Frank und Iris ausgeliehe-
nen Blasebalg herum, um auch die letzte Luftmatratze in Form
zu bringen. «Na ihr», begrüßt sie uns. «Lebt ihr noch? Wer hat
denn da so geschrien? Das klang ja furchtbar.»

«Ach das», antworte ich. «Das war nur die Schlampe.»

«Die wer?», fragt Laurin.

«Ach übrigens, Henning», fährt Franziska fort, «dein Handy
piepst ständig. Entweder wollen deine Kollegen was von dir,
oder du hast eine Geliebte», sagt sie schmunzelnd.

Mehr als ein gequetschtes «Haha» fällt mir dazu nicht ein.
Später stelle ich verstohlen fest, dass Stefanie mir drei Kurz-
nachrichten geschickt hat.

Hey Süße,

thx und tausend Küsse für deine letzte Nachricht. Hat voll gut getan. Du bist echt die tollste. Du verstehst mich! Kannste dich nicht mal kurz hierherbeamen? Manchmal komm ich mir total gemein vor, AA gegenüber, wenn ich dir nur das Negative von ihm erzähle. Aber ich weiß, du verstehst das alles richtig. Ich hab grad son komisches Gefühl. Meine Eltern sind mit Laurin übers Wochenende weg, zelten. Also hab ich sturmfrei, außer natürlich Berlusconi, der ist auch noch da. Ja, und AA und ich, wir hatten mal so die Idee, also AA hatte die eigentlich, dass er dann ja hier pennen könnte und so. Warum nicht erstmal, oder? Ich habe dann Mom und Dad gefragt und die waren total dagegen. Machen sich Sorgen und so, weisste? Naja, und das komische ist, irgendwie fand ich das dann auch gut so. Also, klar wärs toll, wenn AA hier mal pennen würde, aber nicht soo ... Er meint jetzt aber, er könnte trotzdem hier pennen. Meine Eltern würden das doch nicht merken und so weiter. Ich hab mich da nicht so richtig getraut, Nein zu sagen. Er ist halt schon 18 und muss zuhause da gar nicht groß fragen. Und wenn ich da jetzt nein gesagt hätte, wäre er bestimmt voll enttäuscht oder würde denken, dass ich noch son Kind bin oder so. Ich bin ja nicht die erste für ihn, verstehste? Ich hab son bisschen Angst, obwohl ich ihm ja eigentlich vertraue, dass er irgendwie mehr will als ich. Weisste was ich meine? Ich finds eigentlich schon so ganz schön mit ihm, wenn wir so rummachen, aber manchmal ... ach fuck, ich kanns nicht ausdrücken, was ich meine. Ich muss Schluss machen, Maraschatz, ich hör sein Auto.

Mel

23. Kapitel
• • •

Stockbrot. Wer in Gottes Namen hat *das* eigentlich erfunden? Eine geschmacksneutrale klebrige Masse, die labbelig an einem Stöckchen bappt und stundenlang ins Feuer gehalten werden muss, ehe sie durch Karzinogene genießbar wird. Vielleicht dient dieser Akt auch nur dazu, die Kinder mal für eine Weile zur Ruhe zu bringen. Dann hat das natürlich seinen Sinn. Immerhin habe ich meinen Stock mit bloßen Händen eigens im Wald erlegt. Schlampe, der sein zertrümmertes Unterbein vermutlich per Meditation wundersam zur schnellen Heilung bewogen hat, kann es nicht sein lassen, die Kinder- und Elternschar mit der Wandergitarre zu unterhalten. Ich grüble lange, ob ich ihn nicht vielleicht doch darauf hinweisen soll, dass diese Drehknöpfe am oberen Ende der Gitarre dazu dienen, die Saiten zu stimmen. Ich lasse es, und über uns ergießen sich «Country Roads», «Let it be», «Der Hase Augustin» und eine Eigenkomposition, zu der Molli mit geschlossenen Augen verträumt den Kopf bewegt. Jutta, die als gebürtige Breungeshainerin eine «Afrikanische Trommelgruppe» leitet, verteilt zwischendurch Trommeln. So trommeln wir alle. Und zwar zu «We shall overcome», im sehr freien Rhythmus und gegen jede Regel des guten Geschmacks.

Wolle wirkt ein wenig schlecht gelaunt. Schlampe scheint ihm wohl doch zu sehr die Show zu stehlen. Schade eigentlich, dass ich in den nächsten Jahren die Hahnenkämpfe dieser zwei Herren nicht mehr miterleben werde.

Mitten in «Morning has broken» springt Wolle auf und ruft: «Ich geh in den Bach, baden. Wer kommt mit?»

«Jaaaa», schreien alle Kinder, und Schlampe muss Cat Stevens Cat Stevens sein lassen, obwohl er «Lady D'Arbanville» schon angedroht hatte. Punktsieg für Wolle.

Geschlossen schreitet die Gruppe in der milden Abenddämmerung zum Bach und sucht sich eine Stelle aus, in der man gut ans Wasser kommt, Wolle immer voran. Er reißt sich alle Klamotten vom Leib und geht mit haarigem Arsch, ohne zu zögern, in das bestimmt sehr kühle Nass. «Boaarr», schreit er.

«Der spinnt doch», flüstere ich zu Franziska, während andere johlen und klatschen.

«Wieso?», fragt sie.

«Ich find das nicht gut, so nackt vor den Kindern ...»

«Warum? Das ist doch ganz natürlich.»

«Trotzdem. Da ist eine Grenze. Außerdem weiß ich nicht, ob die Kinder bei dem Anblick von Wolles nacktem Körper nicht total traumatisiert werden», ziehe ich meine eigentlich ernst gemeinte Bemerkung selber ins Lächerliche.

Als ich dann aber sehe, dass Molli es ihrem Mann gleichtut, weiß ich, dass es nun eh zu spät ist für Gedanken über frühkindliche Ursachen späterer Sexualstörungen.

Die ersten Kinder planschen nun im Wasser, und Laurin quengelt, wir sollten auch mit rein. Nun zieht sich tatsächlich auch Franziska komplett aus. Mir gefällt das alles nicht. Ich sehe, wie Schlampe, der inzwischen zum Bach nachgekommen ist, seine Augen nicht von ihr wenden kann. Kurz nachdem meine nackte Ehefrau unter lautem Gejohle in den Bach gestiegen ist, kann es auch die Schlampe nicht lassen. Sein Körper, stellt sich leider heraus, ist überraschend athletisch und wohlgeformt. Er hüpft mit einem albernen Sprung und einem riesigen Gemächt direkt neben Franziska ins Wasser. Sie lacht. Ich nicht.

«Koooommmm, Papa», ruft Laurin. Ich lächle etwas gequält und schüttele den Kopf. Wie ich dieses Nudisten-Schauspiel so betrachte, kommt mir der Gedanke, dass die 68er für mich wohl nichts gewesen wären. Verklemmt bin ich, denke ich, und zwar zu Recht.

Ich schleiche mich vom Ort des heiteren Wasserplanschens

weg, gehe zurück zu unserem Zeltchen, packe ein paar Sachen in Laurins Kindergarten-Rucksäckchen mit den süßen Bob-der-Baumeister-Aufkleberchen und laufe so weit in den Wald hinein, bis ich niemanden mehr sehe und höre. Dann setze ich mich auf eine feucht-moosige Waldbank, nehme einen kräftigen Schluck aus meiner alkoholfreien Radler-, Alster- oder Was-auch-immer-Dose, gehe wenig später in die Bäume zum Pinkeln, bin eifersüchtig auf die Schlampe und fühle mich so männlich wie noch nie.

Dann atme ich tief durch und lese die Kurzmitteilungen:

SMS 1: «Ich glaube, ich will dich sehen. Man lebt nur einmal.»

SMS 2: «Nein, lieber doch nicht. Lass uns nicht weitergehen.»

SMS 3: «Alberner Midlife-Scheiß! Sorry, Stefanie»

Von weitem höre ich Franziska laut lachen und zwischendurch immer wieder Ilja Richters Stimme. Dann schreibe ich zurück:

«Ich habe nur SMS 1 gelesen. 2 und 3 habe ich ganz aus Versehen gelöscht. Wann sehen wir uns? Lieber Gruß, Henning»

Irgendwann nachts, kurz vor der einsetzenden Morgendämmerung wache ich auf, als sich die äußere Luftfeuchte nun auch souverän gegen die innere Zeltwand durchsetzt und mir ein Tropfen Wasser auf die Stirn platscht. Im Zelt sehe ich nur Laurin. Franziskas Schlafsack ist leer. Sieben Minuten lang versuche ich den Reißverschluss unseres Old-School-Zeltes zu öffnen, um nach Franziska zu schauen und pinkeln zu gehen. Von weitem erkenne ich, dass sie Schulter an Schulter mit Schlampe am Lagerfeuer sitzt. Niemand anderes sehe ich sonst. Alle anderen scheinen zu schlafen. Scheiß drauf, denke ich schlaftrunken und bepinkle einen Busch. Während ich ins Zelt zurückkrabbele, beschließe ich, gleich am nächsten Morgen in der Frühe vorzeitig abzureisen. Die Arbeit ruft, werde ich behaupten.

Und die «Arbeit» an diesem Sonntagmorgen sieht so aus, dass ich um 10.01 Uhr an der Tür des Schottener Pfarrhauses klingele, exakt zu der Zeit, zu der ihr Mann den Gottesdienst in der Schottener Liebfrauenkirche eröffnet.

«Henning? Oh …»

Stefanie steht in einem hellblauen Pyjama an der Haustür und sieht schlicht und ergreifend bezaubernd aus.

«Darf ich reinkommen?», frage ich und stehe schon nervös im Hausflur.

«Ich bitte sogar fast darum.»

Stefanie huscht darauf schnell in ein Nebenzimmer und kehrt wenig später mit einem übergezogenen blauen Morgenmantel zurück.

«Was gibt's?», fragt sie so beiläufig wie möglich und bittet mich in die geräumige Wohnküche, in der ein beendetes Frühstück auf dem Tisch sein abgekautes Dasein fristet.

«Na ja», stammele ich. «Ich meine, äh, was soll's schon geben? Also, ja, du, du hast mir doch diese diversen SMS geschrieben …»

«Hmm.»

Stefanie nickt und lächelt, und ich meine sogar, dass sie ein wenig errötet. Was ich hinreißend finde.

Ich schaue auf ihren Mund und sehne mich nach nichts mehr, als genau diesen Mund jetzt küssen zu dürfen.

«Weißt du, Henning, ich mache so was sonst nicht. Ich bin nicht so. Und irgendwie will ich das auch nicht. Ich finde das albern und würdelos und doch … ich mein, wir kennen uns doch gar nicht …»

«Stimmt», antworte ich und wundere mich, wie ich mich trotzdem zu einer Frau so hingezogen fühlen kann. Ich sehe ihr in die Augen und habe das Gefühl, sie seit Jahren zu kennen. Das ist einerseits aufregend, andererseits macht es mir Angst. Wo soll das enden?

«Ich versteh das auch nicht, was da ist, mit uns», stottere ich, «ich bin da auch kein Fachmann in diesen Dingen und ... Scheiße, ich mein, wir sind verheiratet und alles ...»

Sie sieht mir in die Seele, denke ich, als ich in ihre Augen blicke. Verdammt, was macht diese Frau mit mir? Vor Aufregung beginnt mein Körper leicht zu zittern.

«Zitterst du?», fragt sie mich.

«Nein», antworte ich. «Also, Stefanie», rede ich weiter, um meine innerliche Erregung zu stoppen, «vielleicht liegt es daran, also, äh, ich mein, ich bin ja jetzt auch nicht gerade glücklich so ... in meiner Dings, also Ehe, und da kann es ja durchaus vorkommen, dass ich ...»

«Henning?»

«Ja?»

«Wollen wir nicht aufhören, etwas zu zerreden und zu zerdenken, das noch gar nicht angefangen hat?»

Das ist eine gute Idee.

Wir bewegen langsam unsere Köpfe aufeinander zu, und unsere Lippen berühren sich. Langsam, ruhig und zart küssen wir uns. Ich behalte die Augen auf und genieße die Unwirklichkeit dieses Momentes. Kurz danach denke ich an den Gottesdienst im Nebengebäude und frage mich, ob Gregor Assmann wohl schon beim Vaterunser angelangt ist. Wenn es nun tatsächlich eine Hölle gäbe, könnte es für mich verdammt eng werden.

Doch das ist mir so was von egal, als Stefanie mit ihrem reizenden Pyjama auf meinem Schoß Platz nimmt und beginnt, meinen Hals zu küssen. Ich umfasse ihre Hüften und genieße jede Sekunde.

«Lass uns aufhören», flüstert Stefanie, kurz bevor ich die Idee entwickle, ihre Brust oder Ähnliches zu berühren.

«Du musst jetzt wirklich gehen. Gregor kommt gleich», sagt diese hinreißende Pfarrfrau mit Blick auf die Wanduhr und erhebt sich von meinen Schenkeln.

Ich umfasse noch einmal ihren Kopf mit beiden Händen, küsse ihre Augenlider, inhaliere noch einmal den Geruch ihrer Haut und lasse mich dann durch die Hintertür zurück in die Realität schicken.

Ich fahre auf direktem Weg von Schotten nach Hause. Immer wieder freue ich mich über die große Eintracht-Fahne, die tagein, tagaus an einer Kneipe an der Hauptstraße in Rainrod weht. Besonders schön fand ich dort einmal eine lebensgroße Patrick-Ochs-Pappfigur am Eingang. Die wird der Wirt nun vermutlich in den Keller verbannt haben, nachdem der Spieler nach Wolfsburg gewechselt ist. Oder aber er hat in Wolfsburg eine Kneipen-Filiale eröffnet. Unwahrscheinlich, denke ich, dort versteht ihn ja keiner.

Zu Hause angekommen, schmettere ich ein lautes Hallooo in den Wohnbereich, während Berlusconi mir in die Magengrube springt. Melina kommt angetrottet. «Warum bist'n schon da?», knattert sie mir zu.

«Ach, Arbeit», antworte ich kurz. Plötzlich kommt sie nahe an mich heran und umarmt mich. Ich bin überrascht und halte sie eine Weile. Mir kommt es vor, als habe sie geweint. «Ist alles klar bei dir?», frage ich. «Jaja», sagt sie, und es fällt schwer, ihr das zu glauben. Doch ich frage nicht weiter nach.

24. Kapitel
• • •

Nein, das kann nicht stimmen. Nie im Leben ... das muss ein Fehler sein ... das ... das ...»

Ich bin fassungslos. Immer wieder schaue ich auf den Bericht und schüttle hartnäckig meinen Kopf. Markus sieht mich skeptisch an.

«Markus», stottere ich, «ehrlich, ich kenne den. Der kann das nicht gewesen sein, ehrlich. Das passt vorne und hinten nicht. Können die sich nicht geirrt haben?»

«Nein, Henning. Der DNA-Abgleich ist absolut wasserdicht.»

Immer und immer wieder starre ich auf den Namen: Lasse Assmann.

Lasse Assmann, dieses feine, sensible Bürschchen. Der Knabe, der freiwillig Klavier übt, in der Schule nur gute Noten schreibt. Der dieses Elternhaus hat, der soll vermummt durch die Gegend geistern, Steine schmeißen, Autos zerstören, herumballern und dann auch noch eine Frau erstechen? Nie und nimmer.

«Los, wir fahren da jetzt hin», sagt Markus und greift nach seinem Autoschlüssel. «Kommst du mit?»

«Wohin?», frage ich geistesabwesend.

«Na, zu Assmanns, wohin sonst?»

Kurz kommen mir Gedanken, wieder einmal alles hinzuschmeißen. Es ist wohl der Preis der Provinz, dass die Wahrscheinlichkeit, Täter oder Opfer zu kennen, immer so schmerzhaft hoch ist. Ich sehne mich nach Anonymität und stelle mir vor, in New York ein Cop zu sein und nach Terroristen zu fahnden, die nicht Söhne von Schulpsychologinnenliebhaberinnen sind. Doch schnell komme ich in dieser Vorstellung an meine Grenzen und sage somit tapfer: «O. k., fahren wir.»

Gregor Assmann öffnet die Tür, und meine Beine fühlen sich an wie Gummi. Ich bleibe einen halben Meter versetzt hinter Markus stehen und lasse ihm den Vortritt.

«Herr Pfarrer Assmann, können wir hereinkommen?», fragt er mit fester Stimme.

«Selbstverständlich», antwortet Gregor Assmann und lässt uns ins Wohnhaus. «Was ist denn passiert?»

Markus bittet ihn darum, dass wir uns zunächst in Ruhe irgendwo hinsetzen dürfen. So nehmen wir im Wohnzimmer des Pfarrhauses Platz.

«Ist Ihre Frau da?», frage ich mit schwächlicher Stimme.

«Nein, die ist noch unterwegs. Jetzt sagen Sie doch, was ist denn los?» Assmann reibt sich nervös die Oberschenkel.

In kurzen knappen Sätzen schildert ihm Markus den Sachverhalt.

Pfarrer Assmann nimmt seine kleine runde Brille ab, umfasst mit beiden Händen Nase und Mund und atmet tief ein und aus.

«Mein Sohn? Das muss ein Irrtum sein. Um Himmels willen, nein, wirklich nicht.»

«Es tut uns leid, Herr Assmann. Die DNA Ihres Sohnes stimmt hundertprozentig mit der auf der gefundenen Mütze überein. Wir müssen leider Ihren Sohn wegen des dringenden Tatverdachtes, Ellen Murnau getötet zu haben, mitnehmen.»

Gregor Assmann schießen Tränen in die Augen.

«Ist Ihr Sohn zu Hause?»

Assmann nickt. «Kommen Sie», sagt er schwach und geht mit uns eine Treppe hinauf. Er klopft an Lasses Zimmer.

Lasse Assmann öffnet die Tür. «Lasse», sagt Pfarrer Assmann, «die Herren sind von der Polizei. Die müssen dich was fragen ... die glauben, dass du ...»

Lasse beginnt zu zittern und übergibt sich. Das ist dann auch schon alles, was er von sich gibt. Sagen tut er nichts.

«Lasse, das wird sich alles aufklären», stammelt sein Vater. «Diese Mütze ist doch nicht von dir, oder?»

Der Junge reagiert nicht. Völlig apathisch schaut er ins Nichts. Blass wie die Wand und zerbrechlich wie das dünnste Glas. Man möchte ihn in den Arm nehmen, verhaften möchte man ihn nicht.

«Kann ich kurz noch meine Frau ...?», fragt Gregor und zieht sein Handy aus der Tasche. Doch in diesem Moment höre ich einen Schlüssel in der Haustür, und Stefanie betritt den Hausflur.

Sie sieht uns alle auf der Treppe stehen. «Was ist denn hier los?», ruft sie.

Gregor läuft zu ihr herunter und nimmt sie in den Arm.

«Die Polizei will Lasse mitnehmen. Seine DNA deckt sich mit dieser Mütze von dem Täter, der ...»

«Was?», stammelt sie und blickt zu mir. «Spinnt ihr?», schreit sie. Dann läuft sie zu ihrem Sohn und schließt ihn in den Arm. «Lasse, was ist hier los?» Noch immer hat der Junge kein Wort gesagt. Stefanie schüttelt ihn an den schmalen Schultern. «Junge, sag doch mal was.» An uns gerichtet, zischt sie: «Seht ihr das nicht? Der ist doch ganz verstört.» Ich betrachte Lasse. Sein Körperbau passt zu dem Burschen, der damals nach dem Steinwurf vor mir davonlief.

«Wir unterhalten uns jetzt erst mal in der Polizeidirektion in aller Ruhe mit Ihrem Sohn, dann sehen wir weiter», versucht Markus die Gesamtsituation etwas zu beruhigen.

«In aller Ruhe?», brüllt Stefanie. «Sie sind gut!»

Dann blickt sie wieder zu mir. Es gibt mir einen Stich.

«Henning, sag du doch was. Was soll das alles?»

Ich aber kann nichts sagen. Mir fällt nichts ein.

Zehn Minuten später sitzen wir mit der Familie Assmann in Markus Meirichs Polizeiwagen und fahren nach Alsfeld.

Nach drei Stunden zermürbender Versuche, Lasse zum Reden zu bringen, probiert es Stefanie selbst noch einmal bei ihrem Sohn:

«Lasse, bitte, sag doch was. Du musst reden, sonst können wir dir nicht helfen. Was ist mit dieser Mütze?»

Immer wieder fasst sie nach seiner Hand. Lasse lässt alles über sich ergehen, sagt aber kein einziges Wort und reagiert auf keine Frage.

Seine Augen sind leer, sein schmächtiger Körper sitzt in sich zusammengesackt auf einem Holzstuhl.

«Stefanie, kommst du mal?» Ich winke sie aus dem Verhörzimmer.

Sie nickt und bewegt sich müde und langsam zu mir. Ich schließe die Tür. Durch die Scheibe sehen wir Lasse vor einem unberührten Glas Wasser sitzen. «Ich glaube, das hat heute keinen Sinn mehr», sage ich. «Wir sollten ihn in Ruhe lassen. Und versteh mich nicht falsch. Vielleicht ist es besser, wenn wir morgen mal alleine versuchen, mit ihm zu reden. Also ohne euch Eltern.»

Stefanies Kinn zittert. Auf ihrer Stirn schimmern Adern durch. Ich versuche, sie in den Arm zu nehmen, doch sie reißt sich schnell los.

«Ich will ihn mit nach Hause nehmen», bringt sie brüchig hervor. «Ich will mein Kind mit nach Hause nehmen.»

Ich nicke zögerlich. Er ist vierzehn, es gibt keinen Grund, ihn aus dem Elternhaus herausnehmen zu müssen, Fluchtgefahr besteht auch nicht wirklich. Ein wenig aber habe ich Angst, dass er sich in seinem aktuellen Zustand etwas antun könnte.

Genau so sage ich es Stefanie.

«Wir passen auf ihn auf», bringt sie mit tränenerstickter Stimme heraus.

«Ich werde gleich morgen früh zu euch kommen. Dann sehen wir weiter», verkünde ich, ehe Stefanie mit Lasse und Gregor die Dienststelle verlässt.

«Und hat es gezwitschert, unser Nerd-Mörderchen?»

Teichner steht vor mir. Ich sehe in sein aufgedunsenes, grinsendes Gesicht. Da überkommt es mich. Ich packe ihn am Kragen und bremse mich noch gerade im letzten Moment, bevor sein T-Shirt mit der Aufschrift «Vögelgrippe» in zwei Teile zerreißt.

Teichners Mund steht offen.

«Spinnst du?», keucht er.

Ich stoße ihn weg, greife nach meiner Tasche, verlasse wort- und grußlos die Direktion und weiß nicht, wohin mit mir.

25. Kapitel
• • •

Waaaas, der? Das gibt's doch nicht ...»
Melina will sich nicht mehr einkriegen.

«Der Lasse Assmann, aus der 10c? Du verarschst mich!»
Ich schüttele erneut den Kopf.

«Das ist doch ein Kind. Vergiss es, nie im Leben! Der ist eher so'n Streber, also jetzt nicht wirklich ein Streber, keine Ahnung, aber sooo halt ...»

Ich nicke meiner Tochter zu, verstehe aber eigentlich kein Wort.

Lasse Assmann widerspricht wirklich jeglichem Täterprofil. Zu Hause in seinem Zimmer haben wir keine Indizien gefunden. Keine Hasstiraden auf Ellen Murnau im Computer, keine Gewaltspiele oder Ähnliches. Unsere Polizeitechniker haben Lasses Notebookfestplatte, sein Mailprogramm und sein Handy durchforstet. Nicht ein einziger Anhaltspunkt wurde gefunden.

Noch immer verweigert er jede Aussage. Er schweigt einfach. Stefanie ist verzweifelt. Sie und ihr Mann haben ihn vorübergehend aus der Schule genommen und überlegen, ihn stattdessen in einer Jugendpsychiatrie unterzubringen. Doch eigentlich sind sie ratlos.

Ich habe gestern mit einigen seiner Freunde gesprochen. Alle reagierten ähnlich wie Melina. Keiner begreift es. Sein bester Freund Mirko erzählte, dass er in den letzten Wochen schon etwas verändert gewesen sei. Ruhiger, unnahbarer, in sich gekehrter. Doch was hat das schon bei einem Vierzehnjährigen für eine Aussagekraft?

Ich blicke durch das Küchenfenster und beobachte, wie Adrian Franziska im Garten hilft. Er schneidet mit nacktem Oberkörper Äste aus unserem Apfelbaum.

Er bemerkt, dass ich zu ihm blicke, und winkt mir zu, der Schleimer.

«Dad, was ich nicht raffe», sagt Melina, während sie zeitgleich in Facebook chattet, Musik hört und Englisch-Vokabeln lernt, «ist es jetzt erwiesen, dass er die Murnau erstochen hat, oder nur, dass er die Mütze getragen hat?»

Nun beantwortet sie eine SMS auf ihrem Handy.

«Sicher ist nur», antworte ich, «dass er die Mütze getragen hat, dass er also mit größter Wahrscheinlichkeit den Stein geworfen und mit der Softair geschossen hat. Spuren von ihm im Haus eurer Direktorin gibt es nicht. Trotzdem müssen wir in Betracht ziehen, dass es einen Zusammenhang gibt.»

Während Melina Skype und ICQ öffnet, nickt sie und sagt:

«Krass, ich glaub's aber trotzdem net.»

Franziska kehrt vom Garten auf die Terrasse zurück und schlüpft aus ihren grünen Gartenclogs.

«Du, der Adrian, der ist eine Riesenhilfe. Der kann das richtig gut.»

Ich nicke beiläufig und bemerke eine neue bunte Kette um ihren Hals.

«Oh, neue Kette», murmele ich.

«Och, die. Ja, die hat mir Champa geschenkt. Schön, nicht?»

«Wer?», frage ich.

«Na, der Champa von der Kindergruppe.»

Ach, die Schlampe, denke ich und spüre einen leichten Stich.

«Netter Typ, wirklich», fährt Franziska fort, «man kann sich toll mit ihm unterhalten. Der hat viele schöne Gedanken.»

«Hmm», mache ich, wie immer in solchen Situationen.

AA gesellt sich nun nach getaner Arbeit ebenfalls zu uns.

«Sooo», hechelt er, «das hätten wir. Baum ist geschnitten.» Er reibt sich die Hände, atmet noch einmal tief aus und zieht sich dann sein schwarzes T-Shirt wieder über.

«Ich muss jetzt los. Wir haben Ausschuss ...»

Er macht eine Pause, in der Hoffnung offenbar, dass Franziska oder ich nachfragen, zu welchem Ausschuss er denn müsse. Franziska tut ihm den Gefallen.

«Burschikirmes», erklärt er. «Ich leite da das Orgateam für die Kirmes im Mai.» Seine dunklen Augen fixieren mich.

«Aha», bringe ich hervor.

«Künstlerbooking, Personaleinteilung, Fanfarenzug, Brauereikontakte, das alles muss koordiniert werden.»

Dann grinst er. «Und wie viele in einer Vogelsberger Dorfburschenschaft dazu intellektuell in der Lage sind, das können Sie sich wahrscheinlich denken, oder?»

Ich nicke, und mir fällt ein, dass ich Laurin versprochen habe, morgen mit ihm auf die Gießener Frühjahrsmesse zu fahren.

«Genau einer! Also dann, bis bald. Ich sag noch schnell meiner Süßen tschüs und bin dann weg.»

Franziska bedankt sich bei ihm für die Mithilfe und sieht dann missbilligend, wie ich nicht anders kann, als die Augen so weit zu verdrehen, dass sie mir fast ins Hirn entgleiten.

26. Kapitel
• • •

Ein weiterer Versuch.

Ich betrete Lasses Zimmer, das so aussieht, wie Zimmer von vierzehnjährigen Jungs wohl aussehen. An den Wänden hängen keine Poster, nur ein paar einzelne Fotos von Klassenfahrten und Jugendfreizeiten. Einige CDs liegen verteilt auf dem Boden herum, ein Laptop auf seinem Bett.

Lasse sitzt auf einem gelben Sitzsack, ich nehme auf seinem Klavierhocker Platz. Ich versuche Blickkontakt zu ihm aufzunehmen, doch es gelingt mir nicht. Seine blonden, glatten Haare sind fettig und die Haut der Pubertät angemessen unrein. Die Hände presst er fest zusammen, während sein linkes Bein nervös wackelt.

«Lasse», sage ich so ruhig, wie ich es nur irgendwie hinbekomme. «Wir verstehen alle nicht, warum du nicht redest, was du damit bezwecken möchtest, aber auch wenn du es bestimmt nicht mehr hören kannst: Wir wollen dir helfen und nichts anderes.»

Ich mache eine Pause. Lasse räuspert sich kurz, sodass ich für einen Moment hoffe, dass er etwas sagen möchte. Doch er schweigt weiter.

«Du weißt, dass es um ein schweres Verbrechen geht? Du weißt, dass du verdächtigt wirst, Frau Murnau erstochen zu haben?»

Nun schließt er die Augen.

«Es ist ein Riesenunterschied, ob du nur die Anschläge verursacht hast oder ob du auch zugestochen hast. Ist dir das klar?»

Wenn es doch nur einen winzigen kleinen Hinweis auf ein Motiv gäbe. Dann hätte ich Anknüpfungspunkte, weiterführende Fragen zu stellen.

Zehn Minuten lang sitze ich schweigend neben ihm und sehe

ihn an. Dann kann ich es riechen, das Motiv. Ich spüre es einfach, warum auch immer. Angst. Er hat es aus Angst getan. Und er schweigt aus Angst.

Ich richte mich langsam auf, lege meine Hand auf seine und sage: «Angst ist scheiße.» Da schaut er mich erstmals an, und ich sehe in seinem wackligen Blick, dass ich recht habe.

Ich lasse ihn erst einmal allein und setze mich zu seiner Mutter ins pfarrhäusliche Wohnzimmer.

An meinem Blick erkennt sie gleich, dass er wieder nicht gesprochen hat.

«Wir müssen sein gesamtes Umfeld durchforsten», sage ich. «Er hat das nicht aus freien Stücken getan. Da bin ich sicher. Er wurde dazu getrieben. Er redet nur aus reiner Angst kein Wort.»

Stefanie Assmann schenkt sich eine Tasse Kaffee ein und nickt mir stumm zu.

«Bitte notiere mir alle Namen, von denen du weißt, dass Lasse Kontakt mit ihnen hatte.»

Ich bemerke, wie meine Hand zittert, als ich ein Glas Wasser zum Mund führe. In mir rast alles. Ich erkenne mich selbst nicht wieder. Ich, der es gemächlich mag, der allen Aufregungen und Anstrengungen aus dem Weg geht, der kaum Ehrgeiz und Eifer kennt, der ein Meister des Verdrängens ist, bekommt gerade seine eigene Tür nicht mehr zu. Ich bekomme sie nicht mehr verriegelt. Alles ist offen, alles stürzt auf mich herein, berührt und bewegt mich mehr, als ich es verkraften kann. Der Blick dieses vierzehnjährigen Jungen, diese Angst und Überforderung in seinen Augen hat mich zutiefst erschüttert. Ich fühle mich ihm nah. Viel zu nah, viel näher, als ich es will, als ich es aushalten kann. Er ist doch nicht mein Sohn. Wie muss es da erst Stefanie und ihrem Mann gehen?

Mein Puls schlägt viel zu hoch. Ein bisschen bekomme ich Angst, gleich hier auf dem Assmann'schen Sofa einem Herzinfarkt zu erliegen.

Und was ist das mit Stefanie? Was will ich da? Was will sie? Mein Gefühl zu ihr ist auch viel stärker, als ich es gerne hätte, als ich es ertragen kann. Mischt sich in mein leises Verliebtsein nun eine volle Kanne Mitleid und bringt alles noch mehr durcheinander? Was ist mit Franziska und unserer Ehe? Wo soll das alles hinführen? Was läuft zwischen ihr und der Schlampe?

Ein mir vertrauter Gefühlszustand setzt sich endlich gegen alle Wirrungen und Gedanken durch: das Selbstmitleid. Das beruhigt mich. Damit kann ich umgehen.

Stefanie lehnt ihren Kopf gegen meine Schulter. «Ich habe schon mit zwei, drei Kollegen telefoniert», sagt sie leise. «Lasse soll kompetente psychologische Hilfe bekommen. Ich kenne gute Leute, die werden an ihn herankommen. Da bin ich sicher.»

Auch wenn ich mir nicht sicher bin, ob das der Situation angemessen ist, lege ich meinen Arm um sie. Sie schmiegt ihren Kopf noch näher an mich.

«Wir können Lasse bis zum Ende des Schuljahres vom Unterricht befreien lassen. Das habe ich abgeklärt. Ist ja nicht mehr lange bis zu den Sommerferien. Seine Leistungen waren ja ohnehin gut genug, um versetzt zu werden. Dann haben wir die langen Sommerferien, um uns intensiv um ihn zu kümmern, um ihn wieder in die Spur zu bringen.»

Ich nicke und bewundere sie für ihren Optimismus und ihre Klarheit. Es ist mir peinlich, doch auch in diesem Moment, wo es um ganz andere Dinge geht, habe ich keinen größeren Wunsch, als noch einmal diese Lippen zu küssen.

Wie überaus unpassend, dass sich in diesem Moment die Tür öffnet und Pfarrer Assmann das Wohnzimmer betritt. Stefanie schreckt hoch, ich ziehe hektisch den Arm zurück und schlage ihr dabei versehentlich leicht auf den Hinterkopf. Gregor Assmann hält kurz inne, blickt verwirrt erst zu Stefanie, dann zu mir, ehe ich mich vom Sofa erhebe und ihm zur Begrüßung sachlich und kriminalkommissarisch die schwitzige Hand reiche.

«Henning ist wirklich eine große Hilfe. Er engagiert sich sehr für Lasse», versucht Stefanie etwas bemüht die vorgefundene Nähe zu rechtfertigen. Sie versucht zu verdeutlichen, dass ich eine Art Freund für sie sei.

Gregor Assmann bewegt sich Richtung Küche, ruft: «Noch jemand ein Bier?», und öffnet den Kühlschrank.

Ich verneine dankend und mache mich stattdessen auf den Weg nach Hause.

Hi Lasse, hab dich eben auf schüler vz gefunden. Bei Facebook bist du wohl nicht. Du weißt aber schon, dass svz keine Sau mehr hat, oder? Das ist dir wahrscheinlich so was von egal im Moment, oder? Du wunderst dich bestimmt voll, dass ich dir schreibe. Wir ham ja nicht wirklich viel so miteinander zu tun. Mich beschäftigt das, dass du das gewesen sein sollst, mit den Anschlägen gegen die Murnau und so. Ich weiß auch nicht so genau, warum ich dir schreibe. Aber ich kann mir denken, dass keiner mehr was mit dir zu tun haben will. Und das finde ich scheiße. Irgendwie will ich dir sagen, dass ich das nicht glaub, dass du das warst. Das will mir nicht in die Birne gehen. Wenn du willst, schreib mir. Egal was.

Denk aber nicht, dass mein Dad da was mit zu tun hat. Dass ich was für ihn aus dir rauskriegen oder dich aushorchen soll. Das schwör ich!!!

Du tust mir voll leid, LG Melina

27. Kapitel

• • •

Alles geht ja so schnell.

Aus einem Telefon mit Wählscheibe wurde in ein paar mickrigen Jahren ein Smartphone, mit dem man bis auf Autofahren und Geschlechtsverkehr alles machen kann. Aus der Schreibmaschine wurde ein Computer mit Drahtlos-Highspeed-Internetzugängen, aus Tankstellen Kaufhäuser bzw. Bäckereien, aus drei Fernsehprogrammen wurden 17 563.

Und: «Aus der Kinner werden Leut», wie man hier im Vogelsberg zu sagen pflegt. Melina hat inzwischen mit Kind-Sein so viel zu tun wie ich mit einem etwaigen dringenden Wunsch, am Wochenende die Monster-Truck-Show in Schotten zu besuchen, und Laurin, der gestern noch in Windeln schiss, wird in ein paar Monaten eingeschult. Ich selbst wurde vor kurzem noch in Gießener Kneipen studentisch geduzt, nun würde ich ausschließlich bei «Alten Herren» Sport treiben. Die Zeit, der Fortschritt, alles rast, und man selber bekommt eine Zerrung beim Versuch mitzuhalten.

Doch manchmal bleibt die Zeit einfach stehen. So wie gerade.

Ich bin mit Laurin auf der Gießener Frühjahrsmesse, gelegentlich auch Kirmes oder Jahrmarkt genannt. Ich hatte es ihm versprochen. Und so fuhren wir hin, obwohl ich weder Lust noch Zeit hatte.

Kaum angekommen schreit mich schon ein verwachsener, durch Alkoholsucht gesichtsgeröteter Mann an. Laurin und ich zucken zusammen. «Lose!!! – Kaum Nieten!!!», kreischt er.

Mir scheint, als sei es der identisch gleiche Mann gewesen, der meinen Vater vor dreißig Jahren beplärrte und vor dem ich als kleiner Knirps immer solche Angst hatte. Auch der Loseimer und diese zusammengetackerten Papierschnipsel ... alles genau wie damals.

Er brüllt wieder: «Hallo, junger Mann, kaufe Se Lose!!!»

Ich lehne zögerlich ab, freue mich aber über das «junger Mann», das ich in letzter Zeit immer seltener zu hören bekomme.

«Mache Se Ihrem Kind doch mal 'ne Freude!!!», befiehlt er mir nun mit strengem Gesicht. Ich gebe nach, fühle mich wie sieben und kaufe für Laurin eine Handvoll Lose, natürlich alle mit der Inschrift «Leider verloren!».

Dann werden Dosen geworfen und Autos gescootet. Ich beobachte eine aufgebrachte Mutter, die sich beim Mann an der Kasse lautstark beschwert, ihr Sohn sei beim Autoscooten von Jugendlichen gerammt worden. Außerdem würden die in der falschen Richtung fahren und auch «Rechts vor links» nicht beachten. Der verlebte Mann an der Kasse blickt sie nur verständnislos an. Die Chip-Einsammler, die einarmig lenkend stehend die Scooter einparken, sind noch immer genauso lässig wie damals. Und auch die kleinen dunkeläugigen Jungs, die ihren Papas beim drögen Pony-im-Kreis-Reiten helfen müssen, gucken immer noch so traurig wie in den 1970er Jahren. Ich bin mir inzwischen sicher, es müssen dieselben Menschen von damals sein und wahrscheinlich auch dieselben von vor hundert Jahren. Wenn man auf einem Jahrmarkt arbeitet, altert man nicht in Würde, sondern bleibt zeitlos zurück.

Genau wie im Zirkus. Auch dort war ich vor einem guten Jahr, nach langer, langer Pause meinen Vaterpflichten nachkommend, mal wieder als Zuschauer mit von der Partie.

Mir fiel auf: Noch immer langweilen sich alle bei den «Frau-steht-auf-Pferd-und-reitet-im-Kreis-während-Mann-im-weißen-Glitzeranzug-in-der-Manegenmitte-rumpeitscht»-Nummern. Noch immer kommen die Akrobaten mit den tausend Salti und Flickflacks aus Russland, und die Clowns heißen Luigi und stolpern über die eigenen zu großen Schuhe.

Die Kirmes und der Zirkus, sie haben so einiges gemeinsam, wie beispielsweise die Schwierigkeit, ihren eigenen Plural zu finden: Kirmesse, Zirkusse oder Zirken? Keine Ahnung ...

Kirmes und Zirkus, beide sind so etwas wie der Kegelverein der Kinderwelt. Beständig, dem Zeitgeist trotzend, alle Trends überlebend, und keiner weiß, warum.

Mit diesen Gedanken im Hirn beobachte ich meinen Sohn, wie er im achten Ballwurf-Versuch die erste verrostete Dose trifft. Ich jubele ihm zu, träume gleichzeitig davon, dass ich an der benachbarten Schießbude für Stefanie Assmann eine Portion Zuckerwatte erballere.

28. Kapitel
• • •

Am nächsten Morgen kommt Markus Meirich freudig an meinen Schreibtisch gestürmt.

«Yes», zischt er. «Wir haben eine Spur. Auf Lasse Assmanns Handy ist eine SMS angekommen. Eine klare Drohung.»

Bisher habe ich schläfrig die Ergebnisse der Handball-Bundesliga an meinem Dienst-PC ergoogelt, aber nun bin ich mit einem Schlag hellwach.

«Was für 'ne Drohung?», frage ich.

Markus blickt auf einen kleinen Zettel und liest: «Ein Wort an die Bullen, du kleine Sau, und du bist tot!»

«Das gibt's doch nicht», stammele ich. «Dann brauchen wir jetzt nur den Absender zu ermitteln, und dann wissen wir, wer Lasse so unter Druck setzt, oder was?»

«So isses. In knapp zehn Minuten kennen wir den Besitzer dieser Handynummer.»

Bereits fünf Minuten später wissen wir Bescheid. Die betreffende Mobilfunknummer ist auf folgenden Namen angemeldet: Faton Thaqi, wohnhaft in Nidda. Ein Volltreffer.

Ich bitte Teichner, den Namen Faton Thaqi durch den Polizeicomputer laufen zu lassen.

«Na, schau mal einer gugg», ruft Teichner schnell. «Hört euch das mal an, ihr Leut.»

Markus und ich eilen zu ihm.

Teichner trägt vor: «1999 ist das Ehepaar Thaqi mit den beiden Söhnen Mergim und Faton aus dem Kosovo nach Deutschland geflohen. Die Söhne waren damals 12 und 14 Jahre alt. Der jüngere, also der Faton, fiel seit dieser Zeit zweimal wegen Ladendiebstahl auf. Nach dem Ende der Aufenthaltserlaubnis sind nur die Eltern zurück in die Heimat, doch die beiden Jungs sind illegal in Schotten geblieben. Und jetzt ratet mal, wer ihnen eine Zeitlang Kirchenasyl gewährte: ein gewisser Pfarrer Gregor Assmann.»

«Oha», rutscht es mir heraus.

«Na, da hat der Kommunisten-Pfaffe aber mal 'ne richtig gute Tat getan, was? Kommet ihr Mörderlein, kommet all zu mir.»

«Teichner, halt's Maul», fährt ihn Markus an.

Doch Teichner lässt sich nicht bremsen. «Unser Land ist ja groß genug für all diese Spezialisten. Die machen ja alles bunter, ne?»

Ich versuche seine unglaubliche Blödheit diesmal einfach zu ignorieren, was mir erstaunlich gut gelingt.

«Schau doch mal, was er heute beruflich macht. Steht da was drin?»

«Ock», sagt Teichner.

«Was?», fragen Markus und ich gleichzeitig.

«Ock, will meinen okay, o. k., capito?»

Markus und ich nicken resigniert.

Teichner scrollt die Seite ein wenig herunter, und wir entdecken die passende Information. Er arbeitet als Kfz-Mechaniker bei «Auto Scholz» in Gedern.

«Und der ältere Bruder, dieser Mergim?»

«Der ist Sozialpädagoge und in Wetzlar im Albert-Schweitzer-Kinderdorf angestellt», antwortet Teichner mit immer leiser werdender Stimme.

«Und was sollen wir jetzt machen, Teichner?», frage ich mit dem sarkastischsten Tonfall, den ich hinbekomme. «Sollen wir den Bruder auch gleich verhaften, damit er nicht alle Kinder in Wetzlar umbringt? Alles Verbrecher, diese Migrationshintergründler, oder?»

Markus grinst, Teichner nicht.

Beide Thaqi-Brüder haben die Vogelsbergschule besucht, lesen wir weiter auf dem Bildschirm. Faton schloss 2003 mit mittlerer Reife ab, Mergim mit Abitur 2005.

«Wann wurde Ellen Murnau Schulleiterin?»

«2006», antworte ich. «Also drei Jahre, nachdem Faton die Schule verließ. Unwahrscheinlich also, dass er Frau Murnau von daher gekannt hat.»

«Wie auch immer», sagt Markus und steckt sich die Dienstwaffe an den Gürtel. «Auf zur Werkstatt nach Gedern.» In dem Moment, in dem Teichner auf seinem Stuhl zuckt, legt ihm Markus eine Hand auf seine Schulter und sagt: «Du bleibst hier und hältst die Stellung, mein Lieber.»

«Ja, ist besser so», füge ich hinzu. «Dann wird dem Kreutzer Manfred nicht so langweilig. Der kommt nämlich gleich.»

Fred schlief wie ein Berserker.

Um sechs Uhr morgens sprang er aus seinem Wasserbett, das schon so einiges erlebt hatte, und trottete in die Küche. Er schluckte drei rohe Eier und trank eine Tasse pechschwarzen Kaffee mit Milch und Zucker. Dann machte er einen verschärften Workingout und schloss seine Morgengymnastik mit einem Handstand auf Fingerspitzen ab. «Ging auch schon mal besser», murmelte er selbstkritisch. Selbstkritik war ohnehin eine der großen Stärken von Fred, vor allem sich selbst gegenüber. Er war sein härtester Kritiker. Das Wort Zufriedenheit kannte er nicht. Er war ein Getriebener, wie seine Mutter, die aus Schlesien stammte.

Plötzlich hörte er ein Geräusch. Er zuckte zusammen. Was konnte das sein? Es war nicht die Katze, denn das Geräusch bellte.

Ein Hund! Panik stieg in ihm auf. Fred litt unter einer starken Hundeallergie. Das wussten seine Feinde. Da war er verwundbar. Dann sah er ihn. Ein Dackel lief über seine Terrasse. «Verdammte Scheiße», fluchte er. Seine Nase kitzelte, und schon war es zu spät. Die Augen schwollen zu, und er sah nichts mehr. Immer wieder musste er so laut niesen, dass er auch nichts mehr hören konnte. Das Nächste, an das er sich erinnern konnte, war, dass er sich an nichts mehr erinnern konnte. Er spürte einen dumpfen Schlag auf seinem Kopf, wurde in eine Mülltüte verpackt und in einem Kofferraum verfrachtet.

Als er wieder aufwachte, war es dunkel. Stockdunkel. Es war so dunkel, dass er Schwierigkeiten hatte, sich selber in diesem Raum wiederzufinden. In der Tüte jedenfalls lag er nicht mehr, stellte er fest. Er saß angelehnt an einer Wand, sah nichts und spürte Druck auf den Ohren. Immer wieder gähnte er dagegen an, doch es half nichts. Der Druck wurde eher stärker.

Dann ließ er einen fahren.

«Sie Sau», hörte er plötzlich eine weibliche Stimme sagen, die er, ohne sie sehen zu können, eindeutig einer Frau zuordnen konnte.

165

«Verzweiflung», antwortete er und meinte damit natürlich «Verzeihung». Ein Gag, der bei seinen Biker-Kumpels immer super ankam. Die Frau aber lachte nicht. Fühlt sich wohl als was Besseres, mutmaßte er. «Ich dachte, ich bin allein hier», erklärte er.

Die Frau lachte höhnisch nur kurz auf.

«Was machen Sie hier?», fragte er sie.

«Sitzen», antwortete sie.

«Hat man Sie auch entführt, oder sind Sie meine Entführerin?», fragte er.

«Ersteres», antwortete sie.

Fred schwieg eine Weile. Wenn er wenigstens seinen Bock, wie er ihn nannte, hier hätte, dachte er, dann könnte er wenigstens ein paar Runden drehen.

«Man will mich hier verrecken lassen», sagte die Frau dann.

«Wie lange sind Sie schon hier?», fragte er.

«23 Jahre, 13 Monate, 34 Wochen und 77 Tage», antwortete sie.

«Boah», machte Fred. «Das ist verdammt lange.»

«Finde ich auch», antwortete die Frau.

Die Stimme der Frau kam ihm plötzlich bekannt vor.

«Ich erkenne Ihre Stimme», sagte er.

«Ich bin Politikerin», antwortete sie.

Fred pfiff durch die Zähne. «Sind Sie dann vielleicht die Politikerin, die vor einem Vierteljahrhundert spurlos verschwunden ist?», fragte er.

Sie schwieg. Fred hörte, wie ihr Tränen über die Backen liefen.

Volltreffer, dachte er. Ein Fall, der damals durch die Medien und durchs Fernsehen ging.

«Wenn ich mich recht entsinne, sind Sie bis heute nicht gefunden worden», sagte Fred.

Die Frau nickte, doch Fred sah das nicht, denn es war ja dunkel. Stattdessen sagte sie traurig:

«Ich wollte Familienministerin werden. Doch nun, aus der Traum!»

«Warum? Kann doch noch werden», versuchte Fred sie zu trösten.

«Nein, zu spät. Ich bin inzwischen zu alt», sagte sie.

«Wie alt sind Sie denn?», fragte er.

«41», antwortete sie.

Plötzlich erblickte Fred, wie ein Lichtstrahl in den Raum schien. Er erkannte eine Dachluke und dahinter ein schattenhaftes Wesen.

«Jetzt gibt's Essen», sagte die Frau gelangweilt.

Dann öffnete sich die Luke, und ein Hundenapf wurde mit einem Seil herabgelassen.

Dann hörte er eine elektronisch verzerrte Stimme sprechen.

«Willkommen mein Lieber. Und guten Appetit. Ich hoffe, ihr habt euch schon ein bisschen angefreundet? Du und Margarete. Ihr werdet von nun an sehr, sehr viel Zeit miteinander verbringen, haha. Und Fred, kannst du dir denken, warum du hier bist? Nein? Dann solltest du dir mal darüber Gedanken machen. Denn solange du mir nicht die Antwort nennst, wirst du hier unten bleiben.»

Fred grübelte, doch es fiel ihm keine Antwort ein.

«Wissen Sie die Antwort bei sich?», fragte er die Frau.

Doch die schüttelte den Kopf, was er wieder nicht sah.

«Dieser scheiß Druck hier auf den Ohren», fluchte Fred. «Irgendetwas haben die vor. Wie konnten Sie das so lange aushalten?»

«Ich hab mich dran gewöhnt. Die drehen da oben irgendwo dran rum. Hat irgendwas mit Unter- oder Überdruck zu tun», lachte die Frau bitter.

Fred nickte, was die Frau wiederum nicht sehen konnte.

Dann sagte sie: «Seien Sie froh, dass es dunkel ist.»

«Wieso? Sehen Sie so scheiße aus?» fragte er.

«Nein, ich bin sehr attraktiv», antwortete sie. «Nee, dann ist es einfach total hell, wenn das Licht die ganze Zeit an ist», fuhr sie fort.

«Ach so», sagte Fred.

Fred grübelte über die Frage, die ihm die verzerrte Stimme stellte. Ob er wüsste, warum er hier ist. Die Frage, die die Frau neben ihm für ihren Teil seit über 23 Jahren nicht beantworten konnte. Dann bekam er eine Idee. «Ja, ich hab's», jubelte er und reckte eine Siegesfaust in die Höhe. Fred flüsterte der Frau seine Idee ins Ohr. Sie nickte stumm.

«Haaaaallllloooo», schrie er darauf in Richtung Dachluke.

«Die sind jetzt erst mal weg», sagte die Frau. «Kann sein, dass die erst im nächsten Jahr wiederkommen.»

«Was?», brüllte Fred. «Im nächsten Jahr? Bis dahin sind wir doch verhungert!»

«Oder war es doch der nächste Tag? Manchmal komme ich mit diesen Zeitangaben ein wenig durcheinander. Bin halt schon 'ne Weile hier. Sorry.»

Fred atmete tief durch.

Doch schon eine halbe Stunde später erschien die Gestalt wieder an der Dachluke.

«Also, bitte machen Sie es nun genau so, wie ich es Ihnen gesagt habe», flüsterte er der Frau zu.

«Was gibt's?», zischte die Stimme von oben.

Fred wimmerte. «Hilfe ..., wir bekommen keine Luft ... Oh Gott, die Frau hier ... sie ... sie atmet gar nicht mehr. Ich glaube, sie ist ...»

«Tot?», fragte die Stimme.

Nun ließ sich Fred auf die Seite fallen und stellte die Atmung ein, so wie es seine Freundin Uschi ihm einmal beibrachte, da sie mal bei einem Fernsehkrimi die ermordete Bäuerin spielen durfte. Dafür musste sie eine Stunde lang nackt im Heu liegen, ohne beim Atmen den Bauch zu bewegen.

«Hallooooo?», schrie die Stimme nach unten.

Fred und die Frau verhielten sich ruhig.

«Ich glaub, es ist vorbei», rief die Stimme zu jemand anderem. «Irgendwas ist da schiefgelaufen, die sind wohl erstickt. Irgendwie muss da unten zu wenig Sauerstoff sein. Mach am besten mal das Tor auf.»

Auf diesen Moment kalkulierte Fred. Als sich das Tor öffnete, stieß er der Frau in die Seite und flüsterte: «Los, laufen Sie!»

Als Fred und die Frau nun in die Freiheit rannten, stellte Fred fest, dass die Frau tatsächlich sehr attraktiv war.

«Mensch», sagte er, «Sie haben recht, Sie sind ja wirklich rattenscharf.»

«Danke. Ich glaube aber, eine Dusche würde mir trotzdem guttun, ist ja schon 'ne Weile her», lachte sie und warf ihr logischerweise idiotisch langes Haar nach hinten.

29. Kapitel
• • •

Die ganz spezielle Atmosphäre von Autowerkstätten finde ich schwierig. Da macht auch die direkt an der Hauptstraße in Gedern ansässige Autowerkstatt Scholz keine Ausnahme. Die Aura von unzähligen Autos, Werkzeugen und Hebebühnen und der Charme dieser stämmigen, schroffen Männer in grauen Blaumännern und mit verölten Händen bewirken, dass Autowerkstätten für mich nicht zu Wohlfühloasen werden. Müssen sie auch nicht. Genauso wenig wie Baumärkte.

Ich habe schon öfters Franziska dazu zu überreden versucht, unser Auto in die Werkstatt zu bringen, da ich nicht in der Lage war, von innen die Motorhaube zu öffnen. Ich fand den Knopf einfach nicht. Für so etwas erntet man nicht bei jedem Kfz-Meister Verständnis. Vielmehr wurde ich angeguckt, als wäre ich gerade dabei, Kinderleichen aus dem Autofenster zu werfen. Solch eklatante Unkenntnisse bezüglich des Themenspektrums Auto werden in diesen Kreisen einer Frau natürlich eher verziehen als einem Mann. Ich fühle mich dort also schlicht und ergreifend wie ein Depp und versuche daher, derartigen Situationen, soweit irgend möglich, aus dem Weg zu gehen. Auch Dialoge wie diese möchte ich ein für alle Mal nicht mehr führen:

Meister (blickt in die Motorhaube): «Ei, ei, ei, Kerle, Kerle, puuuhhh.»

Ich: «Was ist denn?»

Meister: «Tja ... net mehr viel, würd ich sage ...»

Ich: «Wie bitte?»

Meister: «Na ja, mit dem Zahnrieme ist net mehr allzu viel los, was?»

Ich: «Keine Ahnung ...»

Meister: «Das glaube ich Ihne.» (grinst)

Ich: «?»

Meister: «Habbe Sie den schon mal wechseln lasse?»

Ich: «Puh, weiß ich jetzt nicht ...»

Meister: (überhebliches Auflachen)

Ich: «Was bedeutet das denn jetzt mit dem Zahn... äh Dings? Kann man damit noch fahren?»

Meister: «Könne schon ... (wieder Pause). Die Frage ist nur, wie lang?»

Ich: «Also das heißt, ich muss den auswechseln lassen?»

Meister: «Müsse? Nu ja, müsse müsse Se gar nix. Müsse müsse Sie nur sterbe.»

Heute aber ist das anders. Heute bin ich beruflich hier und habe anderes im Sinn. Die beiden Kriminalkommissare Markus Meirich und Henning Bröhmann betreten die Autowerkstatt Scholz ausschließlich mit dem Ziel, Faton Thaqi festzunehmen.

«Guten Tag», sage ich zu der blassen Dame mit der 8oer-Jahre-Dauerwelle. Sie sieht aus wie eine Mischung aus Kim Wilde und Joy Fleming, denke ich mir so, während Markus uns beide mit Dienstgrad vorstellt.

«Wir suchen Faton Thaqi. Wo finden wir den?»

«Faaaaaton», schreit die wilde Fleming ohne Vorwarnung in die Werkstatt, sodass mir vor Schreck mein alberner Dienstausweis aus der Hand fällt.

«Was gibt's?»

Faton Thaqi, ein kleingewachsener, dunkelhaariger, muskulöser Mann Mitte zwanzig blickt uns gleichermaßen skeptisch wie unsicher an.

In dem Moment, in dem wir uns auch bei ihm als Polizisten vorstellen, geht mir ein wüstes Verfolgungsszenario durch den Kopf. Faton flüchtet sofort und hetzt durch die Werkstatt. Markus und ich hinterher. Er springt in das nächstliegende, nur halb reparierte Auto und fährt los. Im letzten Moment werfe ich mich

171

dann aber noch auf die Windschutzscheibe, schlängle mich durch das Schiebedach und lege ihm kopfüber die Handschellen an.

Stattdessen aber werden wir nur verwundert angeguckt.

«Sie werden sich denken können, warum wir hier sind, nicht wahr?», sagt Markus.

Faton Thaqi schüttelt stumm mit dem Kopf.

«Können wir irgendwo ungestört reden?», frage ich die Anmeldedame, die vor Neugier fast zu platzen droht.

Wir werden darauf in ein kleines Zimmer geführt, in dem ein kleiner Tisch mit vier Stühlen steht. An den Wänden hängen ein Poster von Michael Schumacher, ein Wimpel vom Nürburgring und ein Jahreskalender mit Sportwagen und Schiebereglern.

«Herr Thaqi, Sie wissen wirklich nicht, warum wir hier sind?» Markus Meirich versucht es erneut, doch Faton schüttelt wieder den Kopf.

«Sie haben gestern Lasse Assmann eine SMS geschickt, in der Sie ihm mit dem Tode drohen, falls er aussagt.»

«Was ist los? Was hab ich? Spinnt ihr? Was ist mit Lasse?»

Ich lese ihm den Wortlaut der SMS vor: «Ein Wort an die Bullen, du kleine Sau, und du bist tot.»

«Vergiss es, Alter. Was soll das? Wieso soll ich das ... Wie, was, wieso soll ich so was? Warum ich?»

«Es ist eindeutig Ihre Handynummer.»

«Ey Leute, nein, stopp. Ich hab mein Handy verloren, ehrlich. Vor drei Tagen, ey, das gibt's nicht.»

«Soso, verloren ...», sagt Markus.

«Ja, Mann!»

Dann springt Faton von seinem Stuhl auf und gerät vollkommen außer sich. «Ey, Leute, das geht net, hört auf. Scheiße, ihr wollt mich fertigmachen. Vergiss es.»

Er tritt mit dem Fuß nach seinem Stuhl und brüllt: «Geht die Scheiße wieder von vorne los?»

Markus und ich stehen auch auf und versuchen ihn zu beruhigen. Was uns nicht gelingt.

«Was, was, was?», schreit er weiter. «Was wollt ihr mir anhängen?»

Mannhaft stelle ich mich vor ihn.

«Lasse Assmann wird vorgeworfen, diverse Anschläge auf seine Schulleiterin Ellen Murnau verübt zu haben. Diese Anschläge gipfelten darin, dass Frau Murnau erstochen wurde. Nun bekommt dieser Lasse Assmann eine SMS von Ihrem Handy, in dem Sie ihm drohen, falls er aussagt. Was also würden Sie sich denn da anhängen, an unserer Stelle? Herr Thaqi, wir müssen Sie vorläufig festnehmen.»

«Scheiße, Alter, da will mich einer fertigmachen. Ey ... ich will mit Pfarrer Assmann reden.»

«Da bin ich mir aber nicht so sicher, ob der das noch will», gibt Markus zu bedenken. Dann führen wir ihn ab.

Noch für den gleichen Nachmittag verabrede ich mich mit Stefanie zu einem Spaziergang auf dem Hoherodskopf, der touristischen Topadresse des Vogelsbergs. Berlusconi, der den Rücktritt seines Namensvetters im Autoradio gelassen zur Kenntnis nimmt, sabbert und haart souverän auf den Autorücksitz, während ich den Parkplatz ansteuere und dabei fast ein paar rüstige Rentner in enger Jan-Ullrich-Telekom-Gedächtnisausrüstung über den Haufen fahre. Von weitem sehe ich die trotz allem immer noch schöne und reizvolle Stefanie auf mich warten. Wir begrüßen uns mit einer flüchtigen Umarmung und schreiten in Richtung Taufsteinhütte. Ich erzähle ihr kurz und sachlich von Faton Thaqis Festnahme.

«Wie bitte?», fragt sie entgeistert. «Ihr habt Faton festgenommen?»

«Ja», antworte ich, «er hat Lasse bedroht und ihn vermutlich zu den Anschlägen gezwungen.»

Darauf lacht sie wirr. Warum, ist mir nicht klar.

«Es war definitiv Faton Thaqis Handy», sage ich trotzig.

«Tut mir leid, Henning, aber ihr seid mal wieder komplett auf dem Holzweg. Faton liebt Lasse. Er war und ist für ihn wie ein großer Bruder. Das ist so was von verdreht, was hier läuft. Das ist doch alles nicht auszuhalten.»

Ich versuche Stefanie mit unbeholfenen Handgriffen an ihrem Oberarm zu beruhigen, was mir nicht wirklich gelingt.

«Weißt du, was diese Jungs alles durchmachen mussten? Erst die Kriegserlebnisse in ihrer Heimat und die Flucht, dann der Verlust der Eltern, die wieder in den Kosovo zurückgingen. Weißt du, was das für Jungs im Teenageralter bedeutet?»

Ich nicke stumm, ohne es wirklich zu wissen.

«Die haben fünf Jahre bei uns gelebt, auch nach Ende des Asyls. Gregor hatte gute Kontakte zum Jugendamt, sodass sie bei uns wohnen bleiben konnten. Sie haben ihre Schulabschlüsse gemacht, ihr Bestes gegeben. Doch es sind auch ganz normale Jungs gewesen. Faton wurde einmal beim Kiffen erwischt und dann später noch einmal beim Klauen eines Schnapsfläschchens im Einkaufsmarkt. Weißt du, was danach hier los war? Wie die Leute am Rad gedreht haben? Anonyme Drohbriefe haben wir bekommen, die Zeitungen waren voll mit Leserbriefen. Die Jungs waren in Schotten nur so lange geduldet, wie sie sich wie Engel verhielten. Nun kamen sie alle aus ihren Löchern, all diese rechtschaffenen Bürger, die das Kirchenasyl von Beginn an kritisch beäugt hatten. Und ich sage dir, die Jungs haben das so toll weggesteckt. Mergim, der Ältere, hat sogar Abitur gemacht, und Faton hat direkt nach der mittleren Reife eine Wohnung gefunden und einen Ausbildungsplatz bekommen. Er hat sich immer rührend um Lasse gekümmert. Bis heute halten die beiden Kontakt. Und ausgerechnet Faton soll das nun Lasse angetan haben? Vergiss es!»

Darauf schweigen wir eine Weile. Berlusconi zieht wie immer

an der Leine, bis ich Verspannungsschmerzen an der linken Schulter spüre. Am Waldrand nehmen wir auf einer klammen und morschen Holzbank Platz und blicken eine Weile schweigend in die Vogelsberger Weite.

«Ich möchte gerne gleich mit Lasse darüber reden», sage ich. «Vielleicht beendet er ja sein Schweigegelübde, um Faton zu schützen, falls der es wirklich nicht war.»

«Henning, er war es nicht. Definitiv.»

Es ist nicht der richtige Augenblick, diese Affäre weiter zu befeuern, denke ich. Nein, das ist es nicht.

Als ich eine halbe Stunde später wieder im Auto sitze und die Mailbox abhöre, macht sich in mir eine weitere Unbegeisterung breit:

Faton Thaqi hat Teichner im Polizeirevier zwischen die Beine getreten und ist nun auf der Flucht. Du liebe Güte. Jegliche Energie sackt ins Bodenlose ab und macht Platz für fröhliche psychosomatische Störungen. Mir wird schwindelig, und dumpf drückt die Memme in mir schmerzhaft gegen meine Brust. Ich halte in einer kleinen Parkbucht, versuche mich neu zu sortieren, was mir nicht gelingt. Ich steige aus, rauche konstruktiv zwei Zigaretten hintereinander und raffe mich dann doch auf, zu Assmanns zu fahren, um mit Lasse über Faton zu sprechen.

Lasse blickt mich mit aufgerissenen Augen an, schüttelt wild seinen Kopf und schreit: «Nein, nein, nein, das stimmt nicht. Nicht Faton, nicht Faton …» Dann fängt er heftig zu weinen an. Stefanie nimmt ihn in den Arm und redet beruhigend auf ihn ein, während ich ratlos danebenstehe. Stefanie bringt ihn in sein Zimmer, ich lehne mich erschöpft an die Wohnzimmerwand. Nach ein paar Minuten kehrt sie zurück, blickt mich mit ernster Miene an und sagt mit leiser, aber fester Stimme:

«Das geht so nicht mehr weiter. Lasse muss sich nun dringend stabilisieren. Er muss raus aus der Schusslinie. Ich bringe ihn morgen in die Kinder- und Jugendpsychiatrie nach Marburg.»

Ich nicke. Was soll ich auch sonst tun?

Hi Mara,

sorry, aber ich muss mal abkotzen! AA geht mir im moment aber mal
so was von auf die Nerven! Ich werd aus dem bald nicht mehr schlau. Mal
isser so, dann isser wieder genau anders. Verstehst wahrscheinlich kein
Wort von dem Müll, den ich hier schreibe, aber egal. Mal isser voll lieb und
geht total auf mich ein und so, und mal habe ich das Gefühl, dass ich ihn
nur nerve. Und in letzter Zeit fängt er immer wieder mit diesem scheiss
Thema an, du weißt schon, Pille ...
Ich habe ihm gesagt, dass ich keinen Bock habe, da ständig drüber zu reden,
dass ich noch nicht will und so. Aber dann guckt er immer so komisch, so
anders und ich denk immer, jetzt macht er Schluss.
Und neulich hatten wir totalen Zoff. Erst hat er wieder rumgeschmollt,
weil ich nicht mit ihm rummachen wollte. Dann haben wir uns über Lasse
unterhalten und über die ganze Murnau-Geschichte. Da hat der blöde
Sprüche gerissen. So wie manchmal bei seinen Kumpels, weisste ... das
Weichei aus dem Pfarrhaus und so ... Fand ich voll fies. Und weisste, was
ich danach gemacht hab: ich habe dem Lasse eine Nachricht geschickt.
Dass er mir leid tut und so, und dass ich das nicht glaube, dass er das war.
Er hat natürlich nicht geantwortet, aber egal, ich wollte ihm das irgendwie
sagen.
Und eben ruft mich AA an und will plötzlich wieder voll einen auf family
machen. Der will, dass wir uns mit unseren Eltern treffen ... schrei!!!! Ja,
du hast richtig verstanden, meine Eltern sollen seine besuchen, und wir essen dann alle zusammen. Ich sterbe ... Ich hab mich nicht getraut, nein zu
sagen ... dann wäre ich wieder nur das kleine blöde Pubertätsmädel ...
Du fehlst mir mehr denn je, Mara.
Love u
Deine Mel

30. Kapitel
• • •

Uuund Ruben, wiiiiee macht das Nashorn?»

«Öhhp.»

«Bravo!»

Britta Albrecht nickt kurz und klatscht zufrieden in die Hände.

«Uuund Ruben, wie macht der Leguan?»

«Öhhng.»

«Bravo!»

Zwanzig Minuten wohnen Franziska, Melina und ich dieser Vorführung von Adrians zweieinhalbjährigem Bruder bereits bei. Laurin übernachtet bei seinem Freund Calvin-Manuel.

«Sooo, Ruben, und wie macht der Papa, wenn er sich ärgert?»

«Scheiße!»

«Uuund darf er das sagen?»

«Nein!»

«Bravo!»

Rubens Papa schlägt sich laut lachend auf den Schenkel und blickt schon wieder beifallheischend zu mir. Ich grinse gequält zurück.

Franziska, neben mir auf dem weißen Designersofa sitzend, krallt ihre Finger angespannt in ein lila Sitzkissen und macht ebenso gute Miene zu diesem, ja, eher bösen Spiel.

Mit einem «Schön haben Sie's hier» versucht sie die Fokussierung vom kleinen unschuldigen Ruben zu lenken. «Seit wann wohnen Sie ...»

«Uuund Ruben, wie hieß der erste Bundeskanzler?»

«Lothar Matthäus!»

Mama Britta schaut streng mit aufgerissenen Augen auf das bedauernswerte Vorführäffchen.

«Ruben!», schimpft sie, legt ihre Stirn in Falten und packt ihn am Arm. «Nein, das war der Rekordnationalspieler, der erste Bundeskanzler war ... Na, Ruben?»

«Äääähhhhh», quengelt Ruben.

«Ruben!!! Los, sag, wie hieß der erste Bundeskanzler?», quengelt nun Britta.

Ruben heult, gibt keine Antwort mehr, und wir lassen Konrad Adenauer in Frieden ruhen.

«Er ist heute nicht so in Form», entschuldigt sich Britta Albrecht und lächelt verkrampft. So wie wir alle.

Ich hielt dieses Treffen von vornherein für keine gute Idee. Doch wir haben es für Melina gemacht. Ihr schien es wichtig zu sein, und dann muss man da auch mal durch, dachten Franziska und ich. Guido und Britta Albrecht dürfen getrost als Besserverdienende in der Kategorie neureich bezeichnet werden. Das Haus, auf einem Schottener Hügel nicht unweit zur Vogelsbergschule gelegen, hat mindestens 400 Quadratmeter Wohnfläche zu bieten. Alles ist weiß, chic und stylish. Im Wohnzimmer stehen ein paar afrikanische Skulpturen, ein riesiger Fernseher, zwei affig schmale Boxen und eine Dolby-Surround-Anlage herum. Wir hocken in einer weißen Sofasitzecke rund um einen niedrigen Glastisch mit ein paar hübschen Blumen.

In mir steigt ein wenig Besitzneid auf, worüber ich mich sofort ärgere. Ich denke an unsere doch immer stärker werdenden finanziellen Engpässe, die wir, so gut es geht, zu verdrängen wissen.

Guido und Britta haben uns sofort das «Du» angeboten, was den Abend nicht unbedingt angenehmer macht.

An unseren Aperitifs nippend, smalltalken wir ein wenig sinnfrei die Uhr herunter. Ich beobachte Melina, die sich auch nicht so richtig wohlzufühlen scheint. Warum hat sie sich dieses Treffen dann bloß gewünscht? Hält Adrian jetzt gleich offiziell bei mir um ihre Hand an?

Britta ist der Typ Frau, auf den die Männer stehen, wie man so

179

sagt. Ich bin zwar auch ein Mann, doch ihre üppige Oberweite und der ein bisschen zu offensive Ausschnitt samt ein bisschen zu kurzem Rock lassen mich kalt. Es hat etwas Verzweifeltes, wenn vierzigjährige Frauen die gleiche Frisur haben wie meine Tochter.

Guido schätze ich auf Anfang fünfzig. Seine durchtrainierten Oberarme lassen auf regelmäßige Fitnessstudio-Besuche schließen.

Plötzlich klatscht er in die Hände. «Auf, Henning, ab in die Küche!»

«Wie?» Ich lache wieder gekünstelt, langsam bekomme ich Übung darin.

«Ja, wir dachten, wir Männer kümmern uns mal ums leibliche Wohl, und die Damen lassen wir Whiskey trinken und Zigarren rauchen, haha ...»

«Haha», mache auch ich.

Er meint es ernst. Mit entschlossenen Schritten schreitet er in Richtung Küche. Ich folge ihm, nicht ganz so entschlossen. Auch Adrian kommt mit. Klar, er ist ja auch ein «Mann». Franziska blinzelt mir mitfühlend zu.

«Aaach, ich liebe Kochen! Komme leider viel zu selten dazu. Aber wenn Freunde kommen, dann findet man mich immer wieder in der Küche, was Adrian?»

«Jou!»

Vater und Sohn klatschen sich ab. Guido jongliert mit drei Zwiebeln, wirft sie dabei einzeln seinem Sohn zu, der damit weiterjongliert.

«Haha», bringe ich erneut leise hervor. Guido hat mich in seinen Fängen, ich kann ja nicht einfach weglaufen.

«O. k., Adrian, bist du bereit?», ruft er dann seinem Sohn zu.

«Jou!», antwortet der wieder.

«Auf die Plätze, fertig, los!»

Guido drückt auf die Küchenuhr, und AA beginnt wie ein Besessener mit dem Schneiden der Zwiebeln.

«Sein Rekord ist: drei Zwiebeln in 42,4 Sekunden ...»

«Mit Schälen!», japst Adrian und hackt mit verbissenem Gesicht auf den unschuldigen Knollen herum.

«Ich weiß», lacht Guido. «Wir sind schon ein bisschen verrückt, was?!»

«Och, was, nö ... wieso?»

«Aber das ist halt so unsere Art, was Adrian?»

«AUTSCH, SCHEISSE!», kreischt der Filius plötzlich, und ich sehe, wie Zwiebel Nr. 3 eine leicht rötliche Farbe annimmt.

Adrian aber hackt wie wild weiter, bis er auch die dritte Zwiebel fertig bearbeitet hat.

«42,1 Sekunden», sagt Guido mit Blick auf die Uhr.

«Yessss», jubelt Adrian.

«Aber in den Finger schneiden gibt nun mal eine Sekunde Abzug.»

«Was???», brüllt Adrian.

«So sind die Regeln.»

Adrian reißt vor Wut die Augen auf, zischt «Ach, leck mich» und pfeffert die blutdurchtränkte Zwiebel quer durch die graue Edelstahlküche gegen die Geschirrspülmaschine. Dann stürmt er aus der Küche.

Guido verfolgt den Abgang schmunzelnd. «Der hat's schon drauf, der Sohnemann. Ein ganz helles Kerlchen, ganz der Papa, haha. Nur mit den Nerven, da hapert's unter Druck manchmal noch ein bisschen. Da hilft dieses Spiel. Er ist schon viel besser geworden, die Ausbrüche waren vor ein paar Jahren noch viel heftiger.»

«Hmm», mache ich.

«Besonnenheit unter Extremdruck. Genau das muss er lernen, später im Haifischbecken des Lebens, oder? Das weißt du als Polizist doch am besten.»

Ich nicke stumm.

«Aber, Mensch, ich rede die ganze Zeit von mir. Jetzt bist du mal dran. Wie kommst du denn so mit meinem Sohn klar? Er gehört ja nahezu schon zu eurer Familie, was?»

Ich kratze mich am Kopf. «Gut, ist ja ein netter, intelligenter Kerl, ne?», sage ich und schäme ich mich sogleich für meine angepasste Unterwürfigkeit.

«Passsta à la Guido», knödelt er nun durch den Raum. «Du wirst es lieben, wie meine anderen Freunde auch. Kannst du schon mal die Pastinaken pürieren?»

«Wen ... kann ich was?»

So langsam reicht es mir. Alles an Guido ist Show. Alles in diesem Haus ist Show. Ich habe das Gefühl, ich bin Kleindarsteller in seiner Comedy-Soap, doch leider ist alles realer, als es mir lieb sein kann. Guido doziert über sein Olivenöl, das er sich immer von Freunden aus der Toscana mitbringen lässt, er referiert über die besten Küchenmesser und lässt mich blind Weine kosten.

«Franzose, Chilene oder Italiener? Na?»

Ich rate durch Zufall richtig, werde nun von ihm als Weinkenner eingestuft und denke an meinen Aldi-Dornfelder, der zu Hause im Kühlschrank steht.

«Ach, weißt du, wenn Britta unter der Woche diese Nullachtfünfzehn-Sachen kocht, muss ich mich mit Kritik immer sehr zurückhalten. Da ist sie sehr empfindlich auf dem Gebiet. Aber so ’ne Soße hier, na. Das ist schon was anderes, oder? Das bekommst du von deiner Friederike auch nicht auf den Tisch gestellt, oder?»

Er hält mir einen kleinen Löffel seiner eben noch mit Cognak verfeinerten Angeber-Soße vor die Nase.

«Franziska», korrigiere ich ihn, verschlucke mich dabei, stelle fest, dass sie leider tatsächlich phantastisch schmeckt, nehme dann meinen ganzen Mut zusammen und sage: «Puh, nee, schmeckt mir überhaupt nicht. Ist absolut nicht mein Fall.»

Darauf lacht Guido hysterisch, zeigt mit dem Zeigefinger auf mich und sagt nur: «Klasse, der war gut!»

Darauf folgt angenehmerweise eine etwas längere Gesprächspause, in der ich stumpf meinen Küchengehilfentätigkeiten nachgehe.

Während Guido die «Mafaldine», wie er diese eigenartigen Bandnudeln nennt, in das kochende Wasser kippt, sagt er plötzlich: «Du, dass der kleine Assmann da in dieser Murnau-Sache drinhängt, das ist schon ein gehöriger Hammer, was?»

Ich erschrecke fast ob dieses Themenwechsels.

«Scheint ja eine ganz unschöne Geschichte zu sein», fährt er fort und nippt an seinem chilenischen, italienischen oder französischen Rotwein.

«Ja, ist es», antworte ich knapp. «Aber wir sind dran.»

«Und dann läuft euch noch dieser Asylant weg. Peinlich, oder?»

«Tut mir leid, Guido, ich darf hier nichts über laufende Ermittlungen ...»

«Na ja, das stand ja in der Zeitung. Wir Bürger sollen euch doch sachdienliche Hinweise geben, oder etwa nicht?»

«Hast du denn welche?»

Guido Albrecht lacht stumm in sich hinein und antwortet eine Weile erst mal gar nicht. Er probiert ein weiteres Mal an seiner Soße, hält sie für «ein Geeee...dicht», und ich frage mich, ob Franziska in ihrer Frauenrunde ähnlich viel Spaß hat wie ich.

«Nur dass wir uns nicht missverstehen», setzt Guido nun wieder an, «ich habe und hatte nie etwas gegen Menschen, die aus Not in unser Land kommen. Aber das mit den Thaqis, nichts für ungut, das ging damals schon zu weit. Und nun sehen wir ja, was wir davon haben.»

«Was, meinen Sie ... äh, meinst du, ging damals zu weit?»,
frage ich nach.

«Die Burschen haben ihre Chance gehabt. Kirchenasyl und
so. Und dann rennt der Kleine da, der Fati ...»

«Faton.»

«... und dann rennt der da durch die Gegend und versetzt halb
Schotten in Angst und Schrecken ...»

«Na ja, er hat einmal im Einkaufsmarkt geklaut», versuche ich
ihn zu unterbrechen und bekomme darauf den Auftrag, Teller
und Besteck auf ein Tablett zu legen.

«Egal», schmettert Guido gegen das Rauschen der Dunst-
abzugshaube. «Offen gesprochen kann ich es einfach nicht ab,
wenn sich so ein Weltverbesserer wie der Pfaffe Assmann auf
Kosten der Stadt und ihrer Bürger als Gutmensch profilieren
will. So Typen müsst ihr bei der Polizei doch auch gefressen haben, oder? Die Leute hatten zeitweise Angst, ihre Kinder alleine
auf die Straße zu lassen.»

Ich bin froh, dass das gemeinsame Herrenkochen wenig
später ein Ende hat und ich endlich neben Franziska am Essens-
tisch Platz nehmen kann. Sie drückt unter dem Tisch heimlich
meine eiskalte Hand. Und ich muss leider gerade an Stefanie
denken.

Auf der viel zu späten nächtlichen Heimfahrt ist Melina sehr
schweigsam.

«Alles klar mit dir?», fragt Franziska sie.

«Ja, wieso denn net?», kommt es patzig von der Rückbank.
Danach schweigen wir noch eine Weile, bis wir alle, jeder auf
seine Weise erschöpft von diesem Abend, zu Hause in unsere
Bad Salzhausener Doppelhaushälfte einfallen, wo uns Berlusconi stürmisch begrüßt.

Ich ignoriere, dass er sich die Keksdose vom Küchentisch zu
sich ins Hundekörbchen geholt hat, und streichle ihn, da ich we-

nig Lust habe, ihn jetzt noch zu maßregeln. Melina geht wort- und grußlos direkt in ihr Zimmer.

Franziska und ich gucken uns ratlos an, wie es Eltern Puber- tierender vermutlich ständig tun, zucken kurz mit den Schultern und atmen resigniert aus.

Ich sehe, wie Franziska die Rotweinflasche aus dem Kühl- schrank holt und mit zwei gefüllten Gläsern ins Wohnzimmer geht. Sie lächelt mir zu und wartet offenbar darauf, dass ich mich zu ihr setze. Ich tue es und habe Angst vor einer noch in- tensiveren Nähe. Je näher wir uns sind, desto stärker wird mein schlechtes Gewissen. Mit unserer abgeklärten Distanz der letz- ten Monate kam ich eigentlich ganz gut über die Runden.

«Glaubst du immer noch, dass Melina mit Adrian glücklich ist?», frage ich sie.

«Puuh, keine Ahnung», antwortet Franziska. «Mit mir redet sie darüber nicht.»

«Mit mir auch nicht.»

«Hast du's probiert?»

«Was? Ja, klar, weiß nicht ... bestimmt. Wieso?»

«Weil ich glaube, dass sie mit dir eher reden würde. Ihr seid im letzten Jahr doch so zusammengewachsen.»

Ich nicke stumm.

«Henning, ich dreh mich immer noch im Kreis.»

Oh nein, bitte nicht dieses Thema. Ich bin müde.

«Ich komme mit dem immer noch nicht wirklich klar. Ich kann das letzte Jahr einfach nicht ausradieren. Ich finde meinen Frieden so nicht.»

«Lass uns doch einfach noch ein bisschen Geduld haben. Wie heißt es doch so schön: Die Zeit heilt alle Wunden.»

«Einer der dümmsten Sprüche überhaupt», entgegnet Fran- ziska.

Dann greift sie nach meiner Hand und fragt: «Ist das wirklich die Art Partnerschaft, die du dir wünschst?»

«Passt schon.»

«Nee, Henning, es passt eben nicht. Wir gehen zwar respektvoller und höflicher miteinander um als früher. Aber passen tut es nicht, wenn wir ehrlich sind. Was weißt du denn, was im Moment wirklich in mir vorgeht? Ich weiß es bei dir auch nicht. Und ich fürchte, dass wir es beide auch gar nicht so genau wissen wollen.»

Das saß.

«Franziska», sage ich, ohne nachzudenken, «ich habe mich in eine andere Frau verliebt.»

Franziska sieht mich lange schweigend an.

«Habt ihr miteinander geschlafen?»

Ich schüttele den Kopf. «Nein, wir haben uns nur geküsst.»

Wieder schweigt sie eine Weile.

«Weißt du, was das Schlimmste daran ist?», fragt sie dann irgendwann.

«Es tut mir viel zu wenig weh.»

Dann nehmen wir uns in die Arme und halten uns eine halbe Stunde lang fest.

Natürlich habe ich schlecht geschlafen, und so komme ich auch eine Viertelstunde zu spät zur Lagebesprechung in die Alsfelder Polizeidirektion.

«Fertig siehst du aus», begrüßt mich Markus Meirich. «Alles klar bei dir?»

«Ja, sorry, war 'ne lange Nacht gestern.»

Ich setze mich neben ihn an unseren Besprechungstisch mit freiem Blick auf das Traumduo Teichner und Kreutzer. Eigentlich möchte ich das gar nicht sehen, aber es ist nicht zu vermeiden: «Mir nichts, Bier nichts» ist auf Teichners Brust zu lesen. Manni Kreutzer trägt heute eine zeitlose Lederhose, bei der er im Sitzen den obersten Knopf öffnen muss.

«Eine gute Nachricht zuerst», beginnt Markus die Besprechung. «Wir haben Thaqi. Sein Bruder hat gestern Nacht hier in der Wache angerufen. Er konnte ihn wohl zum Aufgeben überreden.»

Ich erinnere mich, dass Fatons großer Bruder im Wetzlarer SOS-Kinderdorf arbeitet.

«Ist er nach Wetzlar geflohen?», frage ich.

«Genau. Dort wird er auch noch bei den Kollegen festgehalten. Wir lassen ihn nachher holen.»

Teichner trinkt einen großen Schluck aus einer Red-Bull-Dose und setzt einen für seine Verhältnisse leisen Rülpser hinterher. Ich kann mich gerade noch bremsen, ihn dafür zu loben, und berichte stattdessen, dass Lasse Assmann nun in der Obhut der Marburger Kinder- und Jugendpsychiatrie ist. Kurz vor seinem erneuten Zusammenbruch hatte er noch mehrmals beteuert, dass Faton Thaqi mit der ganzen Sache nichts zu tun habe.

«Was numaja so goar nix zu sagen hat», unterbricht mich Teichner. «Der Kleene hat die Hosen gestrichen voll. Ist doch klar, dass er das so sagt. Dem bleibt doch gar nichts walter ulbricht.»

«Was?»

«Ei, weiter übrig ... Der ist gut, ne?»

Markus ignoriert Teichner und runzelt die Stirn. «Fakt ist, Lasse Assmann hat die Anschläge verübt. Dafür gibt es DNA-Beweise. Ob er sie erstochen hat, bleibt fraglich. Sein Verhalten lässt die Vermutung zu, dass er unter Druck gesetzt wurde. Dann kommt die SMS von Faton Thaqi, dessen Umfeld wir nun weiter durchforsten müssen.»

Ich beobachte, wie Kreutzer Kreuzworträtsel löst.

Wieder schalte ich mich ein: «Welches Motiv soll der denn haben? Ich habe mit den Assmanns geredet. Lasse und Faton waren wie Brüder. Faton war so etwas wie sein Beschützer. Wieso soll er ihn plötzlich bedrohen?»

«Glaubst du etwa dieses Märchen mit dem geklauten Handy, oder was?», bellt mich Teichner an.

«Ich stelle es in Frage», antworte ich betont ruhig.

«Die Kernfrage ist doch, wer hat ein Interesse, Frau Murnau und Lasse Assmann zu schaden? Wo ist der Zusammenhang zwischen Murnau und Assmann?»

Markus erhebt sich und malt wieder bedeutungsvolle Kreise auf die Tafel. Als er die Namen Dohmknecht, Munker und Hirschmann in einen der Kreise notiert, räuspert sich der Praktikanten-Manni.

«Apropos Munker», knottert er und spricht das «s» bei «Apropos» mit. «Henning, denkste an den Grillsportabend am Sonntag? Da wolltste doch mit, gelle?»

«Du liebe Güte, ja stimmt.» Nach dem gestrigen Albrecht-Desaster gleich die nächste Topveranstaltung, der ich beiwohnen darf.

«Gut, können wir dann weitermachen?», fragt Markus rhetorisch in Kreutzers Ecke.

«Der Munker ist kein Verkehrter net, auch wenn er mal das ein oder andere Mal zu tief ins Glässche guggt», legt Kreutzer nach und vertieft sich dann wieder in sein Kreuzworträtsel.

«Mein Gott, wir drehen uns da im Kreis», flucht Markus. «Hirschmann, also der Exmann, hat für die Mordzeit ein Alibi, Dohmknecht nicht. Die Ermittlungen in der Jugendfeuerwehr, bei der beide gemeinsam aktiv sind oder waren, haben uns auch keinen Schritt weitergebracht. Wenn wir jetzt mal nur auf den Mord schauen, steht fest, dass Ellen Murnau den Täter ins Haus gelassen hat. Zu einer Zeit, in der sie ständig bedroht wurde. Das spricht eindeutig dafür, dass sie ihn gekannt haben muss. Also wird das nicht irgendein dahergelaufener halbkrimineller Jugendlicher aus der Feuerwehr gewesen sein, der von Dohmknecht oder Hirschmann aufgehetzt wurde.»

«Es spricht aber auch gegen Faton Thaqi», wende ich ein.

188

«Den kannte sie nämlich vermutlich nicht. Der ging vor ihrer Zeit in die Vogelsbergschule.»

«Aber für den kleenen Assmann», nölt Teichner in die Runde. «Diese halbe Portion lässt doch erst mal jeder ins Haus.»

«Wisst ihr, was ich denke?», sage ich mit lauter, selbstbewusster Stimme. «Ich denke, bei dem Täter handelt es sich um jemanden ganz anderen. Jemanden, den wir überhaupt noch nicht auf der Pfanne haben, den wir wahrscheinlich nicht einmal kennen.»

Markus blickt mich skeptisch an. «Und bringt uns diese Bemerkung in irgendeiner Form konkret weiter? Ich glaube eher nein, oder?»

«Geäußerte Gedanken deines Hauptkommissarskollegen und früheren Vorgesetzten bringen dich also nicht weiter?», blaffe ich zurück.

«Nur die Gedankengänge des Herrn Meirich haben einen Mehrwert, ja?»

«Hey, jetzt komm mal runter», versucht mich Markus in die Schranken zu weisen.

«Ich komm dann runter, wann es mir passt, ja? Ist das klar?»

Türeknallend verlasse ich den Raum und wundere mich wenig später ein weiteres Mal ein wenig über mich selbst.

Ich renne ziellos durch Alsfeld, verärgert, traurig, ratlos. Weiß nicht, wohin, will am liebsten weg, doch weiß nicht, wo das ist.

Mach dir doch nichts vor, Bröhmann, beschimpfe ich mich, du kannst es nicht, dir wächst alles über den Kopf. Du willst alles besser machen als früher, doch es wird in Wirklichkeit noch schlimmer. Keine Ahnung, wo das alles hinführt, jedenfalls nicht dahin, wo es hingehört. Du gehst einen Schritt vor, dann zwei zurück. Beruflich wie privat.

Und es ist ja auch wahr: Ich zerstöre meine eigene Ehe, und da mir dieses Szenario nicht zu reichen scheint, kratze ich auch gleich noch an der Partnerschaft der Assmanns.

Das Handy klingelt. Es ist Markus. Ach leck mich doch, ich drücke ihn weg. Ich fühle mich allein, einsam, unverstanden, am meisten von mir selbst. Ein Freund, ein guter Freund, der käme jetzt recht, mit so einem nun ein Gespräch führen, das wäre es. Stattdessen gehe ich am Sonntag mit Manni Kreutzer zu einem «Grillsportabend».

Irgendwann erreiche ich den Marktplatz. Ich setze mich ins Marktcafé, bestelle mir um elf Uhr morgens ein Bier, fühle mich dabei männlich und surfe umständlich per Smartphone nach Wohnungsanzeigen.

31. Kapitel
• • •

Eigentlich hatte ich damit gerechnet, dass niemand zu Hause ist, doch aus Melinas Zimmer dringt Musik, oder wie auch immer man zu diesen Klängen sagen möchte. Ich werde alt, denke ich mir. So wie man früher über die böse «Beatmusik» oder den «Rock 'n' Roll» verächtlich den Kopf schüttelte, so schüttele ich meinen heute über das, was aus den Boxen meiner Tochter wummert. Es ist kurz vor zwölf, und ich frage mich, warum sie keine Schule hat. Ich stehe vor ihrer Tür und zögere anzuklopfen. Mann, Bröhmann, jetzt hast du schon Angst vor deiner eigenen Tochter. Dann klopfe ich, und Melina öffnet wenig später die Tür.

«Häh?», blafft sie. «Was machst du denn hier?»

«Das wollte ich dich eigentlich gerade fragen», kontere ich.

«Musik hören! Hörste das nicht?», antwortet sie im berühmten melinaesken Ton, den ich schon fast ein wenig vermisst hatte und der mich in diesem Moment doch zu einer recht weißen Glut treibt.

«Melina, es reicht langsam mal mit diesem Ton. Ich hör mir das sooo nicht mehr lange an.» Mit dem Finger fuchtele ich etwas unbeholfen in der Luft herum.

«Dann, lass es halt bleiben.»

Vor meine Nase fliegt die Tür ins Schloss. Knallend. Ungefähr eine Minute starre ich bewegungslos auf die Klinke, ehe ich, ohne ein zweites Mal zu klopfen, öffne.

«Halloooooo, hab ich dich reingebeten?», keift sie mich nun, auf ihrem Bett liegend, an.

«ES REICHT! MELINA BRÖHMANN, ES REICHT!»

Meine Stimme macht das, was man wohl sich überschlagen nennt.

«Was soll denn das? Ich habe doch nur an deine Tür geklopft und wollte dir hallo sagen, verdammt noch mal. Und dann werde ich von dir gleich wieder angeschissen. Mein ‹Ich-lass-mich-von-meiner-Tochter-anscheißen-Level› ist endgültig im roten Bereich. Verstehst du? Ab jetzt wird zurückgeschissen, klar?»

Ich halte inne. Was rede ich da? Zurückgeschissen ... du liebe Güte.

«Jajaja, auf einmal», brüllt Melina, die sich auf ihrem Bett aufgerichtet hat. «Sonst bin ich dir doch auch scheißegal.»

«Ach Quatsch, das stimmt doch gar nicht, ich ...»

«Doch!»

«Nein!»

«Doch!»

«Nein!»

Kurze Pause, dann: «Doch!» Fräulein Bröhmann hat das letzte Wort.

Nach diesem patzigen Schlagabtausch wird mir mal wieder bewusst, wie ähnlich meine Tochter mir ist. Ich halte es aber für keine gute Idee, ihr das jetzt zu sagen, jetzt wo sie gerade so in Fahrt ist.

«Meinste, ich merk das net, dass du den AA nicht magst? Wie du das Gesicht hinter meinem Rücken verziehst? Blöde Witze bei Mama machst? Meinste, ich bin blöd, nur weil ich erst fünfzehn bin? Mir geht's so was von fuck scheiße, und du hast keine Ahnung. Weil du's gar net wissen willst. Das Einzige, was du von mir wissen willst, ist, was für 'ne scheiß Note ich in Mathe hab. In meiner Schule wird die Schulleiterin umgebracht ... meinste, das geht mir am Arsch vorbei? Und dann soll der kleene Assmann das gewesen sein, der bei mir in die Parallelklasse geht! Und du erzählst mir nix! Machst nur einen auf Superbullen. Dabei macht mich das alles voll fertig ...»

Bei den letzten Worten verwandelt sich Melinas wütendes Schreiorgan in ein zittriges Stimmchen. Sie kämpft verzweifelt mit den Tränen und schaut mich mit ihren großen blauen Augen hilflos an.

Am liebsten würde ich weiterstreiten und ihr sagen, dass das doch alles nicht stimme, was sie mir da an den Kopf wirft, doch ich kann nicht. Denn sie hat recht. Sie beginnt bitterlich zu weinen. Ich setze mich neben sie, umarme ihren zitternden Körper und sage das, was ich ihr viel zu selten gesagt habe, mit leiser, brüchiger Stimme, nämlich, dass ich sie sehr, sehr lieb habe.

Wenig später frage ich: «Hunger?»

Sie nickt.

«Dann lass uns nach Nidda fahren, Pizza essen, o. k.?»

«Von mir aus», murmelt sie in betont gleichgültigem Tonfall.

Während Melina eine Pizza mit Gyros isst und dazu Cola trinkt, habe ich mich für Lasagne und Wasser entschieden. Mein Mittagsbier von Alsfeld sitzt mir noch in den Knochen, wenn man so will.

Ich erzähle Melina von Faton Thaqi und dass Lasse nun in der Kinder- und Jugendpsychiatrie ist.

«Krass», sagt sie da nur. Ohnehin redet sie nicht sehr viel während unseres Mittagessens.

Ein bisschen angestrengt bin ich, etwas übermüht, alles nun besser zu machen und nichts Falsches zu sagen.

«Und? Bei dir? Wie läuft's mit Adrian?»

«Gut», antwortet sie.

«Aha ... schön. Biste also noch glücklich?»

«Ach Dad, lass es gut sein.»

«Aber eben hast du mir doch noch vorgeworfen, dass ich nie frage.»

«Ja, und das haste doch jetzt auch gemacht, und ich hab geantwortet.»

«Ja, stimmt», gebe ich mich geschlagen.

«Jetzt mal ehrlich, Melina, hast du eigentlich geschwänzt heute?»

«Nee, nee», antwortet sie. «Der Schnaps-Munker ist wieder krank.»

«Wie, du hast den Munker?»

«Ei, ja klar, Mannmannmannmann, hab ich doch schon tausend Mal erzählt.»

«Kann sein, ja», murmle ich. Vermutlich hat sie recht.

«Ich treffe den am Sonntag. Auf einer Grillfeier», sage ich und nippe an meiner Espresso-Tasse.

«Na, dann Prost!» Melina macht eine Wegkipp-Bewegung.

Dann düdelt das Handy. Markus. Diesmal gehe ich ran.

Er regt sich auf, wo ich sei, was mir einfiele, einfach abzuhauen und nicht erreichbar zu sein. Ich widerspreche nicht, sage nur kurz: «Manche Dinge sind einfach wichtiger», und schaue zu meiner Tochter, die ihrerseits auch schon längst wieder auf ihrem Smartphone herumdrückt und auf einem Kaugummi herumknatscht.

Markus fügt noch hinzu, dass die Thaqi-Brüder nun in Alsfeld im Revier seien. Ich sage ihm, dass ich gleich da sei, bringe Melina nach Hause, gebe ihr seit Monaten mal wieder einen Kuss und fahre darauf auf direktem Wege zurück in die Polizeidirektion nach Alsfeld.

32. Kapitel

• • •

Das ganze Dream-Team ist versammelt: Kriminaloberrat Onkel Ludwig Körber, Markus Meirich, Teichner, Manni Kreutzer und ich.

Uns gegenüber sitzen Faton Thaqi und sein älterer Bruder.

Mergim Thaqi hat uns gebeten, bei der Vernehmung mit anwesend sein zu dürfen.

Auf einen Rechtsanwalt würden sie zunächst verzichten.

Mergim, deutlich größer gewachsen als sein Bruder, schlank, gelocktes schwarzes Haar, randlose Brille, eröffnet die Runde, ehe wir die ersten Fragen stellen.

«Zunächst möchte Faton etwas sagen», sagt er.

Faton sitzt mit verunsichertem, rastlosem Blick, die Arme vor der Brust verschränkt, da. Er räuspert sich kurz und sagt dann stockend:

«Ich wollte mich entschuldigen für die Flucht. Ich hab überreagiert. War scheiße, ich weiß.»

Er blickt kurz zu Teichner, den er ja mit einem gezielten Tritt in die Weichteile wirkungsvoll schachmatt gesetzt hat.

«Mein Bruder», fährt darauf Mergim mit ruhiger akzentfreier Stimme fort, «tauchte gestern Mittag völlig aufgelöst bei mir im Kinderdorf auf. Wir haben dann gemeinsam beschlossen, dass er sich freiwillig stellt.»

«Sie arbeiten in Wetzlar im Kinderdorf?», fragt Körber, während er in den Ermittlungsakten blättert.

«Ja, und ich lebe da. Mit meiner Frau, die auch Sozialpädagogin ist, betreuen wir dort acht Kinder in Form einer Familiengruppe.»

«Isch könnt das net», rutscht es Kreutzer raus. «Runnumduhr, oder was?»

«Wie bitte?»

«Rund um die Uhr?», wiederholt Manfred Kreutzer.

«In gewisser Weise ja», antwortet Mergim Thaqi gelassen, lächelt sozialpädagogisch, überschlägt die Beine und legt die Hände in den Schoß.

Ich beobachte, wie es in Teichner arbeitet. Dann bricht es aus ihm heraus.

«Sie wollen uns hier einlullen. Das können Se aber knicken. Sie können hier noch so sehr den Gandhi machen. Ich lass mich von so 'nem Rumgesülze nicht einschüchtern.»

Er blickt zu Faton. «Und du brauchst gar net so unschuldig zu gucken, mein Freund. Dich kriegen wir dran.»

«Sind Sie mit meinem Bruder per du?», fragt Mergim mit ruhiger Stimme. «Wenn nein, bitte ich Sie herzlich, beim Sie zu bleiben, auch wenn Sie sich nicht in der Lage sehen, seine Entschuldigung zu akzeptieren.»

Mergim Thaqi scheint der Auftritt Spaß zu machen. Er genießt es, die Situation zu kontrollieren. Ich befürchte ein wenig, dass er mit dieser Art wenig Sympathie ernten wird.

Nun übernimmt Markus Meirich wie erwartet die Gesprächsführung.

Er fragt Faton detailliert, wann er wo sein Handy verloren und wann er es bemerkt habe.

Genau könne er das nicht sagen, antwortet Faton und fuchtelt dabei hektisch mit den Händen in der Luft herum. Entweder sei es ihm bei der Arbeit in der Gederner Werkstatt geklaut worden oder aber im Fitnessstudio.

«Ich hab dem Lasse diese SMS nicht geschrieben, Leute», schwört er. «Wenn ich wirklich mit dieser feigen Sache was zu tun haben sollte, warum soll ich dann so blöd sein, ihm mit meinem Handy was zu schreiben?»

«Was wissen wir denn, wie blöd du bist?», wirft Teichner ein, worauf er von Körber zur Räson gerufen wird.

Kinderdorfvater Mergim hebt beschwichtigend seine Hände.

«Es wäre schön, wenn wir wieder zu einer gewissen Sachlichkeit zurückfinden könnten.»

Nun schalte auch ich mich in das Verhör ein.

«Herr Thaqi, was haben Sie zur Tatzeit, also am 8. April, gemacht? Wo waren Sie da?»

«Da war ich bei meinem Bruder», schnellt es aus ihm wie aus der Pistole geschossen hervor. «Jaja, genau, da war ich bei ihm, gell Bruder?»

Hektisch nickt Faton seinem großen Bruder zu.

«Was soll das, Faton?», erwidert dieser und legt seine Hand auf Fatons Schulter. «Das haben wir doch schon durch. Wir müssen hier nicht lügen. Sag der Polizei die Wahrheit. Sag ihr, dass du alleine zu Hause warst. Du reitest dich sonst in etwas rein, was du gar nicht getan hast.»

«Also kein Alibi?», quäkt Teichner selbstgefällig dazwischen. «Bingo!»

Faton Thaqi schlägt die beschwichtigende Hand seines Bruders weg, springt von seinem Stuhl auf und schreit: «Siehst du, Mergim? Ich hab's dir gesagt, die wollen mich fertigmachen! Die glauben mir nix. Es ist wie immer, ich bin hier der illegale Kriminelle, alle warten nur darauf, dass die mir ans Bein pinkeln können.»

Mergim Thaqi stellt sich vor Faton, packt ihn an den Schultern und versucht, beruhigend auf ihn einzureden. Doch der gerät noch mehr aus der Fassung, entwindet sich dem Griff seines Bruders und tritt mal wieder mit dem Fuß gegen seinen Stuhl.

«Hey, hey, hey», singen wir alle im Chor und bringen ihn mit gesammelter Manneskraft unter Kontrolle.

Das bringt doch so alles nichts, denke ich vor mich hin. Einer von uns muss ihn verhören, nicht vier. Und zwar in aller Ruhe. Faton Thaqi hat anscheinend solch ein Misstrauen gegen deutsche Behörden entwickelt, dass Verhöre dieser Art immer mit cholerischen Panikanfällen enden.

In dem Moment, in dem Markus Meirich das Verhör fortführen will, unterbreche ich ihn und erkläre eigenmächtig das Gespräch in dieser Zusammensetzung für beendet.

Und das gefällt ihm gar nicht, dem Markus Meirich. So bittet er mich in die Teeküche und teilt mir dies recht deutlich mit. Besser absprechen müssten wir uns, sagt er wieder. Doch darum geht es ihm nicht. Ihm geht es darum, dass er allein die Richtung vorgibt. Genau das war mir in den letzten Jahren auch stets sehr recht. Doch da hat sich etwas verändert. Nur ist das bei Markus noch nicht angekommen. Selbst ich habe ja noch Schwierigkeiten, mich daran zu gewöhnen, dass in mir ein Ehrgeiz tobt, diesen Fall aufzuklären. Ein wirklich immer noch sehr neues Gefühl. Erst redet Markus auf mich ein, dann rede ich auf ihn ein. Wir kommen nicht zusammen. Es steht etwas zwischen uns, das so schnell nicht aus dem Weg zu räumen ist. Vor allem, wenn keiner von uns wirklich dazu bereit ist.

Dann reißt uns Teichner aus dieser beklemmenden Situation.

«Ach, hier seid ihr!», ruft er in die Teeküche. «Es gibt brandneue Neuigkeiten-News ...»

Dann kommt es wieder zu einer Teichner'schen Los-nun-fragt-mich-doch-schon-endlich-ich-mach-mich-wichtig-Kunstpause.

«Was denn?», fragen Markus und ich unisono. Jetzt bitte mal eine gute Nachricht, wünsche ich mir. Eine, die uns deutlich in Richtung Aufklärung weiterbringt.

«Echt Leute, das ist soooo goooiiil.»

Auch in Markus' Gesicht erkenne ich die Sehnsucht nach einem Durchbruch bei den Ermittlungen.

Nachdem uns Teichner darauf ungeschützt ins Gesicht gehustet hat, packt er aus:

«Wir machen dieses Jahr unseren Betriebsausflug ... na, ratet mal, genau, nach Kerpen zur Michael-Schumacher-Kartbahn. Yesss, habe ich eben gerade erfahren. Kreutzer und ich haben's bei Körber durchbekommen. Hammer, oder?»

Fassungslos starren Markus Meirich und ich uns an. Und sind uns seit langem mal wieder sehr einig. Nämlich in dem Wunsch, Teichner ein für alle Mal das Maul zu stopfen.

33. Kapitel
• • •

Für fünf Uhr an diesem regnerischen Donnerstagnachmittag habe ich mich mit Stefanie Assmann in der Schottener Teestube verabredet. Beruflich natürlich, ganz offiziell. Doch während ich mein Auto auf dem Parkplatz abstelle, spüre ich wieder eine spezielle Nervosität, die eher wenig mit meinem Beruf zu tun hat. Ich versuche diese Gefühle irgendwohin zu verdrängen, finde aber keinen rechten Platz. Mich interessiert, wie es Lasse in der Psychiatrie ergeht, und ich möchte mehr von ihr über die Thaqi-Brüder erfahren.

Ich bin etwas zu früh, suche mir einen Platz am Fenster und bestelle mir in der Teestube einen Kaffee. Wenig später setzt sich jemand zu mir an den Tisch. Es ist nicht Stefanie, es ist ihr Mann.

«Hallo Herr Bröhmann. Meine Frau ist noch in Marburg bei Lasse, da komme ich als ihre Vertretung. Ich hoffe, Ihre Enttäuschung ist nicht allzu groß?», begrüßt mich Pfarrer Gregor Assmann und streckt mir lächelnd seine Hand entgegen.

Ich lache viel zu affektiert und verneine natürlich diese Frage.

Gregor Assmann hängt sein dunkles Sakko über die Stuhllehne, öffnet den obersten Hemdknopf und bestellt einen grünen Tee.

«Ich habe eben mit Mergim telefoniert», sagt er. «Sie wissen schon, der Ältere der Thaqi-Brüder?»

Ich nicke.

«Er hat mir von Ihrem Verhör erzählt. Auch wenn Faton kein Alibi hat, auch wenn er sich so verhält, wie er sich verhält. Das ist so ein guter Junge, der war das nicht.»

«Das glaube ich ja auch», sage ich. «Aber seine Wutausbrüche, die Attacke gegen meinen Kollegen und seine überflüssige

200

Flucht machen es uns nicht leicht, ihn jetzt einfach laufenzulassen.»

Pfarrer Assmann blickt mir tief in die Augen. So sehr, dass ich dem nicht standhalten kann und meinen Blick abwende.

«Wie geht es Lasse?», schieße ich schnell hinterher und bemerke, wie ich nervös an meinen Fingern herumnestle.

«Schwer zu sagen. Sie haben ihm erst einmal starke Medikamente gegeben, damit er zur Ruhe kommt. Er schläft viel. Wir lassen ihn auch in Ruhe, und vor allem stellen wir ihm zurzeit keine Fragen, die diese Geschichte betreffen. Die Ärzte sagen, er leide unter einer Art Angstneurose. Das ist ein Zustand, in dem er seine Gefühle komplett von sich abkapselt, um diese Ängste nicht spüren zu müssen.»

Assmann atmet tief durch die Nase aus.

«Ich kann hier als Pfarrer nicht mehr arbeiten», sagt er dann und sieht in mein überraschtes Gesicht. «Richtig geheuer war ich den Leuten hier ja noch nie. Kommunisten-Pfarrer wurde ich genannt, als ich hier anfing und Demos gegen den Golfkrieg initiierte. Wissen Sie, ich habe wirklich pausenlos versucht, die Menschen zu erreichen. Ich habe mir den Arsch aufgerissen, Angebote für alle zu machen. Ich wollte auch Menschen für die Kirche gewinnen, die mit Gott nichts am Hut haben. Ich habe versucht, gegen die Kirchenklischees zu kämpfen, dass dort alles so steif und langweilig sei und nur alte Leute hingingen. Ich habe mir eine offene Diskussion gewünscht. Es ist meine Aufgabe, für die Menschen da zu sein, als Seelsorger ... Jetzt kann ich nicht mehr. Ich spüre die Blicke der Leute hier. Wie sie tuscheln, wenn ich durch die Stadt gehe. Keiner, ich wiederhole, keiner ist direkt auf mich zugekommen und hat nach Lasse gefragt ... Ich hab die Schnauze voll, verstehen Sie?»

«Ja», antworte ich, überrascht von seiner Offenheit.

Stumm sitzen wir eine knappe Minute so da, dann sage ich: «Vielleicht wäre es gut, wenn Sie noch einmal ganz genau darüber nachdenken, wer alles mit Ihnen ein großes Problem hat oder hatte. Wenn wir davon ausgehen, dass Lasse bedroht und zu Gewalttaten gezwungen wurde und dass nun auch Faton Thaqi in diese Sache reingezogen wird, dann will vielleicht jemand Ihnen schaden. Vielleicht ging es von Anfang an weniger um Frau Dr. Murnau, sondern mehr um Sie. Ellen Murnau wäre nur das Mittel zum Zweck.»

Gregor Assmann schließt die Augen, denkt eine Weile nach.

«Glauben Sie, dass Lasse auch die Mordtat begangen hat? Seien Sie ehrlich.»

«Ich kann mir das nicht vorstellen», antworte ich.

«Genau, das ist das Problem», erwidert Assmann. «Meine Vorstellungskraft ist auch zum Erliegen gekommen. Wenn ich aber nun an die Worte des Marburger Psychiaters denke, wie dieser erklärt, dass Lasse völlig neben sich stand und seine Gefühle nicht mehr wahrnehmen konnte, dann macht mir das Angst. Das sage ich Ihnen ganz ehrlich. Wer weiß denn, wozu er in diesem Dauerangstschockzustand fähig war? Nennen wir die Dinge doch beim Namen. Eiern wir doch nicht ständig rum. Sprechen wir's doch aus. Also, was läuft da zwischen Ihnen und Stefanie?»

In diesem Moment verschlucke ich mich an meinem letzten Schluck Kaffee und spucke hustend ein paar Reste auf meine Hose.

«Wie … was?», stammele ich hilflos.

«Wissen Sie, ich bin nicht blöd, und vor allem kenne ich meine Frau sehr gut. Ich verstehe ihre Blicke. Ich kann sie in gewisser Weise deuten. Sie, Herr Bröhmann, kenne ich nicht so gut, doch Ihr Gesichtsausdruck und der Schweiß auf Ihrer Stirn geben mir auch eine Antwort. Also, Bröhmann, ich höre?»

«Darf's noch was sein?», unterbricht die Bedienung uns und erntet darauf nur ein stummes Kopfschütteln beider an diesem Tisch sitzenden Herren.

Ich fasse meinen Mut, den ich nicht habe, zusammen und versuche Pfarrer Assmann durch seine kleine runde Brille in die Augen zu sehen.

«Ja, äh, also, da war was, also nicht so wirklich, und das ist auch längst schon vorbei, und … das war alles noch, bevor das mit Lasse und so … es tut mir leid, das hätte nicht passieren sollen dürfen, und eigentlich ist ja auch gar nichts passiert, oder kaum was … ich bin ja auch schließlich, also ich hab ja auch eine … sozusagen eine Frau … ich weiß nicht, was ich sagen soll, aber wie gesagt, das war nix, also schon, aber es ist irgendwie vorbei auch …»

Gregor Assmann lächelt säuerlich. «Sie haben sich in sie verliebt, stimmt's?»

Nun will ich nicht mehr. Jetzt reicht es. Jetzt muss ich weg hier.

Ich stehe auf, sage kurz, dass ich losmüsste, lege noch schnell fünf Euro auf den Tisch und verschwinde gruß- und hilflos.

34. Kapitel
• • •

Franziska und ich tun gekonnt so, als sei nichts. Wir machen einfach weiter. «Iiimmer waidaa», wie Olli Kahn einst philosophierte. Warum auch nicht? Laurin feiert übermorgen Kindergeburtstag mit allem Drum und Dran. Im September soll er eingeschult werden, nachdem es im letzten Jahr bekanntlich nicht klappte. Laurin war damals ein sogenanntes «Kann-Kind», diesen Sommer ist er ein «Jetzt-aber-auf-jeden-Fall-Muss-Kind». Wollen wir ihm da noch zusätzlich eine Trennung zumuten?

Melina steht kurz davor, die 10. Klasse wiederholen zu müssen. Auch da könnte ein wenig familiäre Stabilität nicht schaden. Da kann doch nicht schon wieder einer ausziehen. So geben Franziska und ich uns alle Mühe, das System Familie Bröhmann am Laufen zu halten.

Wir sitzen alle um den Abendessenstisch herum, essen Spaghetti bolognese und trinken Apfelschorle.

Auf Laurins Wunschzettel steht:

1. iPad mit Spielen
2. XBox 360 Kinect oder Playstation 3 oder zur Not auch Nintendo DS
3. Alles von Lego Star Wars
4. Originaltrikot von Messi
5. Snowboard

Wir haben uns für ein gefälschtes Messi-Barcelona-Trikot und einen Schulranzen mit Malblock und Buntstiften entschieden.

So steht mir also ein großes Partywochenende bevor. Zunächst der Kindergeburtstag, am Sonntag dann der Grillsportvereinsabend mit Manfred Kreutzer bei den «Schweinebäuchen e. V.» in Schotten-Rainrod.

Kurz nachdem Laurin nach beendetem Essen ins Wohnzimmer zum Kinderfernsehen abgezogen ist, sagt Franziska zu Melina:

«Du, sag mal, Melina, darf der Adrian an deinen Laptop ran, wenn du nicht da bist?»

«Häh, was?», Melina blickt verwirrt zu ihrer Mutter.

«Ich kam gestern Mittag nach Hause, bin in dein Zimmer, um die Rollläden hochzuziehen, da saß der Adrian vor deinem Laptop und klappte ihn, als ich reinkam, hektisch zu.»

«Mooooment mal», schalte ich mich ein und klinge ein wenig wie Loriot, «wie kommt der denn überhaupt ins Haus?»

Melina zieht ihre Stirn in Falten und blickt mich eine Weile an, schüttelt dann den Kopf, als hätte ich ihr die dümmste und sinnloseste Frage des vergangenen Jahrtausends gestellt.

«Mit 'nem Schlüssel! Oder wie gehst du ins Haus?»

«Ah, so, Adrian hat einen Schlüssel.»

«Nö, aber er kennt das Gartenversteck ... was soll 'n das hier? Hat er das Haus ausgeraubt, oder was? Halloooo, das ist mein Freund.»

Franziska versucht die Situation etwas zu beruhigen. «Das ist doch auch in Ordnung. Wie vertrauen ihm ja auch. Ich fand halt nur komisch, dass er an deinem Computer rummachte, während du nicht da warst.»

Melina sagt: «Ist das meine Sache, oder ist das meine Sache?», steht auf und geht zielstrebig in die innere Emigration ihres Kellerzimmers.

Manch einer stürzt sich an Seilen in den Abgrund oder besteigt den Mount Everest. Andere trainieren für einen Triathlon, machen Urlaub in Survival-Camps, fahren auf kleinen Booten durch wilde Wasser oder gehen zur Fremdenlegion. Ganz andere brauchen so etwas nicht, denn sie führen mindestens einmal pro Jahr einen Kindergeburtstag durch. Dort haben sie Überlebens-

kampf, Abenteuer, Nervenkitzel und Thrill – und das alles ge-
bündelt in straffen fünf Stunden.

Auch wir haben so etwas gerade hinter uns gebracht. Der
letzte Vater karrt den letzten Gast hinweg, und mein Abschieds-
schmerz hält sich in Grenzen.

Laurin wurde sieben, eingeladen wurden 11 Jungs. Die eigentlich sinnvolle Regel, dass so viele Kinder wie Lebensjahre kommen dürfen, haben wir leichtsinnigerweise, selbstüberschätzend
nicht mehr befolgt. Für Laurin stand im Übrigen im Vorfeld
schnell fest: Keine Mädchen! Keine Diskussion!

«Aber Laurin, warum denn?», fragte Franziska letzte Woche.

«Schau doch mal, die Larissa ist doch eigentlich eine ganz
dicke Freundin von dir, die magst du doch so gerne.»

«Ja, aber die ist doof.»

Ach so.

Gerade noch so konnte Laurin es für sich akzeptieren, dass
seine Mutter an der Feier teilnehmen würde, während nebenbei
meine heimliche Hoffnung, dass wenigstens ein paar der Jungs
kurzfristig noch absagen würden, rasch zerschellte.

In nur wenigen Minuten brachen dann gegen 15 Uhr zwölf
junge Burschen im Alter von süßen sechs bis acht Jahren, inklusive des eigenen, wie ein Orkan über mich, Franziska, Berlusconi und unsere Doppelhaushälfte hinein. Melina machte das
einzig Richtige. Sie flüchtete.

Laurins Kinderzimmer wurde in rasantem Tempo komplett
umgestaltet. Während vier Kinder geschlossen mit dem Latten-
rost vom Hochbett krachten, betätigten sich die anderen acht
mit Wasserpistolen, Fangspielen, Playmobil und Kinder-Cat-
chen – das alles gleichzeitig und auf 15 Quadratmetern.

Als ich zum Kaffeetrinken ohne Kaffee aufrief, hörte mich
keiner. Als ich ein zweites Mal noch lauter zum Kaffeetrinken
ohne Kaffee aufrief, hörte mich noch immer keiner. Daraufhin
holte ich aus dem Keller ein altes Polizei-Megaphon, wagte mich

ein drittes Mal in Richtung des Schlachtfeldes und röhrte meinen Aufruf durchs Megaphon. Ein großer Erfolg!

Nach etwa sechs Minuten stellten wir allerdings nüchtern fest, dass Vor- und Nachbereitungszeiten bei kindergeburtstäglichen Festessen in krassem Gegensatz zu dem eigentlichen Speiseakt stehen.

Launige Spielklassiker wie «Topfschlagen», «Eierlaufen» oder «Sackhüpfen», die auch schon vor dreißig Jahren eigentlich keinem so richtig Spaß gemacht haben, wurden schon im Vorfeld abgelehnt. Auf dem Programm stand nun ein Fußballmatch. Wir verstauten illegal zwölf Kinder in zwei Autos und fuhren zum Bolzplatz.

Nur so viel: Ich war erleichtert, dass alle 24 Beine noch vollzählig waren und nach dem Spiel wenigstens annähernd so aussahen wie vor dem Spiel. Ja, es war ein hartes Spiel, meine launigen Späße, als Torwart einen Ball mit Absicht durchzulassen, kamen auch hier nicht so richtig gut an.

Wenn man zu Kindergeburtstagen einlädt, muss ein gewisser Standard erfüllt werden. Es reicht schon lange nicht mehr, einfach ein paar Kinder einzuladen, diese spielen zu lassen und sie anschließend mit Pommes frites und Würstchen zu mästen. Nein, es muss ein Event kreiert werden. Da ich Funparks mit Riesenrutschdingern und Megahüpfburgen strikt ablehne, mussten wir uns etwas anderes einfallen lassen. Wieder stopften wir die Kinder in zwei Autos und fuhren auf den Hoherodskopf und ließen sie Sommerrodeln.

Das Problem war nur, ein so sonniger Wochenendtag lässt auch andere Gruppen auf diese Idee kommen. So verbrachten Laurin und seine Freunde die meiste Zeit mit dem Anstehen in einer Schlange. Doch sie schienen alle trotzdem zufrieden zu sein, die Burschen. Es sei denn, es fuhr eine vorsichtige Mutter mit Kleinkind auf dem Schoß mit Tempo 4 die Bahn herunter. Dann staute es sich doch recht gewaltig, und da es Überholmöglichkeiten nicht wirklich gibt, wurde diese arme Frau hinter ihrem Rücken von all den kleinen Großmäulern übel beschimpft.

Irgendwie sind wir dann vom Hoherodskopf wieder heimgekehrt, irgendwie roch es dann nach Pizza, irgendwie landeten Pizzastücke unter dem Tisch, irgendwie füllten wir nebenbei Geschenketütchen für jedes Kind und ließen kritische Stimmen wie die von Jannik: «Also, bei meinem Geburtstag gab's viel mehr», gelassen an uns abprallen. Irgendwann tauchten plötzlich nach und nach andere Erwachsene auf, die Stück für Stück die Wohnung leerer und stiller machten.

Und nun plötzlich sitzen wir nur noch zu dritt da. Es ist inzwischen ganz ruhig. So ruhig, dass Berlusconis leises Schnarchen zu hören ist. Laurin ist glücklich, Franziska kocht einen Tee, und ich bin erleichtert, erschöpft und trinke in drei Schlucken eine Flasche Bier aus.

Franziska lächelt mich müde an. Ich lächle zurück. Ich greife über den Tisch nach ihrer Hand. Sie umfasst meine und hält sie minutenlang fest. Danach bringen wir unser vor Glück strahlendes Geburtstagssöhnchen ins Bett, halten uns beide an der Hand und wünschen uns, dass dieses Gefühl ruhig einmal für immer anhalten möge.

Hi Mara,

ich weiß gar nicht, wo ich anfangen soll. Wie konnte ich mich in dem Arsch nur so täuschen??? Ich weiß nicht, wo ich mein Hirn gelassen habe! Ey Mara, du denkst bestimmt, ich spinne, und du hast recht.

Es ist aus!! Also jetzt noch nicht offiziell, aber ich werde Schluss machen ... definitiv!!!!!.

Also von vorne:

Mom sagt mir vorgestern, dass AA in meinem Zimmer an meinem Laptop saß ... der Penner hat in meinem Kram rumgeschnüffelt. Mom hat ihn dabei erwischt. Ich hab ihn gestern drauf angesprochen. Erst hat er alles abgestritten, dann hat er sich aber verquatscht. Er hat meine Mails gelesen. Wie kann er so was machen??? Ich hatte vergessen, mich bei facebook auszuloggen, auch beim schüler vz, von dem aus ich an Lasse geschrieben habe. Weisste noch? Ich hatte dem doch geschrieben, weil er mir voll leidtut.

Und der AA hat von dieser Nachricht gewusst. Er hat den Spieß einfach umgedreht und rumgelabert, ich würde ihn hintergehen und so und andern Jungs schreiben. Was mir einfiele. Ich bin voll ausgerastet, hab ihn angeschrien und alles. Und weisste, was er dann gemacht hat? Er hat mich fest am Arm gepackt, so dass es echt weh getan hat, und mir gesagt, dass ich eine blöde Bitch wär, dass ich ihn nicht verdient hätte und so und dass er keinen Bock mehr auf diesen Kindergarten hat. Und ich würde ihn nicht respektieren, da ich dir, also dir, Mara, schlecht über ihn geschrieben hätte. Und weisst du, was er dann gesagt hat? Ich müsste mir schon was ganz Besonderes einfallen lassen, dass er mir verzeihen könnte. Und dann hat er so blöd gegrinst ... weisst schon wie. Ich konnte gar nix sagen und bin sofort heim. Ich versteh das nicht, das war doch nicht der AA, den ich kenne?!, Eins sage ich dir, noch heute mach ich Schluss und dann wünsch ich ihm die Scheiße an den Hals.

Kisses Mel

35. Kapitel

• • •

Neun gestandene Vogelsberger Schweinebauchmänner sind bereits da, als ich gemeinsam mit Manfred Kreutzer das Grundstück des aktuellen Spare-Ribs-Vereinsmeisters Ludger Munker betrete. Ich blicke mich um, sehe einen irrsinnig großen Grill, eine Holzgartenhütte und auf der kleinen Grünfläche ein paar Bierbänke und einen Holztisch herumstehen. Auf dem Tisch liegen Berge von eingepacktem Fleisch, Baguettebrot und daneben zwei Fertigsalatpackungen.

«Servus Lusi», begrüßt Kreutzer den Gastgeber, den sie in der Schule nur den Schnaps-Munker nennen. «Das ist ein alter Kumpel von mir», knödelt Manni weiter und deutet auf mich.

«Den kenn ich doch», erwidert Munker, aus dessen Mund bereits jetzt, um 18.11 Uhr, eine gehörige Fahne weht.

«Sie hab ich doch schon mal in der Schule gesehen, oder nicht?», lallt er.

«Jaja», antworte ich, «kann gut sein, meine Tochter geht in die Vogelsbergschule.»

«Ah ja, dann mein herzliches Beileid», sagt Munker und lacht.

Immerhin, denke ich. Das hat ja schon mal geklappt. Ich kann hier tatsächlich inkognito den Kreutzer-Grillkumpel spielen und wie ein verdeckter Ermittler versuchen, etwas aus Munker herauszubekommen. Munker ist ein enger Vertrauter von Bernhard Dohmknecht, dem Intimfeind von Ellen Murnau. Aber wenn ich ehrlich bin, so ganz genau weiß ich eigentlich nicht, was ich hier noch groß erfahren soll, was wir nicht ohnehin schon wissen. So ganz klar ist mir nicht, warum ich diesen Sonntagabend mit Männern verbringe, die andächtig um einen großen Schwenkgrill herumstehen, Bierflaschen in den

Händen halten, Schürzen tragen, auf denen ein Vereinswappen prangt, und über die Qualität des lodernden Feuers philosophieren.

«Isch dät noch 'n Momentsche watte», quakt ein kleingewachsener rotgesichtiger Schweinebauch mit Halbglatze in die Runde. «Das braucht noch e bissi.»

Alle nicken andächtig und starren nun schweigend, nahezu rituell auf das Feuer.

Ludger Munker, der eine vergilbte Bayern-München-Schirmmütze auf seinem blond gefärbten Haupthaar trägt, drückt Kreutzer und mir jeweils eine Flasche Bier in die Hand.

«Ist ja auch net offiziell heut. Da sind Gäste erlaubt», sagt er, nimmt einen weiteren Schluck aus der Flasche und zündet sich eine Zigarette an.

Der Höflichkeit halber frage ich in die Runde, wie lange es denn diesen Grillverein schon gebe.

«Grillsportverein», berichtigt mich ein bodenständiger, vermutlich im Rentenalter befindlicher rüstiger Erwin frei von Ironie mit erhobenem Zeigefinger.

Ich lasse mir darauf erklären, dass die «Schweinebäuche» regelmäßig mit anderen Vereinen um diverse Meisterschaften grillen. Ich finde das sehr lustig, doch außer mir sieht das sonst niemand so. Dieser Sport wird sehr, sehr ernst genommen, da ist kein Platz für laue Späßchen, das wird mir sehr schnell klar. Heute allerdings sei nur lockeres Grillen angesagt, täte auch mal gut, sagt dieser Erwin, einfach mal Grillen ganz ohne Druck.

Als ich allerdings frage, ob ihre Frauen auch manchmal mit von der Partie wären, da ist das Gelächter groß. Nein, nein, heißt es, das sei satzungsgemäß verboten. Frauen und Grillen, krakeelt Ludger Munker, das sei so ähnlich wie Frauen und Fußball.

Haha, macht da geschlossen die Männerrunde.

Und schon gibt es die nächste Runde Bier, und die ersten watzig-speckigen Fleischstücke brutzeln fetttriefend auf dem Rost. Ich packe meine dürren Bio-Hähnchenpaprikaspieße aus und möchte sie gemeinsam mit der Aluunterlage auf den Rost stellen, da wirft sich mir ein entsetzter Siggi mit Vollbart in den Weg.

«Was ist das dann?», brüllt er. «Bist du dann verrückt geworden?»

«Ich verstehe nicht», gebe ich zaghaft zurück.

«Ey Leute, guckt mal er hier», ruft er die restliche Runde zusammen. «Sach mal, Manni, wen hast du denn da mitgebracht? Ich glaub's net ... ALUFOLIE, hier guckt mal, Gemüse auf ALUFOLIE. Ja, sache mal, bist du schwul oder was ... und kommst aus der Stadt? Häh? Hast bestimmt ein' Elektrogrill auf'm Balkon stehe?»

Alle lachen.

Stimmt, denke ich, habe ich.

«Hier, versteh mich net falsch, ich hab nix gegen unsere warmen Brüder, ehrlich net, aber ALUFOLIE, ja gibt's das denn? Nebenbei gesacht, Hähnschebrüstsche gelten bei uns als Gemüs! Passt acht, als Nächstes packt er eingelegte Schampingjongs aus, haha, mit Schafskäs ...»

Der bärtige Siggi kriegt sich nicht mehr ein.

«Du bist ein Studierter, oder? Ein Professor oder so was, hä? Oder ist der auch ein Pauker, so wie du, Ludger?»

So richtig lustig finde ich es inzwischen eigentlich nicht mehr, doch den anderen Kampfgrillern geht das anders. Nur Kreutzer scheint sich ein wenig zu schämen und es inzwischen wohl auch zu bereuen, mich mitgeschleppt zu haben. Immer wieder höre ich spöttisch die Worte «ALUFOLIE» und «Gemüs» die Runde machen. So weiß ich mir nur mit einem weiteren Bier zu helfen, ehe mir Erwin an die Schulter greift und mit saurem Mundgeruch zuflüstert:

«Isch hätt damals aach an die Uni gehen könne ... wenn isch quasi gewollt hätt, will sache, das heißt, wenn isch die Schul fertig gemacht hätt und misch irgendwas interessiert hätt, dann wär isch aach studiern gegange ... fast. Doch isch hab das net nötig. Was isch vom Lebe weiß, das reischt mir, prost!»

«Prost», antworte ich und höre von hinten wieder «ALU-FOLIE».

Nun legt Erwin seinen ganzen Arm um mich.

«Das Lebe heutzutach iss ja so zeitschnellig ... ähh zeitlebig, ähhh schnellzeitig geworde, oder? Nix iss mehr so, wie's mal war, oder? Und wir? Wir werden aach net jünger, was?»

Ich lache etwas unbeholfen und versuche mich aus seiner Umklammerung zu lösen.

«Ei ja, Sie lache! Komm du mal in mein Alter. Wobei isch mich schon gut gehalte hab, oder? Also, wenn isch morgens in de Spiegel guck, sach isch meiner Frau immer: Für mei Alter sehe isch noch rischtig gut aus ... wenn man mal vom Bierbauch, der Glatze, der schlaffe Haut und de Krampfadern absieht, hähäh, weißte, also, wissen Sie, äh, wie isch mein?!»

Kurze Zeit später sitzen wir alle Schulter an Schulter an einer Biertischgarnitur. Eines meiner Lieblingswörter: Biertischgarnitur.

In einer Hinsicht verhalte ich mich an diesem Abend wie alle anderen: Ich trinke viel zu viel Bier. Trotz Alufolie und Hühnerbrüsten.

Dann packt Manfred einen halben Hirsch aus seiner Kühltasche. «Hier Freunde, Obacht», ruft er in die Runde, «isch zeig eusch mal was. Isch demonstrier jetzt mal eine ganz neue Schnetzelteschnik. Hab isch mir letzte Woche vom Norbert von der Metzgerei Beiler zeige lasse. Ludger, geb mir mal dein Grillmesser.»

Munker, der inzwischen, seinem Spitznamen alle Ehre machend, kleine Schnapsgläschen auf dem Biertisch verteilt, stößt kurz auf.

«Was?», bringt er hervor.

«Ei, isch brauch mal dein Grllmssr», wiederholt Kreutzer.

«Mein Messer, ach so, das ist net da ...»

«Wie? Dein Messer ist net da. Das gibst du doch nie aussm Haus, so wie der Geiger sei Vadistradi auch net aus der Hand gibt», labert Manfred und knetet mit den Fingern in seinem Hirsch herum.

«Ich hab's beim Schleife ... Prost, ihr Leut!»

Ludger Munker wirft den Kopf in den Nacken, eröffnet die erste Schnapsrunde und setzt sich direkt neben mich. Eine gute Chance, denke ich, mit ihm ins Gespräch zu kommen.

«Äh, Herr Munker ...»

«Ich bin der Ludger. Prost!»

Nach ein paar einführenden Worten über das Grillen und das Biertrinken komme ich zur Sache: «O.k., gut, Ludger, sag mal, das mit der Schulleiterin ist ja ganz schön schlimm, was? Ein Schüler soll die doch erstochen haben, nicht wahr?»

Ludger Munker blickt mich betrunken an.

«Jaja, furchtbar, das alles.»

«Man sagt ja, ihr Nachfolger, der Dohmknecht, hätte ja nicht unbedingt das beste Verhältnis zu ihr gehabt, ne?», versuche ich es weiter.

«Ein Messer, ich brauch ein Messer», ruft Kreutzer quer über den Tisch, immer noch den rohen Hirsch vor sich.

«Weißte, die Murnau, das war so 'ne Tausendprozentige», lallt Munker, «so 'ne Aufsteigerin, die alles besser weiß. Hat sich über uns alle gestellt, aber selbst ..., na ja, man soll über die Toten nicht schlecht reden.»

Ich nicke. Genau den Satz hatte ich von Bernhard Dohmknecht auch hören müssen.

«Aber eins kann ich dir sagen, die Stimmung in der Schule ist jetzt viel besser ... bei allen, Lehrern und Schülern.»

«Aha», sage ich und stelle fest, dass ich der Einzige bin, der von dem Salat isst.

«Wie soll isch eusch denn zeige, wie man heutzutaach am beste Hirschgulasch macht, wenn isch kein Messer hab», schreit immer noch der Kreutzer Manni.

«Ei, wart doch die Pfeiff ab», bellt Munker zurück und torkelt in Richtung Haus, ehe er wenig später mit einem Küchenmesser in der Hand zurückkommt.

«Was ist das denn?», blökt Kreutzer. «Das ist doch kein Messer! Das ist ein Zustand! Isch brauch ein vernünftiges Grillmesser, verdammt noch mal. Seit wann gibst du denn dein Messer zum Schleife weg? Du machst das doch sonst immer selbst, oder net? Wie soll isch denn damit den Hirsch kleinkriege?»

Dann klingelt mein Handy. Stefanie. Ich klettere von der Bierbank, entferne mich weit genug von den Schweinebäuchen und dem toten Hirsch und nehme das Gespräch an.

«Hallo Henning ...»

«Hallo Stefanie ...»

«Du klingst so komisch. Ist irgendwas?», fragt sie.

«Was? Wieso? Wassmeinsssu?»

«Bist du betrunken?»

«Was?»

«Ob du betrunken bist?»

«Ach so, ja nee, weiß nicht, ein bisschen. Ich bin bei den Schweinebäuchen, Grillsport machen ...»

Ich höre sie lachen.

«Dann reden wir wohl besser wann anders, was?»

«Nee, warte kurz, nicht auflegen, das geht schon ...»

«Ich wollte mich eigentlich nur entschuldigen, dass ich neulich nicht in die Teestube kommen konnte. Ich wollte einfach noch länger bei Lasse sein. Ich hatte dir eine SMS geschrieben, doch ich habe sie aus Versehen an eine Freundin geschickt. Habe es erst zu spät gemerkt. Warst wahrscheinlich dann sehr überrascht, als Gregor stattdessen plötzlich kam, was?»

«Ja, das ... war ich wohl, ja.»

«Er erzählte mir, dass ihr euch gut unterhalten und euch auf den neuesten Stand gebracht hättet.»

«Das haben wir, ja ...»

Wieder höre ich sie lachen.

«Lass uns wirklich wann anders reden. Du bist ja hackedicht. Ich melde mich. Tschüüüs.»

«Tschüs», sage auch ich, ungefähr eine Minute, nachdem Stefanie das Gespräch beendet hat. Ich schüttele kurz verwundert meinen Kopf und kehre zur illustren Herrenrunde zurück.

«Und?», ruft mir Erwin zu. «Macht die Regierung daheim schon Stress?»

Ich grinse blöd, sage «Nein, nein» und beschließe, weiter am fröhlichen Biertrinken teilzunehmen.

Ich lausche betrunken dem dummen Geschwätz und beobachte, wie Kreutzer fluchend und von allen unbeachtet mit dem Küchenmesser im Hirsch herumstochert.

Jeder bekommt den Sonntagabend, den er verdient, denke ich. Und diesen hier, den habe ich mir redlich verdient.

Nach und nach löst sich die Runde auf. Die meisten der Männer schlagen mir zum Abschied mit der flachen Hand auf den Rücken, nicht ohne noch einmal das Wort «Alufolie» von sich zu geben.

Ich habe den richtigen Moment verpasst und versacke still vor mich hin.

Ludger Munker liegt in einem Gartenstuhl auf seiner Terrasse und schnarcht. Manni Kreutzer torkelt ziellos durch den Garten und murmelt «Bier, wo issn noch Bier?» vor sich hin. Alle anderen haben bereits den Heimweg angetreten.

Im Adressbuch meines Handys suche ich verzweifelt nach einer Taxinummer.

«Henning, kohommm, ein Bier trinken mer noch, oder?», lallt mich Manni von der Seite an.

«Issss doch keins mehr da», lalle ich zurück.

«Komm mit», fordert mich Kreutzer auf und zieht mich am Unterarm weg von der Bierbank. «Mir gugge da mal im Schuppe, da hat der Ludger bsch…schtmmt, be…stimmt noch Nachschub, da bin isch sischer.»

Ich grinse debil in die Nacht und folge meinem neuen besten Freund.

Kurz nachdem wir Munkers Gartenhaus betreten habe, stolpert Kreutzer gleich einmal über den Rasenmäher. Ich kichere albern und suche torkelnd nach einem Lichtschalter.

«Auaaua», macht Kreutzer, steht aber wieder auf und führt die Alkoholsuche im Dunkeln fort und ruft: «Isch seh nix, isch seh nix.»

Ich lache überdreht wie ein Teenager. Dann trete ich in einen Eimer voller Sand, bleibe mit dem Fuß hängen, verliere das Gleichgewicht und stürze zu Boden. Diesmal mache ich «Aua, aua» und Kreutzer lacht.

Ich spüre einen stechenden Schmerz in der linken Wade, greife in mein eigenes Blut und wundere mich durch den Suff bedingt leicht verzögert. Ein wenig nun haben sich meine Augen an die Dunkelheit im Schuppen gewöhnt. Neben meinem Bein sehe ich ein Messer liegen. «Scheiße», rufe ich. «Manni, ich hab mich verletzt, hier … an dem scheissss Messsser hier.»

Manni Kreutzer hat sich inzwischen erfolgreich zu mir durchgekämpft.

«Ei, ei, ei», sagt er, «du sollst Bier suche und net … ach, da isses ja, das Grillmesser vom Ludger. Ja suuuuper, da kann isch eusch ja doch noch zeige, wie man den Hirsch am beste schnetzelt …

217

der Lügebeutel, der Munker, behauptet der doch, das Messer sei beim Schleife ...»

«Die Murnau, die Murnau», murmle ich leise vor mich hin, während ich meine Beinblutung mit einem Taschentuch zu stillen versuche. Nachdenklich betrachte ich das lange Grillmesser. «Ellen Murnau wurde mit einem langen schmalen Messer erstochen ... Manni, hörst du? Munker, das Messer, er war's. Er hat Ellen Murnau erstochen und das Messer hier versteckt.»

Dann blendet mich plötzlich helles Licht, und Ludger Munker steht an der Tür des Gartenhauses. Mir wird schwindelig.

«Was ist denn hier los?», ruft er mit weit aufgerissenen versoffenen Augen.

«Stimmt das?», lallt Kreutzer. «Hasssduuu die Murnau erstoche?»

Munker blickt panisch zunächst auf das Grillmesser, das ich vorsorglich in meiner Hand halte, und dann auf mein blutendes Bein.

Drei hochgradig betrunkene Männer in einem engen Raum, die ein solch diffiziles Themengebiet bearbeiten müssen, das kann nicht gutgehen. Recht habe ich, denn Ludger Munker greift nach der im Wandregal liegenden Heckenschere.

«Langsam, langsam», versuche ich zu deeskalieren, «machen Sie keinen Blödsinn.» Aufgrund der neuen Sachlage bin ich wieder zum unpersönlicheren «Sie» zurückgekehrt. Und ich bin auch gleich weniger betrunken. «Herr Munker, legen Sie das Dings da weg», rufe ich, «ich bin von der Bohlizei, Bröhmann, Hauptkommissar.»

Wie von Sinnen starrt Munker uns an.

Dann steckt er das Stromkabel der Heckenschere in die Steckdose.

«Herr Munker, hören Sie doch auf damit!», rufe ich und versuche mühsam mich aufzurichten.

«Hinsetzen», schreit er. «Die hat mich zur Weißglut getrieben, die Murnau. Fertigmachen wollte die mich. Ich sollte in die Klapse, wegen Saufen und so. Ich würde ahallgoholisiert in die Schule kommen, und wenn ich net das machen würde, was sie verlangt, dann würde sie mich sspenso...supenso...suspendieren. Von oben herab war die ... Ich wollt ja nur noch mal mit ihr reden ...»

«Reden? Mit einem Grillmesser in der Hand?», entgegne ich, im Turbotempo ausnüchternd.

«Ich wollte das doch nicht. Nur ein bisschen drohen, dass sie das alles sein lässt, mit Kündigung und so ... Scheiße, ich hab dann die Nerven verloren, diese hochnäsige Art da ... vielleicht hatte ich auch zu viel intus ...»

Sehr vielleicht, denke ich.

«Ich hab da mal 'ne Frage», schaltet sich Manfred Kreutzer ein. «Was genau hast du mit der Heckenschere vor?»

«Was weiß ich?», schreit Munker nun. «Was hab ich denn noch zu verlieren?» Dann schaltet er das Gerät ein.

Hektisch krame ich nach meinem Handy und tippe die Notrufnummer.

«Handy weg!», kreischt er. Ich werfe es zur Seite. Er kommt mit der laufenden Heckenschere auf mich zu. Kreutzer versucht die Gelegenheit beim Schopfe zu packen und durch die Tür zu fliehen.

«Hiergeblieben», schreit der betrunkene Ludger Munker, springt Kreutzer hinterher, erwischt ihn eher versehentlich mit der Heckenschere an der Hüfte. Schreiend stürzt Kreutzer zu Boden und krümmt sich so theatralisch wie Arjen Robben nach einem leichten Foul. Ich springe, mit dem Grillmesser bewaffnet, hinterher, steche Munker mit voller Kraft in den Oberschenkel, worauf dieser die Heckenschere fallen lässt und gleich darauf mit Kreutzer gemeinsam blutend auf der Erde liegt.

Ich rufe Notarzt und Kollegen, lehne mich an die Wand und blute mit.

Ein paar Minuten später treffen die Sanitäter ein.

Einer fragt: «Was ist denn bitte hier passiert?»

Ich antworte: «Ein Heckenscherenmassaker», dann kotze ich ihm vor die Füße. Wenig später frage ich mich: Habe ich das wirklich gerade selbst erlebt, oder ist das ein weiteres Kapitel aus Kreutzers Roman?

36. Kapitel

• • •

Es kommt eher selten vor, dass bei einer Pressekonferenz der Polizeidirektion Alsfeld über 60 Journalisten anwesend sind. Ein paar weniger hätten es auch getan, denke ich mir, als ich von einem langen Tisch aus, an dem neben mir noch Markus und Onkel Ludwig Körber Platz genommen haben, in die Runde schaue und auf die Fragen der Presse- und Radiomenschen warte.

«Hatten Sie Ludger Munker schon länger im Verdacht?», fragt ein junger Mann, der mit einem albernen großen gelben Mikrophon vor mir rumfuchtelt.

«Ja», antworte ich, ohne rot zu werden. «Ich hatte diesen Verdacht schon sehr lange, konnte ihm aber nichts nachweisen. Daher habe ich mich dann als verdeckter Ermittler auf seine Hausparty einschleusen lassen.»

Aus dem Augenwinkel sehe ich, wie Markus Meirich neben mir das Gesicht verzieht.

«Das ist die große Schwierigkeit», fasele ich weiter, «der diffizile Balanceakt der Polizeiarbeit: zielstrebig und schnell zu arbeiten, dabei stets den Überblick zu bewahren, die nötige Geduld aufzubringen, sein Pulver also nicht zu früh zu verschießen und dann im richtigen Moment entschlossen zuzugreifen.»

Ich amüsiere mich sehr über mich selbst. Ich werfe mit Sätzen um mich, die mein Vater in seiner Glanzzeit nicht besser hätte formulieren können.

«Wie geht es Manni Kreutzer?», fragt ein weiterer Journalist. Vermutlich ein früherer Kollege von Kreutzer.

«Auf dem Weg der Besserung», antworte ich und drehe gewichtig mit dem Kugelschreiber in der Luft herum. «Er kommt morgen wieder aus dem Krankenhaus.»

«Laut seiner Aussage», wirft eine junge rothaarige Frau von hinten ein, «hat er Ihnen das Leben gerettet, indem er sich vor die Heckenschere schmiss, nachdem Ludger Munker auf Sie losgegangen ist. Haben Sie sich schon bei ihm bedankt?»

Ich denke daran, wie er in Wahrheit feige aus der Gartenhütte fliehen wollte und von Munker mit der Heckenschere aufgehalten wurde. «Selbstverständlich», sage ich.

«Können Sie bitte noch einmal etwas zum Motiv sagen?»

Ich berichte davon, wie Ellen Murnau Ludger Munker mehrmals dazu aufrief, etwas gegen seine Alkoholsucht zu unternehmen. Dass sie ihm einen Aufenthalt in einer Suchtklinik zur Auflage machte und bei Verweigerung nicht davor zurückgeschreckt hätte, eine Kündigung auszusprechen. Am Tag ihres Todes habe er ihr drohen wollen, um sie von ihren Plänen abzubringen. Da sie sich aber ganz unnachgiebig zeigte, spürte Munker, dass sie es ernst meinte. Da stach er zu. Ob mit Vorsatz oder nicht.

Zwischen meinen Ausführungen nippe ich immer wieder bedeutungsschwanger an meinem Glas.

«Hat er auch etwas mit den Anschlägen auf Frau Murnau zuvor zu tun?», wird dann gefragt.

«Das prüfen wir noch», antworte ich, setze wieder einen wichtigen Gesichtsausdruck auf und blicke hinüber zu meinem Kollegen Markus Meirich, der, von meiner Show genervt, so neutral wie möglich zurücknickt.

Als wenig später Onkel Ludwig Körber die Pressekonferenz für beendet erklärt, sehe ich am Türausgang meinen Vater stehen.

Es kam bisher äußerst selten vor, dass ich mich über ein überraschendes Erscheinen meines Vaters auf meiner Arbeitsstelle gefreut habe. Diesmal ist es so.

Entschlossen gehe ich auf ihn zu, um ihn zu begrüßen.

Er blickt knapp an mir vorbei und sagt: «Bescheidenheit ist eine Zier, Junge! Man muss nicht hergehen und sich mit einem

Ermittlungserfolg vor der Presseschar auf diese Art brüsten, wie du es getan hast.»

Danach schreitet er auf Markus Meirich zu, reicht ihm freundlich die Hand und verwickelt ihn in ein längeres Gespräch.

Wir überlassen es Teichner, seinen geliebten Faton Thaqi aus der vorübergehenden Haft zu entlassen. Es gibt keinen Grund mehr, ihn festzuhalten, auch wenn noch immer offen ist, wer wie und warum von seinem Handy aus Lasse eine SMS geschrieben hat. Doch der Mord ist aufgeklärt, zugegebenermaßen mit mehr Glück als Verstand. Aber wie sagen die Fußballbundesligatrainer immer völlig zu Recht? Man muss sich das Glück auch erarbeiten. Man muss eben auch einmal bereit sein, sich selbst zu erniedrigen und sich auf Grillfeiern dieser Art zu wagen.

Am späten Nachmittag im Verhörzimmer unserer Polizeidirektion scheint es, als säße Markus Meirich und mir ein komplett anderer Mensch gegenüber als der Ludger Munker, der vorgestern volltrunken in seinem Gartenhaus wütete. Stattdessen hockt ein gebrochener, stiller, in sich gekehrter Fünfzigjähriger mit grauem, dünnem Haar und traurigen, erschöpften, rot unterlaufenen Augen vor uns.

«Was würde ich alles dafür tun, das ungeschehen zu machen», flüstert er brüchig. «Scheiß Suff!»

Er nippt an seinem Wasserglas und starrt an uns vorbei auf irgendeinen Punkt an der Wand.

«Also noch mal», setzt Markus an, um das Geständnis, diesmal in nüchternem Zustand, abzuschließen. «Sie klingelten bei Ellen Murnau. Die ließ sie hinein, und was dann?»

«Ich wollte mit ihr reden. Doch ich Idiot war hackedicht. Ich wollte sie einfach dazu bringen, ihre Drohung fallenzulassen.»

«Die Drohung, dass sie Ihnen kündigt, sollten Sie sich nicht umgehend bei einem Entzug anmelden?», frage ich nach.

Munker nickt. «Wissen Sie, ich denke immer, ich kann jeden Moment aufhören. Oder dass man mir die Trinkerei nicht anmerkt. Und ich sage Ihnen was ... die letzten Jahre habe ich die Schüler nur im Suff ertragen.»

«Wieso hatten Sie ein Messer dabei?», fragt Markus.

«Ach, ich war verzweifelt. Ich hatte einfach Schiss, dass ich den Job verliere. Obwohl ich ihn hasse. Mein Gott, nur noch acht Jahre, dann wäre ich in Frühpension gegangen. Das hätte ich doch auch noch irgendwie rumgekriegt. Ich wollte ihr wirklich nur drohen. Aus purer Verzweiflung. Ach, was weiß ich, was ich damit bezwecken wollte. Ich war voll. Ich habe komplett die Kontrolle verloren. Plötzlich steckte das Messer in ihrem Bauch. Wie es genau dazu kam, weiß ich nicht mehr, Filmriss!»

Munker bricht ab und verbirgt sein Gesicht hinter seinen Händen, ehe er mit etwas lauterer Stimme fortfährt:

«Die Schüler, die haben mich da reingetrieben, in die Sauferei. Ich wollte früher wirklich mal ein guter Lehrer sein, das können Sie mir glauben. Doch irgendwann habe ich festgestellt, selbst wenn ich mich noch so anstrenge, wenn ich mal mit einer wirklich guten Idee in den Unterricht kam, dann war denen das auch scheißegal. Da kannste machen, was du willst. Da stehst du Stunde für Stunde, Tag für Tag, Jahr für Jahr immer wieder vor dieser grausamen Meute, und die fressen dich. Mit allem, was du hast. Die ziehen dir deine ganze Kraft und Energie raus. Das sind Vampire. Zeigst du nur eine Sekunde Schwäche, lässt du nur einen Moment locker, dann hast du verloren. Tja, und mit ein, zwei Schnäpschen zwischendurch ging das alles leichter. Es war dann mehr Gleichgültigkeit da.»

Traurig das alles, denke ich, doch ein Mitgefühl mit Ludger Munker wird sich bei mir nur schwerlich einstellen.

«Zurück zur Tat», schaltet sich Markus wieder ein. «Was haben Sie gemacht, nachdem Sie zugestochen haben?»

«Wie gesagt, meine Erinnerungen sind da nur bruchstückhaft. Vieles habe ich mir im Nachhinein zusammengereimt. Ich muss das Messer aus ihr rausgezogen haben und gleich wieder zurück nach Hause gefahren sein. Und ich weiß noch, dass ich die Türklinke mit meinem Taschentuch abgewischt habe.»

«Sie wissen schon, dass Ellen Murnau noch leben könnte, wenn Sie, statt zu fliehen, sofort einen Rettungsdienst gerufen hätten?», fragt Markus.

Munker nickt. «Ich wollte nur weg, Spuren verwischen und weg. Das alles ist nicht geschehen, habe ich mir immer und immer wieder einreden wollen. Ich bildete mir ein, ich lebe jetzt einfach so weiter, als hätte es diese Tat nicht gegeben. Anders kann ich das nicht erklären.»

Muss er auch nicht, denke ich. Der Tathergang ist klar, über das Strafmaß mögen zum Glück andere entscheiden.

37. Kapitel
• • •

Ich simse Stefanie, ob ich sie treffen könne, und sie stimmt zu meiner Freude umgehend zu. Wir verabreden uns für vier zu einem weiteren Waldspaziergang. Mal wieder. Vielmehr fällt uns zugegebenermaßen nicht ein, als uns zum Reden zu Waldspaziergängen zu verabreden. In gewisser Weise liegt es auch in der Natur der Sache, da es hier im Vogelsberg nun mal deutlich mehr Wald gibt als trendige In-Locations. Und außerdem muss ja auch der Hund raus.

Es gibt einiges zu besprechen. Noch immer sitzt mir der Schreck des Gespräches mit ihrem Mann im Nacken. Darüber haben wir uns bisher ebenso wenig austauschen können wie über meine heroische Verbrechensaufklärung im Gartenschuppen.

Es ist schwülwarm. Berlusconi hechelt dementsprechend inbrünstig neben mir an der Leine. Auch ich beginne schon bei der leichtesten Steigung zu transpirieren. Stefanie Assmann nicht. Ich erzähle ihr detailliert von der Festnahme Munkers, diesmal die wahre Version, nicht die aus der Pressekonferenz. An einigen Stellen lacht Stefanie auf, und es macht sich erstmals nach der Lasse-Geschichte fast so etwas wie kecke Unbeschwertheit breit.

Diese aber flaut dann doch merklich ab, als ich berichte, dass der Fall nun für uns damit erledigt sei.

«Das heißt, wer Lasse das angetan hat, interessiert die Polizei nicht mehr?», fragt sie mit bitterem Tonfall.

Ich fühle mich in der für mich ungewohnten und unbeliebten Position, die Polizei an sich verteidigen zu müssen.

«Na ja», beginne ich zögerlich und umständlich meine Antwort, «also ich trenne da jetzt mal mein persönliches Interesse von der offiziellen, äh, Polizei ... du weißt, was ich meine? Also, es ist ja nun so, es ist keine Gefahr mehr im Verzug, es gibt keine Bedrohungen mehr, keine Anschläge, und, na ja, es liegt nun an Lasse, auszusagen. Und für Aufklärung von Schulmobbingfällen sind wir nun mal nicht zuständig.»

«Hm», macht die Schulpsychologin Stefanie Assmann, nickt nachdenklich mit dem Kopf und sagt: «Tja, das steht natürlich in den Sternen, wann Lasse darüber reden wird. Bis dahin läuft dieser Mensch frei herum. Oder vielleicht sind es ja auch mehrere, die meinen Sohn in eine Angst-Psychose getrieben haben.»

«Hm», mache nun ich.

«Und wahrscheinlich muss erst wieder irgendwas passieren», fährt Stefanie fort, «bis ihr wieder ins Geschehen eingreift. Der Klassiker, nicht wahr? Ich weiß, ich bin nicht objektiv. Ich bin halt nur die Mutter.»

Ich greife nach ihrer Hand und halte sie eine Weile, während wir weiter nebeneinander hergehen.

Als der Herrgott die Himmel ein Stück aufreißt, frage ich sie: «Und ... was ist mit Gregor?»

«Wieso?», fragt sie und blickt mich ebenso ernst wie unterkühlt an. «Was soll mit ihm sein?»

«Na ja, äh, wie läuft das denn bei euch, wo alles raus ist?», frage ich zurück.

Stefanie bleibt stehen. «Wo was raus ist?»

Verwirrt führe ich das Gegenfragenfeuerwerk weiter. «Hat er dir nichts von unserem Gespräch im Café erzählt?»

«Nicht viel, nur dass es nett gewesen sei.»

Nett. Was für eine wunderbare Umschreibung. Ich schweige und schwitze umso mehr. Er hat ihr also nichts erzählt.

«Henning, kannst du mir bitte sagen, was los ist?»

Wir erreichen eine Lichtung mit einer Bank, von der man bei guter Sicht die Frankfurter Wolkenkratzer erspähen kann. Doch das tut nun nichts zur Sache. Ich setze mich. Stefanie bleibt vor mir stehen und wendet ihren Blick nicht eine Sekunde von mir ab.

«Er weiß es», sage ich kurz. «Das mit uns.»

«Du hast es ihm gesagt?», schreit mich Stefanie an.

«Ja, nein, also er wusste es schon vorher. Er hat es geahnt. Er hat mich festgenagelt. Ich konnte da nicht lügen. Es ging einfach nicht.»

Eine Weile schweigen wir beide. Vögel zwitschern, Kühe muhen, und Waldarbeiter sägen Holz. Stefanie läuft verwirrt und kopfschüttelnd vor der Bank auf und ab. Ich denke an Franziska und an das, was von unserer Ehe übrig ist. Warum kann es für diesen verworrenen Gefühlsmist hier keine einfache Lösung geben? Machen wir uns doch nichts vor, ich bin weiterhin in Stefanie verliebt. Oder wie auch immer man das bezeichnen soll. Ich denke jedenfalls viel zu häufig an sie und an den Sex, den wir nicht hatten. Auch jetzt, in diesem Moment, in dem sie so wirr vor mir hin und her läuft, würde ich am liebsten zu ihr gehen, ihr die Kleider vom Leib reißen und sie direkt hier im Ameisenhaufen lieben. Berlusconi würde danebensitzen und hechelnd zugucken, und es würde mich nicht stören. Das schlechte Gewissen und die innere Moral, oder das, was davon noch übrig ist, würde sich erst nachher melden, obwohl es Franziska vermutlich komplett egal ist, was ich tue oder lasse. Und doch meldet sich neben alldem auch immer wieder zwischendurch dieser winzig kleine Funken, der hofft, dass es mit Franziska wieder so sein könnte, wie es einmal war.

Ich möchte in diesem Moment wie meine Eltern sein. Und das tue ich selten. Die wissen immer, was zu tun, was richtig und was falsch ist. Jedenfalls reden sie sich das ein und glauben es dann auch. Diese Begabung hätte ich manchmal auch gerne. Dann wüsste ich, was zu tun ist. Punkt A, Punkt B, Punkt C und dann zack, Problem gelöst.

Während ich mir all diese Gedanken mache, löst sich für den

Moment das Problem ganz von alleine, indem Stefanie Assmann sich nicht die Kleider vom Leib reißen lässt, sondern stattdessen laut «Das ist doch alles eine riesengroße Scheiße, ist das doch» in den Wald brüllt und sich mit großen wütenden Schritten alleine auf den Rückweg nach Schotten macht.

Und wie es ein Dramaturg nicht besser hätte planen können, erreicht mich Sekunden später eine SMS meiner Ehefrau mit dem Wortlaut:

«Komm bitte so schnell wie möglich nach Hause!»

Das tue ich dann auch. Und als ich den Hausflur betrete, riecht es irgendwie unschön. Nicht dass es bei uns nicht ohnehin schon streng nach Hund duften würde, wie uns von Gästen gerne einmal in Erinnerung gerufen wird. Jetzt hier nehme ich es sogar selbst noch wahr. Es riecht nicht nur, es stinkt. Und dann macht es irgendwo Quiek, und Berlusconi wird unruhig.

«Halt ihn an der Leine», ruft Franziska aus der Küche.

Laurin kommt mir freudig entgegengelaufen und hält ein neues Kuscheltier auf dem Arm. Nur atmet es diesmal ausnahmsweise. Es lebt sogar, wenn man ehrlich ist. Bei genauerem Betrachten ist es ein Hundewelpe. Korrekterweise sind Welpen natürlich immer Hunde, also ist das Wort Hundewelpe völliger Quatsch. Da könnte man auch gleich Babywelpe, Hundeköter, Pferdestute oder Nudelpasta sagen.

«Hallo Papa, guckmaguckmaguckmaguckma, das ist der Sohn von Berlusconi», jubelt Laurin und reicht mir das Bündel Fell in die Hand, während Berlusconi eine Mischung aus Fiepen und Bellen von sich gibt. Das Hündchen sieht aus wie Hitler, stelle ich fest, als ich ihm ins Gesicht blicke und die schwarze Fellfärbung oberhalb der flachen weißen Schnauze betrachte. Hitler pinkelt, und Melina, die inzwischen hinzugestoßen ist, feixt. Franziska würde vermutlich auch gerne mitgrinsen, entscheidet sich aber für einen eher ernsthaften Gesichtsausdruck.

«Was ist das, wo kommt das her?», frage ich.

«Das musst du doch am besten wissen», antwortet Franziska. «Vorhin kam eine Frau vorbei, stellte mir einen Hundekorb mit Inhalt und Rechnung vor die Tür. Du würdest schon wissen, wieso und weshalb, sagte sie noch.»

Da fällt mir Berlusconis Begattungsaktion ein, und ich bekomme heiße Ohren.

«Du hättest Berlusconi nicht an der Leine gehabt, und er hätte ihre Hündin gedeckt», fährt Franziska fort. «Nein, warte, ‹vergewaltigt›, sagte sie. Ihre Hündin hätte vier Welpen bekommen. Sie hätte sie in den ersten Wochen betreut und vermittelt. Einer wäre übrig geblieben, und das ist der hier.»

Kein Wunder, denke ich, dass Hitler schwer zu vermitteln war. Ich habe selten einen hässlicheren Hund gesehen. Und Welpen sind doch eigentlich immer süß.

Ich erzähle kurz die Story der Waldbegattung aus meiner Sicht, sehr zur Belustigung meiner pubertierenden Tochter.

«O. k., ich kümmere mich drum», sage ich. «Ich fahre gleich zum Tierheim.»

Vier entsetzte Kinderaugen starren mich an, als hätte ich gerade entschieden, Melina und Laurin an einen osteuropäischen Bordellring zu vermitteln.

Ich schaue ratlos zu Franziska, die nur kurz die Schultern hebt und sagt: «Von mir aus kann er bleiben.»

In diesem Moment war klar, Hitler wird bei uns bleiben, da gibt es keine zwei Meinungen.

Nachdem Fred also durch seinen scharfen Verstand sich und vor allem die rattenscharfe Frau, die über 20 Jahre hier festsaß, befreit hatte, wollte auch er, genau wie sie, sich zunächst auf den Heimweg machen. Doch wie?, dachte er dann. Er habe ja gar keinen Bock, wie er ihn nannte, hier. Und außerdem wusste er ja gar nicht, wo er war. Er war ja in einem Kofferraum verfrachtet hierhergebracht worden. Und da ist die Aussicht eher schlecht, scherzte er lässig mit sich selbst. Wie nun also den Weg nach Hause finden? Fragen? Einen Passanten? Auf gar keinen Fall, das kam für Fred nicht in Frage. Das ist was für Muschis, dachte er. Da muss er nun selber durch. Eine Zeitlang hatte er keine Idee, was er nun machen sollte. So setzte er sich auf einen Parkplatz und machte nichts. Es begann zu regnen, zu donnern und zu blitzen.

Dann klingelte sein Handy, das er komischerweise noch in seiner abgefahrenen Gürteltasche hatte und nicht von den Entführern zuvor weggenommen worden war. Es war Henrich Müller.

«Wie geht's, wie steht's?», fragte Müller, dem scheinbar mal wieder langweilig war. Dann nämlich rief er immer Fred an.

Fred erzählte ihm die Story von der Entführung und der Frau.

«Dann sollten wir die Entführer doch mal festnehmen, oder nicht?», fragte Müller. «Ja», antwortete Fred kurz und nachdenklich.

«Wo bist du?», fragte Henrich Müller.

«Keine Ahnung», antwortete Fred, «aber sei sicher, auch das krieg ich noch raus.»

«Mach dir keinen Stress», erwiderte Müller, «wir können dein Handy orten. Ich bin gleich da.»

Lieber nicht, dachte Fred, lasst mich das lieber alleine regeln, aber er sagte es nicht. Er wollte Henrich Müller nicht verletzen. Er hat es ohnehin so schwer, dachte er, Stress mit der Alten zu Hause und noch zwei missratene Plagen am Hals.

«Und noch was, Fred», zog Müller das Gespräch in die Länge, «es werden zurzeit 47 blonde Vogelsberger Mädchen vermisst. Wir gehen davon aus, dass wir es bei dem Entführer mit einem

Serientäter zu tun haben, der sich auf einen besonderen Typ Frau festgelegt hat.»

«Oha», murmelte Fred und kratzte sich am Kinn, das er morgens nicht mehr rasieren konnte, da er ja vorher entführt wurde.

«Vermutlich steht er auf blonde Frauen», dachte er laut nach.

«Mensch, ja, du hast recht», zeigte sich Henrich Müller einmal mehr beeindruckt. «Ja, er scheint einem Muster zu folgen. Blond, das ist es ...»

In diesem Moment sah Fred es. Sein Herz stockte und schlug schneller. In diesem Moment wurde ihm alles klar.

«Henrich, ich habe keine Zeit mehr. Ich muss los.»

Fred legte auf und betrachtete das auf dem Kiesweg liegende blonde Haar. Eindeutig ein Mädchenhaar, dachte er, eindeutig blond. Es gibt also eindeutig einen Zusammenhang. Sein Entführer musste auch der Entführer der 47 blonden Vogelsberger Mädchen sein.

Ich kann jetzt nicht auf die trägen Bullen warten, dachte er. Ich muss das jetzt hier selbst in die Hand nehmen. Aber Zeit für ein Bier muss immer sein.

So entschied er sich für einen Besuch in dem Gasthaus, das er auf der anderen Straßenseite erspähte. Er betrat die Stube und hievte sich souverän mit einer Hand schwungvoll auf einen Barhocker direkt an den Tresen.

Dann erspähte er eine attraktive Frau mit langen Haaren. «Halloooo», begrüßte sie Fred, «ein Bierchen für die schöne Frau hier», schmetterte er zum Barkeeper. Erst da erkannte er sie wieder. Es war die gerettete Politikerin.

«So schnell sieht man sich wieder, gute Frau», sprach er sie lässig an.

Sie sagte nichts, sondern lächelte nur erschöpft, während die Regentropfen gegen die Fenster prasselten und der Bierschaum sich zärtlich um Freds Mund schmiegte.

Dann reichte sie ihm ihre Hand.

«Margarete», sagte sie, und schon waren sie per du. Plötzlich spürte Fred etwas, das er lange nicht mehr als einsamer Vogelsberger Wolf gefühlt hatte. Es war anders als in den Momenten, in denen er sonst die Ladys klarmachte, dachte er, als noch mehr Regentropfen gegen die Scheiben prasselten und er sich den Gerstensaft in den Schlund kippte.

Mit dieser Frau, das wurde ihm schlagartig klar, will er erst Sex haben, wenn sie sich gewaschen hat, und danach, das spürte er, wäre das der Anfang einer langen Freundschaft, und vielleicht auch einer Ehe, wer weiß. Vorausgesetzt, sie will auch.

Doch an ihren Blicken erkannte er, ja, sie will. Er rückte näher an sie ran, versuchte nicht durch die Nase einzuatmen und küsste sie, so wie es nur ein Fred kann, auf den Mund.

Nach einer kurzen Weile unterbrach Margarete den leidenschaftlichen Kuss.

«Was ist das?», fragte sie brüsk und deutete auf das blonde Mädchenhaar, das Fred noch immer in seiner Hand trug.

«Oh, das ist nichts», stammelte er. «Es ist nicht so, wie du denkst …»

«So, wie denke ich denn?»

«Keine Ahnung», antwortete er wahrheitsgemäß und hörte, wie der Regen draußen aufzuhören begann.

«Es ist das Haar eines von 47 entführten blonden Vogelsberger Mädchen. Ich vermute, dass die alle da drüben in der Fabrikhalle sind. Dort, wo du auch warst.»

«Oh Scheiße», brachte Margarete hervor. «Wenn da mal nicht die Nazis dahinterstecken.»

Wieso?, dachte er.

Margarete beantwortete Freds ungestellte Frage. «Ich hatte als Politikerin früher einen Nazi-Ring auf dem Kieker, der ein Auge auf blonde Mädchen geworfen hat. Damit habe ich mir viele Feinde gemacht. Ich denke, dass das auch der Grund für meine Entführung war.»

Fred nickte beeindruckt.

«Die Frage ist nur», fügte Margarete hinzu, während es draußen inzwischen vollständig zu regnen aufgehört hatte: «Handelt es sich hier um einen Einzeltäter, oder steckt eine ganze Organisation dahinter?»

Da surrte sein Handy. Müller. «Ich bin da», schrieb er kurz.

«Wir müssen da jetzt rein», sagte Fred mit fester Stimme.

«Ich komme mit», sagte Margarete.

«Ich weiß nicht, ob das eine gute Idee ist», erwiderte Fred voller Beschützerinstinkt.

«Niemand kann mich davon abhalten», sagte Margarete, und vermutlich hat sie recht.

Draußen wartete der dröge Müller.

38. Kapitel
• • •

Manfred Kreutzer legt sein Manuskript stolz auf den Nachttisch seines Krankenhauszimmers und hofft auf ein begeistertes Feedback, nachdem er Markus, Teichner und mir von seinem Bett aus mir kräftiger Stimme aus seinem Roman vorgelesen hat. Sein Bettnachbar, ein durchtrainierter Dreißigjähriger, der sich beim Mountainbike-Fahren die Hoden verdreht hat, schläft oder tut jedenfalls so.

«Echt lustig», bringt Markus Meirich höflich hervor.

«Wieso lustig?», fragt Manni irritiert. «Das ist doch ein Thriller, soll eigentlich eher spannend sein.»

«Ach so», sagt Markus, räuspert sich und starrt auf seine Füße. «Nee, klar, ist es ja auch, bin schon total gespannt, wie es ausgeht.»

«Ich find's geilo», sagt Teichner, der zur Feier des Tages ein neues T-Shirt mit der Aufschrift «Nackt sehe ich noch besser aus» trägt.

Gemeinsam hatten wir nach Aufklärung des Mordfalles beschlossen, einen kleinen Betriebsausflug ins Krankenhaus zu tätigen. Etwas bin ich noch von der Autofahrt benommen. Wir sind in Teichners Auto gefahren, einem aufgemoppten Opel Dingsbums mit Rennlenker und Duftbaum, der meines Erachtens nach Bier riecht. 120 PS habe der, meinte Teichner, da könne man «vernünftig mit arbeiten».

«Wollt ihr die Wunde mal sehe?», fragt Manni.

«Nein», antworten wir im Chor, doch Manni ist schneller. Er schiebt seinen Verband auf die Seite, und wir blicken auf einen wulstigen, schmierigen roten Streifen an seiner Hüfte.

«Ihr könnt euch die Schmerze net vorstellen, die ich hatte. Ich sach's euch, puuh … zum Glück haben die hier im Krankenhaus so harte Mittel, sonst wäre ich eingegangen. Wenn ich dem Arzt Glauben schenken darf, bin ich dem Tod grad noch mal von der Schippe gesprungn. Klar, dass sie mich zur Beobachtung noch ein paar Wochen hierbehalten wollen», stöhnt Kreutzer, richtet sich dabei ein wenig auf und verzieht dabei schmerzverzerrt das Gesicht.

Dann klopft es kurz an der Tür, und eine adrette Krankenschwester betritt den Raum, die mich an eine der unzähligen mit Sascha Hehn liierten Damen aus der Schwarzwaldklinik erinnert.

«Sooo, Herr Kreutzer, zeigen Sie mal», säuselt sie und zieht mit einem beherzten Ruck den angeklebten Verband von Mannis Hüfte.

«Sieht super aus. Wie Dr. Fröhlich gestern schon sagte, Sie können gerne nach Hause. Die Wunde heilt super. War ja auch zum Glück nicht so schlimm, ne? Musste ja erfreulicherweise nicht mal genäht werden ...»

Falls ich jemals zu irgendeinem Zeitpunkt gesagt haben sollte, dass ich, Henning Bröhmann, eine Memme sei, dann nehme ich das hiermit in aller Deutlichkeit zurück.

Als um vier das Abendessen serviert wird, heißt es für Markus, Teichner und mich vom todkranken Manfred Kreutzer Abschied nehmen. Vermutlich allerdings nicht für immer.

«Nein», höre ich Franziska am Telefon sagen, «der ist nicht bei uns. Ganz ehrlich, nein, er war auch gestern nicht da. Jaja, auf jeden Fall natürlich, wir melden uns sofort, wenn wir was hören. Ja, ich sage es Melina, die ruft bei Ihnen, äh, bei euch an, wenn sie wieder zu Hause ist.»

Franziska legt auf.

«Adrians Eltern waren das», ruft sie danach zu mir ins Wohnzimmer. «AA ist seit gestern nicht nach Hause gekommen.»

«Ist das so unnormal, dass ein Achtzehnjähriger mal eine

Nacht durchmacht? Gestern war Samstag», rufe ich zurück, während ich an diesem Sonntagmittag eine meiner Lieblingssendungen im Fernsehen sehe: den «Doppelpass»-Talk auf Sport 1. Eine zweistündige Gesprächsrunde, in der sechs Männer in einer Ernsthaftigkeit über den vergangenen Bundesligaspieltag debattieren, als ginge es um die Rettung des Euros. Ich liebe so etwas und schätze es überhaupt nicht, wenn sich Franziska gelegentlich dazusetzt und sich beispielsweise über die am Ende der Sendung von jungen attraktiven Studentinnen gereichten Weizenbiergläser des Hauptsponsors lustig macht. Was aber, wenn sie es bald nicht mehr täte? Wenn ich sonntags plötzlich ungestört diese Sendung gucken müsste? Dann wäre sie vermutlich gar nicht mehr zu ertragen. Ich verdränge den Gedanken und lausche den Sportjournalisten, von denen drei, inklusive des Moderators, so wirken, als hätten sie die ganze Nacht den Sponsor, vielmehr dessen Produkt, besonders intensiv getestet.

Aus Laurins Kinderzimmer höre ich, wie er mit Hitler spielt.

Als ich um kurz nach dreizehn Uhr auf dem Sofa beginne, mich so langsam mental auf den «Tatort» einzustellen, und in der Nase bohre, klingelt es an der Tür. Ich richte mich auf, gehe zum Hausflur, erwarte vor der Tür eigentlich Melina, die die letzte Nacht bei ihrer Freundin Lisa-Marie geschlafen hat, um gemeinsam alle Staffeln der Serie «How I Met Your Mother» auf DVD zu schauen. Ich öffne die Tür, und stattdessen steht Stefanie vor mir.

Mir fällt kein passender Gesichtsausdruck oder eine stimmige Begrüßungsfloskel zu diesem Überraschungsbesuch ein, sodass ich sie einfach schlicht hereinbitte.

«Ach hallooo», wird sie von Franziska begrüßt. «Wir kennen uns doch, oder? Haben wir uns nicht auf dem Schiffenberg-Konzert gesehen?»

«Ja», antwortet Stefanie kurz, «ich bin die Schulpsychologin.

Stefanie Assmann. Es tut mir leid, dass ich Sie, dass ich euch an einem Sonntag störe, aber mein Mann hat etwas Wichtiges gefunden.»

Ich bitte sie, an unserem Küchentisch Platz zu nehmen. Franziska lässt uns alleine und schließt die Tür.

Stefanie legt zerknitterte Papierzettelchen vor mir auf den Tisch. Die Buchstaben sind aus Zeitungen ausgeschnitten und aufgeklebt, wie man es von Erpresserbriefen in alten Derrick-Folgen kennt.

Auf einem der Zettel steht:

«Ein Wort, du Scheißer, und deine Mutter ist tot!»

Auf einem anderen lese ich:

«Geh ruhig zur Polizei. Doch wir sind schneller ... und du wirst es ein Leben lang bereuen.»

Dann:

«Die Waffe liegt in einer Tüte. Unter der Bank, du weißt schon wo. Du siehst deine Mutter nie wieder, wenn du nicht schießt, du Pisser!»

Und:

«Du schweigst!!! Ist das klar??? Und zwar für immer. Vergiss das nie!»

Ich schlucke. «Wo hast du die her?», frage ich.

«Gregor hat sie auf dem Kirchturm gefunden. Versteckt unter einem losen Holzbrett. Dort oben hat sich Lasse immer mal wieder zurückgezogen, wenn er alleine sein oder Musik hören wollte.»

«O. k.», antworte ich. «Ich komme mir dir. Zeig mir das, vielleicht finden wir noch mehr.» Ich glaube zwar nicht wirklich daran, aber etwas Besseres fällt mir im Moment nicht ein.

Eine halbe Stunde später besteige ich gemeinsam mit Stefanie Assmann den Kirchturm der Schottener Liebfrauenkirche. Die Kirche hat mehrere Türme zu bieten, doch wir beklettern den

Hauptturm. Ich gebe zu, mein Bedauern hält sich in Grenzen, dass Pfarrer Gregor Assmann, bei einem Krankenbesuch verweilend, uns nicht begleiten und mich daher auch nicht aus Eifersucht und im Affekt vom Kirchturm stürzen kann.

Stefanie zeigt mir die Ecke, in die Lasse sich gelegentlich zurückzieht. Sie befindet sich auf halber Höhe. Warum nur haben die Assmanns nicht viel früher davon erzählt? Dann hätten wir vielleicht viel früher die Zettel mit den Drohungen gefunden. Ich entscheide mich, diese vorwurfsvolle Frage nicht zu stellen. Ist ja auch müßig. Ich betrachte das lockere Holzbrett, das sich problemlos wieder in die Fugen einlegen lässt, sodass es prima als Versteckdeckel dienen kann.

«Gregor hat gemerkt, dass es locker ist, als er drüberlief», sagt Stefanie.

Wir klopfen gemeinsam Wände und Boden ab, suchen nach weiteren lockeren Brettern, finden allerdings nichts.

Stefanie setzt sich erschöpft und mit fahlem Gesicht auf den Boden. Sie zieht die Beine an sich und legt ihren Kopf in beide Hände.

Ich setze mich neben sie und lege den Arm um sie. Mal wieder.

«Ich werde Lasse nichts von dem Fund sagen», murmelt sie in ihre Handflächen. «Und ihr tut das auch nicht! Versprochen? Das würde ihn definitiv zurückwerfen.»

«Versprochen», antworte ich. Sie neigt ihren Kopf zur Seite, sodass mich ihre Haare an der Wange kitzeln. Einen kurzen Moment später dreht sie ihr Gesicht zu mir und blickt mich traurig lächelnd an.

Sie wird doch nicht ..., denke ich. Doch sie wird ... Sie küsst mich und atmet dabei bedrohlich laut durch die Nase.

«Ich weiß nicht, Stefanie, ob das ...»

Sie unterbricht mich mit ihren Lippen an meinem Hals.

Einerseits will ich nichts lieber als das, andererseits will ich es aber auch wieder nicht. Während die Gedanken durch mein

Hirn rattern, spüre ich schon ihre Hand in meinem besonderen Wohlfühlbereich. Schnell ist mir klar, welcher Teil von mir hier weitermachen will.

Und doch halte ich inne und erwidere ihre Küsse nicht weiter.

«Was ist?», flüstert Stefanie.

Dann tut es einen riesigen Schlag, der bei mir fast gleichzeitig einen Herzinfarkt und einen Hörsturz verursacht. Es ist Punkt zwei Uhr nachmittags, und ein Stockwerk höher gehen riesige wuchtige Glocken ihrer Pflicht nach. Sie läuten zur richtigen Zeit.

Auf der Heimfahrt von Schotten nach Bad Salzhausen spreche ich Markus Meirich die Neuigkeiten auf die Mailbox. Danach lege ich Mozarts Ehebrecher-Oper «Cosi fan tutte» («Sie tun es alle») ins CD-Fach und bin zufrieden mit mir, dass ich es eben gerade nicht getan habe. Nicht wegen eines etwaigen Bruches einer ohnehin mehr als angeknacksten Ehe, sondern weil ich es einfach nicht wollte.

Als ich zu Hause ankomme, ist auch Melina von ihrem Besuch bei Lisa-Marie zurückgekehrt. Von welcher genau, weiß ich nicht, da mindestens vier ihrer Freundinnen den Namen Lisa-Marie tragen.

Auch sie habe keine Ahnung, wo Adrian ist, sagt Melina. Übermüdet sitzt sie, an einen Sessel gelehnt, auf dem Wohnzimmerteppich und hat Hitler auf ihrem Arm. Wird Zeit, dass wir ihm mal einen Namen geben, denke ich. Nicht, dass mir vor den Kindern mal ein «Hitler» rausrutscht.

«Und du hast wirklich nichts von ihm gehört?», frage ich. «Keine SMS oder so?»

«Ei nee, hab ich Mama doch eben schon alles gesagt.»

Sie wirkt seltsam unbesorgt.

«Machst du dir keine Sorgen?», frage ich und erwarte nun eine Beschimpfung.

«Nö», kommt nur zurück. «Der geht mir grad am Arsch vorbei.»

«Aha.»

«Aber so was von ...»

Ich hoffe, dass sie von sich aus weiterspricht. Tut sie aber nicht.

«Am Arsch vorbei ...», wiederhole ich dann einfach mal.

«Ei ja ... hab Schluss gemacht.»

Eine der besten Nachrichten der letzten Monate, wenn nicht vielleicht Jahre. Ein wahrer Stimmungsaufheller.

«Willst du drüber reden?»

«Nö.»

«O. k.»

Dann stehe ich auf, und kurz bevor ich das Wohnzimmer verlasse, sagt sie:

«Ich lass mir doch net alles gefallen! Der denkt, ich bin so 'ne kleene blöde Tussi, die ihn den ganzen Tag nur anhimmelt. Falsch gedacht! Ich hab schon das Gefühl, dass da auf meinem Hals ein eigener Kopp sitzt, wo sogar ein Hirn drin ist. Nee, nee, nee, da muss er sich ein neues Opfer suchen ... nicht mit mir!»

Ich drehe mich langsam um, gehe zurück zu ihr, beuge mich runter, gebe ihr einen dicken Kuss auf die Stirn und sage: «Melina, du bist einfach absolute Weltklasse!»

Dann gehe ich Richtung Tür und spüre, wie sie hinter meinem Rücken in sich hineinlächelt.

Auch am nächsten Morgen ist Adrian Albrecht nicht wiederaufgetaucht. Dafür steht sein Vater in unserer Direktion und macht Krawall.

«Ich verstehe nicht, warum ihr immer noch hier rumsitzt? Wenn meinem Jungen irgendetwas zustößt, mach ich euch fertig, da könnt ihr euch sicher sein.»

Diesen Wortlaut habe ich in schon mindestens 37 Hollywood-Filmen gehört, jedoch noch nie hier bei uns in der Polizeidirektion Alsfeld.

Ich versuche Guido Albrecht etwas zu beruhigen, indem ich zu bedenken gebe, dass er doch erst seit drei Minuten hier sei und wir nach Aufnahme der Vermisstenanzeige selbstverständlich seinen Sohn suchen würden.

«Ach, hör doch auf», schreit er mich an. «Mir reicht schon, was ich hier sehe, ihr Provinzbullen. Bis ihr euern Arsch hochkriegt, ist doch Weihnachten. Ich muss mir nur ihn hier angucken, da weiß ich doch Bescheid, was für Granaten ihr hier im Team habt und wie hier gearbeitet wird.»

Albrecht zeigt mit dem Finger auf Teichner, der am anderen Ende des Raumes wie ein zwölfjähriger Schüler mit dem Stuhl kippelt und eine Kappe trägt, auf der «Der Beweis, Bier macht schön» geschrieben steht. Da hat Guido Albrecht natürlich recht, auch wenn ich ihm das nicht sagen mag.

«Es bringt ja nun nichts, wenn Sie in diesem Ton, bei allem Verständnis ...», versuche ich stattdessen erneut zu deeskalieren, doch wieder werde ich unterbrochen.

«Ich weiß gar nicht, was ich hier soll. Ich hab Britta gleich gesagt, lass uns direkt ans Innenministerium nach Wiesbaden gehen. Glaub mir, ich kenn da so einige; ich arbeite nicht umsonst seit 15 Jahren als PR-Berater.»

Ich höre nicht mehr richtig zu und lasse ihn einfach noch eine Weile weiter auf seinem hohen Ross herumplärren. In meinem Kopf tauchen die Bilder unseres Besuches bei den Albrechts auf. Die Küchenshow, die er abgezogen hat, der Zwiebel hackende Adrian, das von Mutter Britta vorgeführte Kleinkind. Es ist ja schon eine rechte Erleichterung, dass ich nicht gemeinsam mit den Albrechts die Hochzeit meiner Tochter ausrichten muss.

Weil die Beschimpfungen gar nicht aufhören wollen, rufe ich irgendwann Markus zur Verstärkung hinzu. Mit seinen zwei Metern Körpergröße, den breiten Schultern, seinem souveränen

Auftreten und dem intelligenten Gesichtsausdruck macht er einen anderen Eindruck als den, den Guido Albrecht von unserer Vogelsberger Polizeidienststelle gewonnen zu haben glaubt.

Markus bringt die Sache auf den Punkt: «Herr Albrecht, wir nehmen den Fall auf und gehen der Sache nach. Allerdings geben wir auch zu verstehen, dass Ihr Sohn erst zweieinhalb Tage verschwunden und bereits volljährig ist.»

Wieder grätscht Guido laut dazwischen, doch Markus setzt sich durch.

«Und ganz wichtig: Sie sollten mit uns zusammenarbeiten und uns nicht beschimpfen. Dann steigen die Chancen, dass Ihr Sohn bald wieder da ist.»

Danach ist es möglich, in Ruhe die Vermisstenanzeige aufzunehmen, die nötigen Daten auszutauschen und vor allem Guido Albrecht zu verabschieden.

Kurz darauf lege ich die Drohbriefe an Lasse ausgebreitet auf den Tisch. Wir rufen Onkel Ludwig Körber hinzu und brainstormen, wie man so schön sagt.

«Oha», sagt Körber. «Das sind ja in gewisser Weise Morddrohungen. Und da wir nicht wissen, ob der Erpresser sich wieder meldet, wenn der junge Assmann aus der Klinik zurückkommt, ist dies hiermit wieder unser Fall.»

Markus bappt die Gesichter unserer früheren Verdächtigen an die Wand. Dohmknecht, Munker, Ellen Murnaus Exgatte Hirschmann und Faton Thaqi.

«Den Munker können wir meiner Meinung nach ausklammern», sagt Markus. «Er hat den Mord gestanden und klar zu verstehen gegeben, dass er nichts mit der Assmann-Geschichte zu tun hatte.»

Wir alle nicken. Während Teichner erneut Faton Thaqi zum Hauptverdächtigen erklärt, lese ich die vier Drohungen noch einmal nach und nach durch:

«Ein Wort, du Scheißer, und deine Mutter ist tot!»

«Geh ruhig zur Polizei. Doch wir sind schneller ... und du wirst es ein Leben lang bereuen.»

«Die Waffe liegt in einer Tüte. Unter der Bank, du weißt schon wo. Du siehst deine Mutter nie wieder, wenn du nicht schießt, du Pisser!»

«Du schweigst!!! Ist das klar??? Und zwar für immer. Vergiss das nie!»

Laut überlege ich: «Es ist die Sprache von Jugendlichen ... Pisser, Scheißer und so weiter. Dohmknecht, Hirschmann, das passt nicht.»

«Es sei denn, sie haben Jugendliche angestiftet, das zu tun», wendet Markus ein.

«Oder sie benutzen mit Absicht diese Sprache, um von sich abzulenken», sagt Körber und ergänzt: «Eigentlich sind wir in dieser Sache genauso weit wie vor ein paar Wochen.»

«Mit dem winzigen Unterschied, dass wir nebenbei noch einen Mord aufgeklärt haben», lasse ich nicht unstolz in die Unterredung einfließen.

Hi Mara,

volles Drama hier! Manchmal denk ich, du glaubst, ich übertreib voll und
will mich nur wichtig machen, weil ich neidisch bin, dass ich in Boring
Vogelsberg abhänge und du in den USA bist. Und nun ist alles bei dir
gechillt und hier geht's ab, dass ich's selber net glaub.
Ich hab dir ja gemailt, dass ich mit AA Schluss machen wollte. Hab ich
auch und ich habs auch keine Sekunde bereut. Ich habe ihn nach der Schule
kurz gesehen, hab ihm gesteckt, dass es aus ist. Da hat er nur blöd gegrinst,
mich Babybitch genannt, und irgendwas daher gelabert, dass ich gar
net Schluss machen könnte, weil er es schon längst gemacht hätte. Ich kapier echt net, warum der plötzlich so ist. Ich hab aber gemerkt, dass
ihm das nämlich doch noch voll was ausmacht, dass ich mit ihm Schluss
gemacht hab.
So, das ist part 1, nun kommt part 2.
Seit drei Tagen ist AA verschwunden. Einfach weg. Keine Nachricht an
niemanden, nix. Seine Alten drehen voll am Rad, logisch. Die ham mich
schon tausendmal gefragt, ob ich was wüsste oder ne Idee oder so hätte. Ich
hab aber keine. Ich glaub nicht, dass dem was passiert ist. Ein bisschen hab
ich trotzdem Schiss. Klingt dumm, aber ich hab schiss, dass er sich vielleicht wegen mir was angetan hat oder sich hat vollaufen lassen wegen mir
und dann irgendwas passiert ist. Weisste, wie ich mein?
Dad ist voll nett im Moment. Mit dem kann ich darüber ganz gut reden.
Der glaubt eher, dass AA bald zurückkommt und dass nix passiert ist.
Ach Süße, ich wär jetzt gern bei dir da drüben. Weit weg von all dem Shit
hier. Mom ist auch irgendwie wieder komischer. Weisste, so abgedreht,
so weggetreten, weiss net, wie ichs beschreiben soll. Irgendwas hat die, was
sie net erzählen will. Keine Ahnung, sie tut zwar immer so, als wär alles
super, aber die spielt das nur, glaub ich. Wenn ich sie mal nach letztem
Jahr, wo sie so lange weg war, frage, dann lacht sie immer so doof und lenkt
voll ab. Und redet mit mir so, als wär ich der Laurin.
Ach, es gibt auch positive News. Wir haben einen neuen kleinen Hund. Ist
noch ein baby, total süüüüß!!! Er heißt Charlie, weil er irgendwie an der

Schnauze so aussieht, wie der Bart von diesem Schwarz-Weiß-Schauspieler von vor Ewigkeiten, Charlie Chaplin. Berlusconi ist der Vater, er hat im Wald eine Hündin gepoppt, weil Dad nicht aufgepasst hat, ich hab mich krank gelacht. Jedenfalls wohnt nun Charlie bei uns.

Ok, ich hör jetzt besser auf, sonst schreib ich die ganze Nacht durch und das will ich dir net antun ... ☺

Bis bald und bitte schick mir neue Pics, voll schön, der Sonnenuntergang bei der letzten mail.

Deine Mel

39. Kapitel

• • •

Es gibt Dinge, die zu verhindern nicht unbedingt einfach ist. Ein ausgedehnter Besuch meiner Eltern in unserer Doppelhaushälfte gehört leider in diese Kategorie.

Ich nehme mir jedes Mal aufs Neue vor, diese Begegnungen mit gereifter Gelassenheit und Gleichmut hinzunehmen, scheitere allerdings immer wieder kläglich an diesem Vorsatz. Eigentlich weiß ich doch, wie es war, wie es ist, wie es immer sein wird, und doch hoffe ich immer wieder, dieses Mal, ja dieses Mal wird alles anders werden. Es beginnt meist schon damit, dass es mich bei der Begrüßung im Hausflur nervt, wie meine Mutter mit ihren Augen das Haus nach Defiziten abscannt. Nach Unordentlichkeiten, nach Dreck oder nach einem fehlenden Foto der Großmama an der Wand.

«Ist Franziska gar nicht da?», fragt sie in vorwurfsvollem Ton, während sie um sich schauend in den Wohnbereich voranschreitet.

«Doch, ja, nein», antworte ich und lasse dabei versehentlich das Jackett meines Vaters beim Versuch, es an einen Kleiderbügel zu hängen, fallen. Hinter meinem Rücken schüttelt er stumm den Kopf, und schon jetzt habe ich genug von dieser Veranstaltung.

«Sie ist noch joggen», sage ich. «Müsste aber gleich kommen.»

«Aha», sagt meine Mutter.

Dann werden die Kinder begrüßt und abgefragt, ob in ihrem Leben auch alles nach Plan laufe. Das tut es immer. Danach wird im Esszimmer Platz genommen. Nur mein Vater bleibt am Fenster stehen.

«Wollt ihr einen Kaffee?», frage ich.

«Ich dachte, du fragst gar nicht mehr», antwortet meine Mutter.

«Willst du dich nicht setzen?», richte ich das Wort an meinen Vater, der tonlos in sich hineinpfeift, die Hände dabei auf seinem Rücken verschränkt, und durch das Fenster in den Garten blickt.

«Jaja», antwortet er und bleibt stehen.

Melina beherrscht inzwischen meisterlich die Kunst, ihren Großeltern genau das zu erzählen, was sie hören wollen, sich genau so zu verhalten, wie sie ihre Enkelin sehen wollen, um so schnell wie möglich entweder zu einem Geldgeschenk oder wieder zurück in ihr Zimmer zu gelangen.

Leider ist Hitler, äh Charlie mit Berlusconi und Franziska draußen. Der würde mit seinem Welpencharme die Gesamtsituation sicher etwas entspannen.

Meine Mutter ist die wandelnde Unzufriedenheit. Sie hat nie das Leben geführt, das sie haben wollte. Sie wollte eigentlich studieren, forschen und lernen. Später, sagte sie sich bestimmt einmal, damals, als meine ältere Schwester und ich Kinder waren und mein Vater der große Polizeipräsident, später, da bin ich dann dran, dann kommt meine Zeit, dann mache ich, was ich wirklich will. Doch in all den Jahren, die ins Land gingen, muss sie irgendwann vergessen haben, was sie eigentlich vorhatte. Dann begann sie sich lustig zu machen über Senioren, die noch mal an die Universität gehen oder sich ehrenamtlich in Kulturinitiativen engagieren. Sie ließ den Zug abfahren und pflegt seitdem kultiviert ihre Enttäuschung. Gerade Letzteres ist ja auch mir nicht ganz fremd, allerdings sollte ich aus dem Alter heraus sein, meiner Mutter dafür die Schuld zu geben.

«Ich hoffe, dass man hergeht und alles dafür tut, dass der Junge gefunden wird», bellt mein Vater sonor aus der Fensterecke, ohne zu mir zu schauen. Woher weiß er denn das schon wieder?

«Der Reinhold aus dem Ministerium hat mich angerufen. Er habe Beschwerden gehört, wir, also vielmehr ihr, ihr würdet zu zurückhaltend an die Materie herangehen.»

«Wir behandeln alle Fälle gleich, egal ob der Vater des Vermissten irgendwelche Beziehungen zu irgendwem hat oder nicht. Wir gehen da nach den üblichen Regeln vor. Es gibt keine Zweiklassenpolizeiarbeit», blaffe ich zurück und fühle mich ein klein wenig wie Claudia Roth.

Mein Vater zieht seine Stirn in Falten, lächelt dabei verkrampft und sagt: «Junge, Junge, du musst noch viel lernen.»

«Tut mir echt totaaaal leid», schaltet sich Melina vom Esstisch aus ein, «aber ich hab leider noch totaal viel für die Schule zu tun. Sorry, ich muss dann mal wieder in mein Zimmer.»

Meine Mutter nickt verständnisvoll, doch ehe Melina den Raum verlässt, ruft ihr mein Vater nach: «Du kennst den gut, den Burschen, habe ich gehört, nicht wahr?»

Melina bleibt kurz stehen. «Häh, wen?»

«Na den jungen Mann, der vermisst wird.»

«Ja, wieso?»

«Na ja, man möchte sich da als Großvater ja nicht einmischen, aber mir ist zu Ohren gekommen, dass es da zu einer gewissen Missstimmung gekommen ist, zwischen dir und dem jungen Mann.»

Ich spüre, wie es in Melina brodelt.

«Papa, das geht zu weit. Lass das bitte, zieh da Melina nicht mit rein», fahre ich dazwischen.

«Ich ziehe da gar nichts rein, ich mache nur *deine* Arbeit.»

Jetzt wäre so ein Moment. Ein Moment, in dem ich meine Eltern aus meinem Haus, das zum größten Teil mit ihrem Geld anfinanziert wurde, hinauswerfen möchte. Es brodelt in mir. Hitze steigt in meinen Kopf, doch das Gehirn findet keine passenden Worte.

Da geht die Tür auf, eine verschwitzte Ehefrau erscheint mit

Berlusconi, dem kleinen Ex-Hitler und rettet zumindest vorübergehend die Situation.

Melina nutzt die Gelegenheit und verschwindet in ihrem Kellerzimmer.

40. Kapitel

• • •

Vor Teichner und mir sitzt die geballte Tumbheit.

«Ihr habt wirklich keine Idee, wo Adrian ist?» Diese Frage steht nun schon eine Weile im Raum.

Die beiden jungen Männer mit den dümmlichen Gesichtsausdrücken schütteln erneut ihre Köpfe. Sebastian Köstrich, genannt Sebi, und Timo Müller, genannt Müllo, sind sogenannte «guhde Kumbels» von Adrian Albrecht und wie er Mitglieder einer Kirmesburschenschaft in der Nähe von Schotten. Mit diesen beiden würde Adrian am meisten «abhängen», wie mir Melina verriet. Und so hat Kollege Teichner dieses Treffen am heutigen Mittwochabend in der Rudingshainer Gaststätte Bing vereinbart.

«Hier, Freunde der Südsee», sagt Teichner, «wenn ich in eure Gesichtlein gucke, da sehe ich unter der Nase so etwas wie einen Mund. Und diesen Mund kann man auch zu etwas anderem benutzen als zum Saufen. Nämlich zum Reden, capito?»

«Ei, was solln wir dann sagen?», nuschelt darauf Sebi, der breitbeinig mit beiden Händen in den Hosentaschen auf seinem Stuhl sitzt.

«Na, hat Adrian sich in den letzten Tagen irgendwie anders verhalten als sonst?», frage ich.

«Jäger», schreit plötzlich eine Frau mit weißer Schürze aus Richtung Küche.

Kurz verstummen die Gespräche an den anderen Tischen.

Als ich gerade mit der Fragerunde weitermachen möchte, brüllt die Frau noch etwas lauter: «WER WAR DAS JÄGER?»

«Ach so, hier», nuschelt Teichner neben mir leise und hebt seinen Arm wie ein Schüler, der sich meldet.

«Einmal Jäger», sagt Frau Wirtin und donnert Teichner einen Teller mit Schnitzel vor die Nase. Der reibt sich voller Vorfreude

251

die Hände und legt los. Sehr professionell, diese polizeiliche Befragung.

Sebi und Müllo beschränken sich aufs Pils-Trinken, vor mir steht eine Cola.

«So, bitte jetzt», wende ich mich wieder an die schweigsamen Jungmänner, «jetzt lasst euch nicht alles aus der Nase ziehen. Hat Adrian irgendwelche Andeutungen gemacht, dass er wegwill oder Ähnliches?»

«Ei nee, mir ham doch Kirmes», sagt nun Müllo.

Ich verstehe den Zusammenhang nicht ganz und setze daher einen fragenden Gesichtsausdruck auf.

«Ei, nächst Woch.»

«Nächste Woche?»

«Ei, Kirmes!»

«Kirmes, aha, ja, das habe ich verstanden. Und was hat das nun mit meiner Frage zu tun?»

Nun schaut mich Sebi zum ersten Mal an und nimmt zudem sogar noch eine Hand aus seinem Hosensack.

«Ei, der fährt doch net weg, wo Kirmes iss. Nächst Woch ist doch ...»

«Kirmes, ich weiß. Das ist jetzt bei mir angekommen ...»

«ZIGEUNER?»

Ein allein sitzender älterer Herr mit schütterem Haar und Schuppen auf den Schultern hebt stumm seinen Zeigefinger und starrt dabei auf sein Weizenbierglas.

Ich beobachte, wie Teichner in ungefähr zwei Minuten dreißig sein Jägerschnitzel samt Beilagen komplett verschlungen hat.

«Whoahhh», macht er zunächst, lehnt sich dann zurück, klopft sich dreimal auf die Brust, rülpst und fügt daraufhin noch ein «Uff» hinzu.

«Ei, de AA macht doch die ganze Organisation, da haut der doch net freiwillig ab», fährt Sebi fort.

Nun löst sich auch Müllo etwas aus seiner Imstuhlhängehal-

tung. «Ei, und außerdem isser doch dieses Jahr der Watz», verkündet er, erstmals mit lauter klarer Stimme.

«Der bitte was?»

«Ei, der Kirmeswatz!»

«Der Kirmeswatz?», wiederhole ich tonlos.

Nun bringt sich auch Sebi wieder ein und gerät dabei nahezu
in Wallung.

«Ei, mir wähle doch jedes Jahr de Watz. Der Watz, des ist der,
wo aach de Kirmesruf macht.»

Mit großen Augen blicke ich auf die beiden Söhne der Region,
die mir hier Einblicke in eine Kultur verschaffen, die mir, obwohl direkt vor der Haustür, bisher gottlob verschlossen blieb.

Voller Eifer fragt mich Sebi nun: «Wisse Sie echt net, wie de
Kirmesruf geht?»

Wahrheitsgemäß verneine ich.

Sebi und Müllo blicken sich kurz an, nicken sich zu, dann sagt
Sebi mit leuchtenden Augen:

«Ich mach jetzt mal de Watz, o. k.? Und de Müllo macht die
annern. O. k.? Auf geht's.» Dann schreit er:

«Wem is die Kirmes?»

«Uns!», blökt Müllo. Und in diesem launigen Wechselspiel
geht das nun weiter:

«Un sie werd ge
halte
Sie werd gehalte wej –
immer
Dies Jahr noch viel –
schlimmer
Ferdisch –
ab
Babala –
bab
Was sin mir –

Lumbe

Was saufe mir –

Humbe

Was lutsche mir –

Klumbe

Was rauche mir –

Stumbe

Zicke Zacke, Zicke Zacke –

Heu Heu Heu

Was frisst die Kuh, was scheißt die Kuh –

Heu Heu Heu

Was hat die Polizei im Kopp –

Heu Heu Heu

Un die Mädsche unnerm Rock –

Heu Heu Heu

Hippi –

Tscha

Hippi –

Tscha

Hippi –

Tscha, Tscha, Tscha, o a Mambo olé

Un wenn die Stern vom Himmel falle –

unser Kirmes werd gehalte

Kirmesbuschen 2011, wo seid ihr –

Hier

Was saufe mir –

Bier

Was saufe die Annern –

Kaba, Kaba hält sie gesund

Prost Gemeinde –

Prost Herr Saufmeister

Kirmesburschen 2012, wir sind der Meinung das war –

spitze»

Nach einer kurzen betretenen Stille kommt von den anderen Tischen leise Applaus auf, Teichner klopft auf den Tisch, und mir steht der Mund offen.

Animiert von diesem grausamen Schauspiel nimmt Teichner einen großen Schluck von seinem Weizenbier und fragt:

«Hatte er irgendwie Stress oder Streit mit irgendjemandem? Hat er da was er... rülps ...zählt?»

Die beiden Dorfburschenschaftler mit den fettigen Haaren und den schmal gekifften Augen sehen sich einen kurzen Moment verunsichert an, ehe Müllo sich räuspert.

«Ei ...»

Ich warte noch immer auf den ersten Satz von einem der beiden, der nicht mit einem «Ei» beginnt.

«WER WAR DIE POMMES?»

«Ei, er war schon ganz schön angepisst ...»

«Ja?»

«Ei, ich mein, so geht man mit einem AA auch net um.»

«Ich nix verstehn», sagt Teichner.

Sebi blickt wieder zu Boden, murmelt: «Ei, da frage Sie doch am beste seine Tochter», und zeigt mit dem Finger auf mich.

Ich bestelle noch eine weitere Cola und gebe zu verstehen, ich wüsste, dass Melina mit ihm Schluss gemacht habe.

Da lacht Müllo kurz auf. «Sagt *sie*, sagt *sie*.»

«Ja, sagt sie», bestätige ich.

«Abhake, mit einem AA macht man nicht Schluss. Das macht er schon selber, keine Sorge.»

«COLA», brüllt die Dame nun vom Tresen. «Ja», antworte ich, «ich war die Cola.»

Ist doch auch mal was anderes, denke ich. Eine Cola gewesen zu sein, das kann nicht jeder von sich behaupten.

Als ich eine halbe Stunde später auf unsere Haustür zuschreite, traue ich meinen Ohren nicht. Ich höre das Klavier. Den Flügel.

Franziskas Flügel. Wie viele Jahre ist das her? Ich weiß es nicht. Zu lange jedenfalls. Wer spielt da, frage ich mich. Ein Schüler? Ich kenne das Stück. Chopin, Nocturne Nr. 10, glaube ich. Franziska hat es früher oft gespielt, und ich mochte es sehr. Ich beschließe, nicht den Schlüssel in die Tür zu stecken, sondern schleiche mich wie ein Einbrecher ums Haus, um durch die Terrassentür im Wohnzimmer zu erspähen, wer da mit unserem Flügel endlich wieder vernünftige Klänge produziert. Da es draußen dunkel ist, ist die Gefahr, gesehen zu werden, recht gering.

Und dann sehe ich sie da sitzen. Franziska, mit der gleichen Inbrunst wie früher, mit geschlossenen Augen lässt sie ihre Finger über die Tasten rasen, als hätte sie nie aufgehört.

Ich hocke mich im Schneidersitz auf die feuchte Wiese und höre zu. Sehe zu.

In diesem Moment ist es mir so klar wie nie zuvor. Da sitzt meine Frau. *Meine* Frau. Warum kann unsere Partnerschaft nicht immer so sein wie dieser Moment gerade. Wie dieser kleine einfache Moment. Franziska sitzt am Flügel und spielt. Punkt. Warum muss das Leben drumherum Momente wie diesen immer wieder kaputt machen?

Und genau in dieser Sekunde sehe ich, wie sich die Wohnzimmertür öffnet, die Schlampe den Raum betritt, Franziska mit dem Spielen aufhört, ihn per Freundschaftsküsschen begrüßt, Platz auf der Klavierbank macht und Anfängernoten auf das Notenbrett stellt. Dann beginnt die Schlampe zu spielen, und es ist Zeit für mich zu gehen. Überallhin, nur nicht nach Hause. Jedenfalls jetzt noch nicht.

41. Kapitel

• • •

Guido Albrecht meint es ernst. Er hat alle Hebel in Gang gesetzt, um klarzumachen, dass die Suche nach seinem Sohn allerhöchste Priorität genießt. Wie groß sein Einfluss ist, war mir so nicht klar. Er ist ein Duzkumpel des Innenministers und arbeitet mit seiner Marketingagentur «ProFessPolitics» unter anderem seit Jahren für die Hessische Landesregierung. Was er da genau macht, weiß ich nicht, interessiert mich auch nicht. Was ich aber weiß, ist, dass auf unsere Polizeidienststelle mit einem Mal ein ungeheurer Druck ausgeübt wird, der auch Onkel Ludwig Körber schon voll in Besitz genommen hat.

Es wurden bereits in großem Stile Suchtrupps losgeschickt, und wir haben damit begonnen, das gesamte private Umfeld von Adrian zu durchkämmen.

Die Drohbriefe, die Gregor Assmann im Kirchturm gefunden hatte, sind wie vergessen. Da könne sich später drum gekümmert werden. Hier sei ein Menschenleben in Gefahr, heißt es. Ganz falsch ist das sicher nicht. Vier Tage ist Adrian Albrecht inzwischen verschwunden.

«Henning, komm mal bitte kurz in mein Büro», befiehlt mir Körber, dem der Stress spürbar auf die Laune schlägt.

Er bittet mich, Platz zu nehmen.

«Ich muss jetzt mal an deine Professionalität appellieren», sagt er.

Was heißt hier eigentlich mal?, denke ich mir.

«Teichner und Markus fahren gleich zu dir nach Hause, sprechen mit Melina und konfiszieren ihren Computer und das Handy. Reg dich jetzt nicht auf, wir müssen allen Hinweisen nachgehen, und deine Tochter war nun mal seine ...»

«Ihr habt ja wohl den Arsch offen!»

«Henning, bitte, vergreife dich nicht im ...»

«Ludwig, was soll das? Ich rede doch selbst mit Melina, habe es auch schon getan. Ihr könnt sie doch nicht wie eine Verdächtige behandeln!»

«Das tun wir auch gar nicht. Aber wir müssen den Mailkontakt zwischen ihr und dem jungen Albrecht überprüfen.»

Ich spüre vor Wut mein Herz im Hals pochen, springe von meinem Stuhl auf, stoße dabei mit dem Bein gegen die Tischkante, sodass aus Ludwigs Tasse ein Schwall Kaffee auf seine Unterlagen schwappt.

«Wenn Teichner auch nur einen Schritt in das Zimmer meiner Tochter setzt oder auch nur eine Zeile in ihrem Laptop oder Handy liest, dann kündige ich auf der Stelle.»

Gleich nachdem ich diesen Satz ausgestoßen habe, bezweifle ich, ob er für Körber tatsächlich eine Drohung darstellt.

«Jetzt setz dich doch wieder. Das meinte ich mit Professionalität. Henning. An der Stelle bist du befangen, das musst du einsehen. Du kannst doch nicht deine eigene Tochter verhören.»

«MEINE TOCHTER VERHÖRT HIER NIEMAND.»

Nun hebt der Oberkriminalrat seinen wuchtigen Körper aus dem Schreibtischstuhl.

«Henning, ich bin nun kurz davor, dich vorübergehend zu suspendieren.»

«Dann mach's doch», kreische ich wie ein patziger Pubertierender, stürme aus Körbers Büro und versäume es auch nicht, dabei ordentlich die Tür knallen zu lassen.

Ich renne durch die Direktion direkt zu meinem Auto und mache mich schnurstracks auf den Weg von Alsfeld nach Bad Salzhausen.

Auf halber Strecke bei Reiskirchen erkenne ich plötzlich Markus im Rückspiegel. Ich wähle seine Handynummer.

«Ja?», meldet er sich über die Freisprechanlage.

«Was soll das?», frage ich. «Warum fährst du hinter mir her?»

«Das weißt du doch, Henning. Jetzt sei nicht albern, und mach vor allem keinen Mist. Wir müssen das Zeug deiner Tochter einziehen. Ob wir wollen oder nicht. Es tut mir doch auch leid, ich verstehe auch deinen Ärger, aber ...»

«Es ist so überflüssig wie sonst was. Mein Gott, das ist ihre Intimsphäre. Was soll denn Melina damit zu schaffen haben? Sie würde mir doch alles sagen, wenn sie eine Idee hätte, was mit Adrian passiert sein könnte.»

«Bist du dir da so sicher? Henning, nenne mir auch nur ein fünfzehnjähriges Mädchen, das ihrem Vater alles erzählt. Vor allem, wenn es um Liebesdinge geht. Schalt mal deinen Kopf an, echt!»

Darauf schweige ich, wissend, dass er nicht ganz unrecht hat.

«Und noch was, Henning, Melina kann doch gar nicht beurteilen, ob sich in ihren Mails, ihren SMS oder Facebook-Nachrichten eine Spur verbirgt. Ich bin mir sicher, Henning, du würdest das genauso sehen wie ich, wenn Melina nicht deine Tochter wäre.»

Da hat er recht, muss ich zugeben.

«Aber Teichner bleibt da draußen», sage ich. «Der liest keine Zeile.»

Ich sehe Markus im Rückspiegel grinsen.

«Das machen wir beide», fahre ich fort. «Wir lesen das Zeug, sonst niemand. Oh Gott, wie sie mich hassen wird.»

Und wie sie es tut. Sie schreit, kreischt, heult. So wie ich es erwartet habe, nur noch schlimmer.

Immer wieder versuche ich es ihr zu erklären, so wie es Markus mir auch gerade von Auto zu Auto erklärt hat, doch ich komme nicht durch.

«Muss das wirklich sein?», flüstert mir Franziska zu und macht eine hilflose Armbewegung.

Ich zucke nur mit den Schultern.

«Ich hasse dich», schreit meine Tochter. Mein Versprechen, dass ihre Daten nur von Markus und mir gelesen würden, entspannt die Situation nicht wirklich.

Wie kotzt mich das alles an! Ich bin emotional so sehr auf Melinas Seite – und doch muss ich das Ding hier durchziehen.

Mit einem letzten Blick auf die auf ihrem Bett kauernde, heulende Tochter und einem kurzen flüchtigen Kuss auf Franziskas Wange verlasse ich, das Notebook unter dem Arm und das Smartphone in der Tasche, mit Markus mein Haus. Scheiß Beruf, ich hab's ja immer gesagt.

Den Termin hatten alle vergessen. Und er passt so überhaupt gar nicht in die hektische Betriebsamkeit, die neuerdings in der Polizeidirektion Alsfeld Einzug gehalten hat.

Manni Manfred Kreutzer steht, inzwischen aus dem Krankenhaus zwangsentlassen, mit einem großen Tablett voller Käsespießchen mit Landesfahnen, Hackfleischbällchen, garniert mit Minibabybels, im Weg, wie nur er es kann.

Sein Ausstand. Heute feiert er seinen Abschied als Polizeipraktikant. Und das möchte er nicht alleine tun. So läuft er mit Tablett in der Hand in den Gängen herum und versucht uns alle verzweifelt zusammenzutreiben. «Ja, gleich, Moment, Sekunde noch», sagen wir alle und wuseln um ihn herum.

Melinas Passworte können alle problemlos geknackt werden, soweit das überhaupt nötig ist. Noch immer ist mir flau im Magen. Ich mag das nun alles nicht lesen. Es geht mich einen Scheiß an, und doch bin ich froh, dass ich überhaupt dabei sein darf und es mir nicht wegen etwaiger Befangenheit ganz aus der Hand gerissen wird. Mit Markus als Mitleser kann ich leben. Seine Aufgabe ist klar: Er hat aufzupassen, dass ich nichts lösche.

«Hier, ihr Leut, kommt doch mal grad zusamme», versucht es

Manni ein weiteres Mal. Ein wenig tut er mir leid, wie er da so verloren herumsteht. Ein paar Minuten später reißt sich ein jeder von seiner Arbeit los, und wir stellen uns im Halbkreis vor Manfred, der noch immer das Tablett mit beiden Händen fest umklammert. Mit lauter Stimme und erstaunlich deutlicher Aussprache legt er los:

«Liebe Kollegen, liebe … ja, lasst es mich ruhig so sagen … Freunde. Die seid ihr für mich in dieser Zeit, in der ich hier bei euch praktizieren durfte … äh … gewesen. Ich bin kein Freund großer Worte, daher braucht ihr keine Angst haben, dass ich hier eine allzu lange Rede halte. Ja, ich denke mal, nein besser, ich weiß, dass ich viel von euch gelernt habe, und hoffe im gleichen Gedankengang, dass auch ihr ein klein wenig von mir lernen konntet. Zum Beispiel, wie man auch mal locker vom Hocker an die Dinge rangehen kann. Das ist ja so 'ne spezielle Spezialität von mir. Vieles, was ich hier mitbekommen durfte, konnte ich für mein Buch verwenden. Das war auch mein Ziel. Und bei einem könnt ihr sicher sein, ich werde net zu denen gehören, die, wenn wo mein Roman durch die Decke geht, dass ich dann einer von denen bin, die wo euch dann net mehr zu kennen glauben. Ich werde, und das sei hiermit versprochen, immer mit beiden Böden auf den Füßen stehen, äh, also … na ja egal, ihr wisst schon …»

Ich bemerke, wie Markus neben mir unruhig mit den Hufen scharrt.

«Als ich hier seinerzeit anfing …»

Nun macht Manni eine lange Pause und blickt gedankenverloren bis gerührt an die Polizeidirektionsflurdecke.

«Tja, mir kommt es vor, als sei es gestern gewesen, oder aber auch auf der anderen Seite, als wäre es Jahre her. Ich war ein Grünschnabel, von Polizeiarbeit keinen blassen Schimmer. Tja, und nun, nun gehe ich als jemand, der einen Mordfall aufklären durfte. Wenn ich unbescheiden wär, würd ich sagen, praktisch im Alleingang, doch Henning, du warst ja auch dabei.»

Jovial blinzelt er mir zu und steckt sich dabei ein Käsespießchen in den Mund. Kauend fährt er fort:

«Ich werd die Zeit hier nie vergessen und sie immer in meinem ...»

«Äh, Entschuldigung, Manfred», unterbricht ihn Körber nun vorsichtig, «wir müssten dann doch wieder so langsam an die ...»

«Jaha, so seid ihr, immer pflichtbewusst und fleißig. Ich bin auch bald fertig, keine Angst, das hier wird keine langwierige Rede, wie man sie von runden Geburtstagen, Betriebsfesten, Hochzeiten, Beerdigungen, Konfirmationen, Kommunionen oder auch, was weiß ich ... her kennt. Nein, anstelle langer umständlicher Worte, die ja auch nie das beschreiben können, was hier drin ...»

Nun klopft er mit der linken flachen Hand auf seine Brust und hat Mühe, mit der anderen Hand das Tablett auszubalancieren. Ein Minibabybel fällt zu Boden.

«... ja, hier drin vonstattengeht. Da sind Bindungen entstanden, die man so nicht mehr rausbekommt, aus der Seele und dem Dings, dem Herzen. Doch niemals geht man so ganz, sang mal, äh, eine Sängerin. Auch wenn ich jetzt nicht mehr tagtäglich auf der Matte stehe, ich bin nicht aus der Welt. Ich könnt, wenn ihr Fragen et cetera habt, euch jederzeit ...»

«Äh, Manfred ...» Wieder versucht es Ludwig.

«... an mich mit Sorgen und Ängsten wenden. Wie nun aber drücke ich das aus, was ich hier in der Zeit meines Praktikums mit euch erleben durfte? Dafür gibt es keine Worte, dafür gibt es nur ... ja, die Poesie.»

Frau Kasper, Ludwigs Sekretärin, kann einen kurzen verschreckten Auflach-Gickser nicht verhindern.

«So habe ich mir gedacht, obwohl ich ja eher von der Prosa komme, dass ich jedem von euch ein paar Gedichtzeilen widme. Fangen wir mal mit dir, lieber Ludwig, an.»

«Das ist wirklich nett, Manfred, aber ...»

«Mit wem, so denk ich,

macht man jetzt den Start?

Da nehm ich doch

den Polizeikriminaloberrat!

Man sieht ihn immer im Büro

in der Hand haltend den Telefonhörer,

da weiß jeder, das kann nur einer sein,

und zwar der Ludwig Körber ...»

Kurze Stille, dann klingelt zum Glück irgendwo ein Telefon, und alle ergreifen die Chance, zu ihren Arbeitsplätzen zu flüchten.

Manni bleibt alleine zurück.

«Aber ich bin doch noch gar net ...»

Traurig blickt er auf sein Tablett und schnappt sich händelos mit dem Mund ein Hackfleischbällchen.

Ich gehe noch mal kurz zu ihm, sage: «Das war eine tolle Rede, Manfred», versuche ihn um das Tablett herum auf die Schulter zu klopfen, worauf dieses scheppernd zu Boden fällt. «Du wirst mir fehlen», füge ich hinzu, meine es in diesem Moment sogar ernst und helfe ihm beim Aufheben der Käsespießchen, der Landesfähnchen, der Hackfleischbällchen und der Minibabybels.

«Hör zu, Markus», sage ich wenig später bei Meirich im Büro, «mach du das alleine. Ich kann es nicht. Ich will nicht in dem Zeug meiner Tochter schnüffeln. Das steht mir nicht zu. Und du, erzähl mir, wenn du alles durchhast, nur von den Dingen, die die Ermittlungen betreffen. Okay?»

Markus blickt mich lange an. «Alles klar», sagt er dann.

Ich nicke ihm zu und verlasse sein Büro.

«Ach, und noch was, Henning ...», ruft er mir nach.

«Ja?»

«Du kannst mir absolut vertrauen. Ich hoffe, du weißt das ... auch wenn wir in den letzten Wochen immer mal wieder aneinandergeraten sind.»

«Danke, Markus», sage ich, gehe wieder ein paar Schritte auf ihn zu und reiche ihm die Hand. «Ja, das weiß ich.»

Liebe Mara,

du wunderst dich bestimmt, warum ich dir von lisas profil aus schreibe ... weil mein facebook-profil und auch alles andere überwacht wird. Ja, du hast richtig gelesen. Überwacht und durchgecheckt. Kotz!!!

Horror!!!!! AA ist immer noch weg. Schon fünf Tage, krass ... und ich habe jetzt kein handy mehr und kein laptop. Dad hat das einkassiert, so polizeimäßig. Weil ich seine Freundin war und so ... Nun lesen die da ALLES! Ich könnte den ganzen Tag rumschreien. Ich hasse ihn dafür!!! Daher schreibe ich dir sozusagen als Lisa.

Ich hab nun eine Frage. Ich hab eben schon mit Lisa gequatscht, aber deine Meinung wollte ich auch noch unbedingt hören. Als Dad und der andere Bulle mit meinem Lappi und dem Handy weg sind, habe ich nach meinem alten Handy gesucht. Nachdem ich alles durchgewühlt hatte, hab ichs dann auch gefunden. Aber ich hab noch was anderes gefunden. In einer meiner Kisten, lag so eine mini handy-simkarte. Ich hab gedacht, häh, was ist das denn, weil ich doch meine sim-karte im neuen handy habe. Ich hab die dann in mein altes handy reingelegt, musste dann aber ein passwort eingeben. Ich habe dann einfach mal 0000 eingegeben und es hat gepasst. Ich hab dann halt so rumgesucht und festgestellt, dass es wohl irgendeinem Faton gehört. Kenn ich nicht ... so, und im Telefonbuch aber steht der Lasse Assmann drin. Und auch seine Eltern. So, und das ist der Moment, wo ich nix mehr raffe. Bei mir liegt in einer kiste eine simkarte von nem Typ, den ich net kenne, der aber Lasse kennt. Ich weiß, ich müsste jetzt darüber mit meinem Dad reden. Aber mit dem rede ich eh net!!!. Der hats eh verschissen. Lisa sagt, ich soll das trotzdem unbedingt der Polizei geben, müsste ja nicht zu meinem Dad gehen. Aber was dann? Dann werden die mich fragen, woher ich das hab. Ich hab da voll Schiss, weil die denken ja eh, ich weiß irgendwas über AAs Verschwinden. Sonst hätten die ja nicht mein Zeug mitgenommen. Was meinst du, was soll ich tun? Mit Mom reden? Da hab ich auch ein scheiß Gefühl. Die ist wieder so strange grad. Ich glaub, die will so was im Moment nicht hörn. Kein Bock, dass die wieder abhaut. Das könnt ich grad mal so überhaupt nicht gebrauchen. LG Mel

42. Kapitel
• • •

Eigentlich geht es mir auf die Nerven, wenn kluge Mitmenschen den Zeigefinger heben, die Stirn wissend runzeln und bedeutungsschwer Dinge von sich geben wie: «Aha, Schnupfen, da hast du wohl die Nase voll, was?» Ich mag auch nicht, wenn ich bei Bauchschmerzen zu hören bekomme: «Na, was schlägt dir denn da gerade auf den Magen? Was haste denn mal wieder so alles in dich reingefressen?» Manchmal heißt es dann auch noch: «Na, wem willst du denn etwas husten?», oder man hat einen «Hals auf jemanden», wenn derselbige kratzt. Auch der Durchfall bekommt gerne noch eine tiefere Bedeutung angedichtet. Die hat er bestimmt. Ich will die Zusammenhänge von Körper, Geist und Seele wirklich nicht leugnen, nichts läge mir ferner. Ich möchte nur nicht an jeder Krankheit schuld sein.

Im Moment ist mir schwindelig. Und das, muss ich zugeben, passt perfekt. Es dreht sich alles, zu schnell, zu wirr, zu viel auf einmal. Seit Wochen gibt es keinen Moment der Ruhe mehr. Ruhe, nach der ich mich noch immer sehne. Beruflich wie privat. Der Mord an Ellen Murnau, die Psychose von Lasse Assmann, die Affäre mit Stefanie, die Aufdeckung durch ihren Ehemann, die Dauerkrise mit Franziska, das Heckenscherenmassaker, die SMS aus Faton Thaqis Handy, die Drohbriefe im Kirchturm und nun das Verschwinden von Adrian Albrecht, dem Exfreund meiner Tochter, die mich zurzeit mehr hasst als je zuvor. Ich war und bin einfach nicht der Typ, der für ein solches Sammelsurium an Dramen geschaffen ist.

Im Moment also ist mir schwindelig. Und ich habe Schiss, nein, keinen Durchfall, aber Schiss. Schiss davor, was Markus in Melinas Mails finden könnte.

Und während ich so schwindelig vor mich hin Schiss habe, schickt mir Melina eine SMS vom Handy einer Freundin:

«Muss mit dir reden! Melina»

Mit dem Verschwinden Adrians ist auch das Schwarz in Kleidung und Lidstrich bei meiner Tochter gewichen. Ihr Gesicht ist ernst, fast erwachsen, als sie sich mir gegenüber auf unserer mehr und mehr verwilderten und verlotterten Gartenterrasse auf einen der wackeligen Gartenstühle setzt. Seit heute ist es sommerlich warm, ja fast heiß. Jedenfalls so warm, dass das Wetter bei den Gesprächen der Leute und in allen Radio- und Fernsehsendern das Topthema ist.

«Ist Mama mit den Hunden weg?», frage ich, obwohl die Antwort mangels Hunden klar ist.

«Ja», antwortet sie kurz.

«Eines vorweg», sage ich und wische mir den Schweiß von der Stirn, «ich habe deine Sachen nicht gelesen. Ich wollte das nicht. Es schaut nur mein Kollege Markus alles durch. Ich will, dass du das weißt.»

Ich sehe, wie sich Melinas Körper spürbar entspannt.

«Echt?», fragt sie und blickt mich mit ihren großen Augen an.

«Ja. Das geht mich nichts an, und es tut mir sehr, sehr leid, dass ich das Zeug mitnehmen musste.»

«Hmm», macht sie darauf, sieht mich dann wieder lange an und nuschelt kaum verständlich hinterher: «Na ja, du musst ja auch deinen Job machen.»

Dann legt sie ein Handy auf den Tisch und erzählt mir eine Geschichte, die mich fast vom Stuhl kippen lässt. Sie habe eine SIM-Karte in einer ihrer Kisten gefunden, die dem Anschein nach einem gewissen «Faton Thaqi» gehört.

Ich sitze ihr eine Weile lang sprachlos gegenüber.

«Mund zu, es zieht», hätte mein Vater früher in so einem Moment gesagt.

Ich lasse mir von ihr noch einmal die ganze Story erzählen, um meine Gedanken besser sortiert zu bekommen.

«Und du hast keine Ahnung, wo diese Karte herkommen könnte?», frage ich sie.

«Nööö. Sonst hätte ich es dir doch gesagt, oder?»

Ich bin nicht der talentierteste Kriminalhauptkommissar der Welt, vorsichtig formuliert, doch bei dieser Geschichte bekomme selbst ich einen klaren Verdacht, mehr noch: Gewissheit.

Adrian Albrecht und niemand anders hat diese SIM-Karte bei Melina «hinterlegt». Wer sonst?

«Melina, da steckt Adrian dahinter.»

Sie sieht mich an. «Schon klar, aber was soll das?»

Ich bin mir nicht sicher, ob ich Melina nun meine Gedankengänge erzählen sollte, doch dann tue ich es einfach.

«Vor ein paar Wochen hat Lasse Assmann von Faton Thaqis Handy per SMS eine Drohbotschaft erhalten. Faton hat mit seinem Bruder einige Jahre bei den Assmanns gelebt, im Kirchenasyl.»

«Was 'n das?»

«Das ist ... das ist egal jetzt, erklär ich dir später. Jedenfalls kennen sich Faton und Lasse gut. Wir haben Faton Thaqi dann festgenommen, er hat alles abgestritten und gesagt, dass ihm sein Handy geklaut wurde. Und auch Lasse Assmann, der bis zu diesem Zeitpunkt gar nichts erzählt hatte, sagte, dass Faton damit nichts zu tun hätte.»

Melina beginnt an ihren Fingernägeln zu kauen und vergisst dabei fast zu atmen.

«Oh fuck!», stößt sie dann hervor. «Das heißt, wenn das Handy geklaut wurde, dass derjenige, der es geklaut hat, die Drohung geschrieben hat.»

Ich nicke, und während ich in Melinas panisches, entsetztes, geschocktes Gesicht schaue, bereue ich schon, dass ich ihr das erzählt habe. Ich überfordere sie damit, eindeutig. Mist.

«Dieses Schwein», stößt sie hervor. «Dann hat AA den Lasse fertiggemacht und bedroht und so?»

«Es sieht ganz so aus.»

«Und denkst du jetzt, dass ich davon gewusst ... also, dass ich das, das ...»

Melina bricht ihre Frage ab, und ihre Augen füllen sich mit Wasser. Die Unterlippe zittert, ihr Blick ist hilfesuchend, der Boden scheint ihr unter den Füßen wegzubrechen.

«Nein, nein, nein», sage ich. Ich ziehe sie an mich, versuche sie zu trösten, ärgere mich noch mehr über mich, dass ich sie da nicht rausgehalten habe, und versuche ihr mit meinen Armen den Halt zu geben, den sie nicht hat.

«Überleg mal, Melina», sage ich leise und ruhig zu ihr. «Hast du irgendeine Idee, warum er so etwas gemacht haben könnte? Hat er irgendwann einmal etwas in dieser Richtung gesagt?»

Melina schüttelt den Kopf und heult mir in mein T-Shirt.

«Was ist denn hier los?», fragt Franziska, die urplötzlich mit Mini-Hitler alias Charlie und seinem unehelichen Vater Berlusconi auf der Terrasse steht.

«Nichts», schluchzt Melina. Ihrer Mutter scheint sie also von alldem nichts erzählt zu haben. Und es macht auch nicht den Eindruck, als habe sie es nun vor.

Franziska blickt zu mir. Ich schweige. Was soll ich jetzt denn sagen? Wo soll ich da anfangen? Und wo aufhören? Habe weder Zeit noch Lust dazu. Muss gleich wieder nach Alsfeld ins Revier, diese Neuigkeiten übermitteln. Und vor allem muss endlich Adrian gefunden werden.

«Mit mir redet man also nicht mehr, ja?», sagt Franziska. «Ich weiß nicht, ob ihr es schon bemerkt habt, ich wohne auch hier.»

«Was soll das denn jetzt?», meckere ich, immer noch Melina im Arm haltend.

«Verbrüdert ihr euch jetzt gegen mich? Entschuldigung, dass

ich mich in eure Vater-Tochter-Verbundenheit eingemischt habe.»

Ich merke, wie sehr mich diese alberne Eifersuchtsszene ärgert, und habe vor allem überhaupt keine Lust, diesen Quatsch weiter vor der immer noch vor sich hinwimmernden Melina auszutragen.

Außerdem sehe ich in Franziskas Augen wieder so ein wirres Flackern. Es ist dieser Ausdruck, der mich nervös macht, mit dem ich nicht umgehen kann und den ich vom letzten Jahr her noch so gut kenne.

In dem Moment, in dem Charlie anfängt, mir direkt vor die Füße zu pinkeln, beschließe ich, in Windeseile das Haus zu verlassen und mich auf den Weg nach Alsfeld zur Polizeidirektion zu machen.

Dort schlägt schon wieder Guido Albrecht Radau. Er beschimpft uns noch lauter und noch beleidigender als Stümper und Nichtskönner, als er es neulich schon getan hat. Na ja, ist vielleicht seine Art, mit der Angst umzugehen, denke ich und lasse es über mich ergehen. Nein, es gäbe leider keine neuen Hinweise, doch wir würden alle fieberhaft an der Sache arbeiten.

Nachdem Guido Albrecht sich irgendwann wieder auf den Heimweg gemacht hat, berichte ich Markus von den Neuigkeiten mit der SIM-Karte.

«Das ist ja ein Hammer», sagt er und kratzt sich am Drei-Tage-Bart. «Dann müssen wir natürlich davon ausgehen, dass Adrians Verschwinden etwas damit zu tun hat.»

«Meinst du, Faton Thaqi könnte ihn sich geschnappt haben?», frage ich. «Vielleicht hat er irgendwie rausbekommen, dass Adrian ihm das Handy gestohlen und die SMS an Lasse geschrieben hat. Und aus Rache hat er ihn nun entführt oder so. Ist doch möglich. Hoffentlich ist nichts Schlimmeres passiert. Der Faton ist ja ein Choleriker vor dem Herrn, wie wir wissen ...»

«Da kannste einen drauflassen!», bellt Teichner, der sich lautlos angeschlichen hat, in mein Genick. «Ich hab ja gleich geschelt, die Thaqi-Brüder hängen da mit drin.»

«Ach, jetzt sind es gleich beide?», sage ich. «Teichner, halt einfach mal die Klappe.»

Ich wende mich wieder zu Markus: «Wir müssen auf jeden Fall Faton Thaqi finden. Auch mit diesen Freunden, Müllo und Sebi, oder wie die heißen, sollten wir unbedingt noch mal reden. Und seine Eltern über unseren Verdacht informieren, auch wenn uns Vater Albrecht vermutlich umbringen wird ...»

Ich blicke zu Markus, der ungewohnt unsicher auf seinem Stuhl hin und her rutscht und mich stumm anblickt. Dann räuspert er sich kurz und sagt mit leiser Stimme:

«Henning, der Körber hat mich angewiesen, dich zu bitten, an diesem Fall nicht weiter zu ermitteln.»

Er macht den Mund noch einmal auf und dann wieder zu.

Ich bleibe gelassen. Jedenfalls fast. So richtig weiß ich eigentlich gar nicht, wie das geht, Gelassenheit.

Aber wenn ich ehrlich bin, hatte ich so etwas schon erwartet. Es lag in der Luft.

«Du bist da persönlich zu sehr involviert. Wegen Melina. Du bist befangen.»

«Ich weiß», antworte ich trocken und atme zweimal tief durch. «Sagst du mir trotzdem, was du in Melinas Mails gefunden hast?»

Markus nickt. «Ja, nichts wirklich Bedeutsames oder Weiterführendes. Nur über einen Satz bin ich gestolpert.»

«Ja?»

«Melina wünscht Adrian Albrecht in einer Mail von letzter Woche an ihre Freundin Mara ‹Scheiße an den Hals› und nennt ihn unter anderem ‹Arsch› und ‹Wichser›. Sie war zuletzt sehr wütend auf ihn, das kann man nicht anders sagen.»

Kurz nach dem Gespräch mit Markus bin ich direkt in Onkel Ludwig Körbers Büro und beantrage mit sofortiger Wirkung meinen Resturlaub. Wennschon, dennschon. Ich setze mich doch jetzt nicht in irgendein anderes Büro und bastele an Polizeibroschüren herum. Nun will ich auch frei haben.

Ludwig scheint erleichtert. Und ich auch. Dieser Ehrgeiz, der mich in den letzten Wochen immer mal wieder, ja fast schon dauerhaft ereilt hat, darf nun auch Pause machen. Und das fühlt sich richtig gut an. Bringt ihr das bitte zu Ende, liebe Kollegen. Mir reicht's. Eine Last fällt mir von den Schultern. Und das fühlt sich gut an.

Ich verlasse die Dienststelle, überquere die Straße, gehe in den kleinen Park gegenüber, in dem Berlusconi und ich jeden Busch und jeden Baum kennen, und rauche mit einem Ach-leckt-mich-alle-doch-mal-am-Arsch-Gefühl drei Zigaretten hintereinanderweg.

Dann freue ich mich über eine SMS von Markus mit dem Inhalt: «Ich halt dich auf dem Laufenden», steige in mein Auto und fahre in den Resturlaub.

Dort erreicht mich ein Anruf von Stefanie. Sie würde gerne mit mir zeitnah, wie es so schön heißt, reden. Ich sage ihr, ich hätte sofort Zeit, und berichte von meiner «Beurlaubung». Jetzt gleich sei schlecht, meint Stefanie, da sie auf dem Weg zum «Spinning» im Fitnessstudio sei. Ich könne sie aber gerne nachher dort abholen, und, da sie mit dem Bus unterwegs sei, mit dem Auto von Nidda nach Schotten bringen. Ich sage gerne zu.

Eine Weile grüble ich vor mich hin, was eigentlich «Spinning» noch einmal sein soll. Habe ich kürzlich schon einmal gehört. Ist es das, wo erwachsene Menschen im Kreis auf sogenannten Indoor-Cycles sitzen und bei lauter Musik wie wahnsinnig in die Pedale treten? Keine Ahnung. Ich beschließe, dass mir das eigentlich auch egal sein kann.

Eigentlich wollte ich ja nur im Eingangsbereich des Fun&
Happyfit-Studios auf Stefanie warten, doch dann begehe ich den
leichtsinnigen Fehler und blättere aus Langeweile in einem der
Prospekte, die mich zum Fatburnen, Bodypumpen und Salsa-
steppen einladen.

Eine sehr kleine bunt geschminkte Dame mit breitem Lächeln
spricht mich mit heller, klarer Stimme von der Seite an:

«Hi, ich bin die Jessy! Kann ich dir helfen?»

Ah so, man duzt sich hier. Man ist also eine große Funhappy-
fit-Familie. Eine solche Familie hätte ich auch gerne. Habe ich
aber nicht. Ein klares Nein auf ihre Frage liegt mir schon auf der
Zunge, da sehe ich aber in ihr so offenes, strahlendes, fittes,
positives, herziges Gesicht und denke an meine eigentlich schon
seit zwei Jahren regelmäßig auftauchenden Rückenschmerzen
und Schulterverspannungen. So entwickelt sich urplötzlich der
sehnliche Wunsch, dass mir dieses Gute-Laune-Sixpack-Mäd-
chen mit den weißen Zähnen, den akkurat rasierten Augenbrauen und den definierten Oberarmen in genau diesem Moment
hilft. Und zwar für immer.

Ich bejahe also ihre Frage und bin irrsinnig interessiert an
einer lebenslangen Mitgliedschaft. Ich möchte aktiv gegen Osteo-
porose sein, erfahren, was «Zumba» bedeutet, Damen in «Wech-
seldruck-Hosen» begutachten, gemeinsam mit anderen Menschen im Rückenkurs würdelose Bewegungen auf der Matte
machen, einen Bauch-Beine-Po-Kurs für Arme belegen und mich
irgendwann einmal mit fünfundzwanzigjährigen Männern im
ärmellosen Shirt im «Freihantelbereich» verabreden und dabei
allen so richtig zeigen, wo der Hammer hängt.

Ich lasse mich von Jessy durch das gesamte Studio führen,
höre ihr aufmerksam und fasziniert zu und bin mir fast ganz sicher, dass ich hier Mitglied werde. Also bald, jetzt noch nicht
gleich, irgendwann. Dann, wenn es passt. Ich denke auf jeden
Fall mal darüber nach. Jaja, klar, ich melde mich. Danke, Jessy,

es war eine schöne und gesunde Zeit mit dir. Und diese, da mag kommen was will, wird uns keiner mehr nehmen.

In diesem Moment tritt eine frisch gespinnte und geduschte Stefanie Assmann durch die Damen-Umkleide-Tür, und wir beschließen, noch ein Getränk an der sportlichen Bar zu uns zu nehmen.

Während wir uns setzen, wird mir klar, dass meine «Beziehung» zu Stefanie nicht annähernd geklärt ist. Muss sie auch nicht, finde ich. Es ist doch schön, wenn mal etwas nicht gleich geklärt werden soll. Wobei ich zugeben muss, dass im Moment ein wenig viel in meinem Leben ungeklärt ist. Die Situation mit Franziska belastet mich schon sehr und bedarf einer Klärung. Keine Frage. Doch ich weiß einfach nicht wie und sitze auch deshalb stattdessen jetzt mit Stefanie Assmann auf unbequemen Barhockern an einer Bar. Ich bin einfach gerne mit ihr zusammen. Nicht mehr, nicht weniger.

Schlecht sieht sie aus, die Stefanie. Müde, ausgelaugt und abgespannt.

«Gut siehst du aus», sage ich.

«Danke», entgegnet sie. «Fühl mich aber nicht so.»

«Was ist los?»

«Gregor will nicht mehr. Er macht es wahr. Er gibt seine Pfarrstelle in Schotten auf.»

«Aha?»

«Ja, übermorgen, Sonntag, will er schon seine Abschiedspredigt halten. Er hat die Nase endgültig voll. Er will weg hier. Das mit Lasse hat ihm den Rest gegeben.»

«Das heißt, ihr zieht weg?»

Stefanie zuckt mit den Schultern. «Was weiß ich? Er redet ja kaum noch mit mir. Und wir sehen uns praktisch nicht mehr. Er hat diese Entscheidung auch nicht mit mir besprochen. Keine Ahnung, was jetzt kommt. Keine Ahnung auch, ob wir überhaupt eine gemeinsame Zukunft haben.»

Ich nicke verständnisvoll. In diesem Themengebiet kenne ich mich schließlich auch recht gut aus.

«Weiß nicht, ob ich meinen Job hier aufgeben will», fährt Stefanie fort. «Ich hänge dran. Aber vielleicht ist es auch für Lasse besser, wenn wir woanders hinziehen.»

«Wie geht's ihm denn?»

«Ach.» Stefanie winkt ab. «Unverändert. Schritt für Schritt wird's besser. Aber wir sollen weiterhin nicht mit ihm über die Sache reden. Da möchten sich erst die Therapeuten langsam ranwagen.»

Kurz spiele ich mit dem Gedanken, ihr von dem Adrian-Verdacht und dem SIM-Karten-Fund zu erzählen. Doch ich entscheide mich im letzten Moment dagegen.

«Mir tut das leid», flüstere ich stattdessen, viel leiser, da ich beobachte, dass zwei Barhocker weiter ein solariumsgebräunter Mann mit Haarteil, vielen Muskeln und schmalen Schultern Interesse an unserem Gespräch entwickelt.

«Mir tut das leid, das mit Gregor und dir und eurer Ehe. Ich fühl mich da natürlich auch irgendwie schuldig.»

«Schwachsinn», raunzt sie mich an. «Ich bin eine erwachsene Frau und weiß, was ich tue. Früher oder später wäre diese Krise eh ausgebrochen. Das mit dir war vielleicht nur ein Beschleuniger. Außerdem lief ja eigentlich gar nichts.»

«Na ja, gar nichts würde ich jetzt nicht so ...»

«Du weißt, wie ich das meine.»

«Jaja.»

Ich erzähle ihr darauf kurz von Franziskas und meiner Prachtehe, und sie lächelt müde. Dann berichte ich ihr, dass ich freigestellt, da befangen bin.

Sie nimmt dies recht unbeteiligt zur Kenntnis.

«Und ihr wisst immer noch nicht, von wem diese Drohbriefe an Lasse stammen?», fragt sie.

«Nee», antworte ich kurz und kämpfe schon wieder mit mir.

So sitzen wir eine Weile schweigend nebeneinander auf diesen grauenhaften Barhockern und schauen gemeinsam mit dem gebräunten Haarteilmann neben uns der Bedienung zu, wie sie Cappuccino aufschäumt.

«Wir entfremden uns immer mehr, Gregor und ich», setzt Stefanie wieder an. «Er frisst seinen Frust nur noch in sich rein, ist zynisch und abweisend und zieht sich ständig in seine Männerhütte zurück.»

«Männerhütte?», frage ich. «Was soll das denn sein? Ich kenne nur Hundehütten.»

Stefanie Assmann lacht. Das erste Mal bei diesem Treffen.

«Habe ich dir nicht davon erzählt? Gregor hat vor zehn Jahren mit eigener Manneskraft eine kleine Hütte mitten in den Wald gebaut. Für sich, zum Rückzug. Mitten in die Pampa, man kommt da mit dem Auto gar nicht hin. Er hatte damals so ein männerbewegtes Buch gelesen. ‹Feuer im Arsch› oder so ... nee ‹Feuer im Bauch›.»

Nun lachen wir beide. «Diese Hütte ist nur für ihn. Da darf keiner hin, auch ich nicht. Da geht es ums Alleinsein, ums Mann-Sein ... wie auch immer das aussieht.»

Ich könnte mich nun über diesen Hüttenbau lustig machen, doch irgendwie ist mir, als ob ich genau so eine Hütte gerade bestens gebrauchen könnte. Ein Rückzugsort, wo ich ganz alleine bin. Ob ich mich dabei besonders männlich fühlen würde, sei mal dahingestellt. Es wäre mir aber auch egal.

Kurz darauf schwänzelt keck die Jessy vom Empfang an der Bar vorbei. Sie schenkt mir noch einmal ihr vitales Lächeln und singt mir ein «Tschaui» zu.

«Tschaui», rutscht es dann auch mir heraus.

«Woher kennst *du* die denn?», fragt Stefanie verwundert.

«Das ist Jessy», antworte ich mit klarer Stimme. «Wir wollen heiraten, hier im Studio einziehen und bis an unser Lebensende glücklich fatburnen und Spinning machen.»

«Dann werde ich die Trauzeugin», ergänzt Stefanie trocken und bittet um die Rechnung, die selbstverständlich von mir übernommen worden wäre, wenn ich meinen Geldbeutel nicht vergessen hätte.

43. Kapitel

• • •

Wie feiert eine Vogelsberger Burschenschaft unbelastet Kirmes, wenn ihr frisch gewählter Watz und Organisationschef seit Tagen vermisst wird?

Diese Frage stelle ich mir, als ich Melina und drei weitere extrem parfümierte Jungdamen zu ebendieser Auftaktveranstaltung chauffiere. Vermutlich werden sie noch mehr saufen als ohnehin schon. Also die Burschen selbstverständlich, nicht die Mädchen.

«Ich hole euch dann um elf ab, ja?», rufe ich ihnen noch nach, während sie schon längst außer Hörweite sind.

Ich steige kurz aus, zünde mir eine Zigarette an und entdecke auf der Erde einen Programmflyer:

Gestern, Donnerstag, wurde die Kirmes um 19 Uhr mit dem «Traditionellen Antrinken» eröffnet. Heute findet die «Discoparty» mit DJ Mischi, den Spaßmädels und der neuen «4-Farb-Lasershow» statt. Außerdem gibt es neben «Weizenbier vom Fass» auch eine «Sektbar mit lecker Cocktails». Morgen dann der «Liveact», die Band «The Funny Sunshines» mit Überraschungsgästen, die «fetzigen Rock & Pop plus Fun & Party» versprechen, und am Sonntag dann «Frühschoppen» mit «Happy Hour», Mittagessen, Kuchen und dem «Feschen Günther» an der Orgel.

Ich beobachte, wie die jungen Vogelsberger Menschen nach und nach zu einem der kulturellen Highlights des Jahres herangeströmt kommen.

Den ganzen Tag über habe ich versucht, Markus zu erreichen, um zu erfahren, ob es etwas Neues gibt. Ich bat ihn per Mail und Mailboxnachricht, mich zurückzurufen. Er tat es nicht. Das ärgert mich. Mir wird klar, ich bin wirklich raus aus der

Nummer. Dabei würde ich nur zu gerne wissen, was Faton Thaqi und Adrians Burschenschaftskumpel zu dem SIM-Karten-Fund gesagt haben. Verrät mir aber keiner. Ich steige wieder ins Auto und fahre nach Hause, um das Freitagsspiel der Fußball-Bundesliga zu schauen. Laurin übernachtet mal wieder bei Calvin-Manuel. Franziska ist nicht da. Sie ist mit der Schlampe bei einem Meditationsworkshop in Fulda. Das hat sie mir einfach so gesagt.

Um 21.48 Uhr surrt mein Handy. Ah, endlich Markus, denke ich. Doch stattdessen lese ich eine SMS von Melina:

«hilfe»

Es ist schwer bis unmöglich zu beschreiben, was in einem Vater vorgeht, wenn er seine Tochter regungslos auf dem Boden liegen sieht und sich gleichzeitig ein junger Mann über sie beugt. Daher versuche ich es auch erst gar nicht.

Der Reihe nach:

In dem Moment, als mich Melinas SMS erreicht, springe ich sofort vom Sofa auf, hetze zum Auto und rase zum Kirmesplatz. Dabei rufe ich immer und immer wieder auf ihrem Handy an, doch stets meldet sich nur die Mailbox.

Ich parke, renne ins Kirmeszelt und suche. Ich finde Melina nicht. Stattdessen donnern mir ohrenbetäubende Bass-Beats in den Ohren. Nach einer gefühlten Ewigkeit sehe ich eine ihrer Lisa-Freundinnen an der Sektbar. Ich laufe hin, frage sie nach Melina, worauf sie mir ins Ohr brüllend antwortet, Melina sei aus dem Zelt hinausgegangen. Wohin genau, wüsste sie allerdings nicht. Ich drängle mich also wieder durch die betrunkenen Jugendlichen-Massen, höre dabei «Shalalalala» und «Olé, olé, olé» von sich in den Armen liegenden jungen Männern.

Draußen stoße ich auf wild herumknutschende Pärchen neben schwankend urinierenden «Männern».

Mein Herz beginnt immer schneller zu schlagen, während ich

ziellos die Gegend um den Zeltplatz ablaufe und laut Melinas Namen rufe.

Dann entdecke ich ungefähr zweihundert Meter von mir entfernt zwei Männer im Dunkeln einen Weg jenseits des Baches in Richtung Zelt rennen.

Intuitiv entscheide ich mich, wie Indiana Jones den mindestens einen Meter vierzig breiten Bach zu durchqueren und weiter dorfauswärts zu rennen. Mit nassen Füßen und komplett außer Atem stehe ich vor einer Wiese, und auf der Wiese liegt ein Körper.

«MELINA», schreie ich. Der Mann, der vor ihr hockt, dreht sich zu mir um. Ohne hinzuschauen, stürme ich, so schnell ich kann, auf den Mann zu und stürze mich auf ihn.

«Nein, stopp», ruft er. «Ich hab ihr ...» Doch bevor er seinen Satz zu Ende bringen kann, habe ich ihm schon ins Gesicht geschlagen.

Ein Volltreffer. Er fällt benommen zur Seite, und erst da erkenne ich, dass es Faton Thaqi ist.

Melinas Gesicht ist blutverschmiert. Doch sie lebt. Sie ist bei Bewusstsein.

«Papa», murmelt sie schwach.

Ich stütze sie, während sie ihren Oberkörper aufrichtet.

«Melina, was ist passiert? Was hat er mit dir gemacht?», frage ich sie atemlos mit Blick auf den noch immer wehrlos am Boden liegenden Faton Thaqi.

«Nichts», flüstert sie. «Der hat mir geholfen ...»

Mit einen Taschentuch versuche ich, ihr Nasenbluten zu stillen.

«Was ist passiert?», frage ich erneut und entdecke erst jetzt, dass ihre Bluse zerrissen ist. Ich gebe mir alle Mühe, beruhigend auf sie einzuwirken, doch inzwischen hat es fast den Eindruck, dass Melina deutlich ruhiger ist als ihr Vater.

«Diese Wichser», flucht sie, «Sebi und Müllo waren das. Die

haben mich dumm besoffen von der Seite angemacht, dass ich wissen würde, wo der AA ist und so. Und außerdem darf man einen AA nicht so behandeln, wie ich das getan hab, und so'n Scheiß ham die gelabert. Da habe ich denen irgendwann gesagt, dass ich vielmehr wüsste, was sie mit Lasse gemacht haben.»

Oje, denke ich. Das war entschieden nicht sehr klug.

«Und dann?», frage ich nervös, während sich Faton Thaqi langsam aufrichtet und sich die Nase hält. Ich nicke ihm mit entschuldigendem Blick zu.

«Die haben mich gepackt, einfach so in die Zange genommen», fährt Melina fort. «Und mich vom Zeltplatz weggezerrt. Dann wollt ich schreien. Doch die Penner haben mich dann mit 'nem Messer bedroht.»

«Was haben die dann mit dir gemacht?», frage ich noch etwas ungeduldiger.

«Mich hierher gezerrt. Die waren hackedicht und ham mich dann so rumgeschubst. Dann hat Müllo in seiner Tasche nach 'nem Joint gesucht. Ich hab dir dann schnell diese SMS geschrieben. Das hat dann der Müllo gemerkt und mir dann doch tatsächlich mit der Hand auf die Fresse gehauen. Volles Rohr ...»

Ich atme tief durch.

«Ich habe die drei vom Zeltplatz weggehen sehen», schaltet sich nun überraschend Faton ein. «Das sah irgendwie komisch aus. Ich hatte diese Typen schon den ganzen Abend im Visier. Wollte sehen, wie diese Kumpels von dem Typ so drauf sind, der mein Handy geklaut hat und mich fertigmachen wollte.»

Melina rotzt sich Blut aus der Nase wie Wladimir Klitschko in der zwölften Runde.

«Ich bin dann hinterher», redet Faton weiter, «und als ich dann gesehen habe, dass der eine dem Mädel das Hemd zerreißt, bin ich hingerannt und hab denen Bescheid gegeben.»

«Danke», sage ich, atme noch mal tief durch und schaue wieder zu meiner Tochter.

«Die Drecksäue», flucht sie.

«Woher wissen Sie eigentlich das mit dem Handy?», frage ich Faton.

«Na, von euch, Ihre Kollegen waren doch gestern bei mir. Dieser Albrecht geht ins gleiche Fitnessstudio wie ich. Da muss er mir das geklaut haben, der Penner. Und die anderen beiden Schwachmaten kenne ich auch von dort, vom Sehen.»

Ich nicke und wende mich wieder Melina zu.

«Haben die dir irgendwas, haben die dich ... angefasst, oder so?»

«Nee, zum Glück kam er dann ja und hat die vertrieben.»

Was habe ich nur für ein tapferes, toughes, starkes Mädchen, denke ich, im klaren Bewusstsein, dass sie das mit Sicherheit nicht von mir hat. Langsam macht sich trotz der blutenden Nase meiner Tochter ein ungeheures Gefühl der Erleichterung breit.

Faton, der inzwischen aufgestanden ist, richtet sich noch einmal die Nase, knackst kurz mit den Fingern und sagt: «So, da wollen wir mal gucken, wo die beiden Vollpfosten sich jetzt so rumtreiben ...»

«Stopp», rufe ich. «Lassen Sie das bitte. Ich rufe jetzt meine Kollegen an, die werden die beiden suchen und finden.»

«O. k., o. k.», murmelt Faton Thaqi und nimmt Gott sei Dank von seinem Vorhaben Abstand. «Gibt's was Feigeres? Zwei Männer gegen ein Mädel. Was würde ich denen so gerne ...»

Ja, würde ich auch. Doch es ist an der Zeit, Vernunft walten zu lassen, und ich rufe im selben Moment bei meinen Kollegen an.

Mir geht diese Sauferei in scheinbar allen Lebenslagen vor allem bei meinen Mitmännern gehörig auf die Nerven. Bei Geselligkeit geht's scheinbar nicht ohne, bei Verbrechen auch nicht.

Man müsste bei der Polizei Osthessen mal eine Untersuchung in Auftrag geben, wie viel Gewalttaten unter Alkoholeinfluss geschehen. Vermutlich gibt es die schon längst, nur haben mich bisher Verbrechensstatistiken recht wenig interessiert. Munker ist Alkoholiker. Nüchtern hätte er Ellen Murnau niemals erstochen. Nüchtern hätte er auch gar keinen Grund dazu gehabt. Müllo und Sebi sind sturzbetrunken über die Tochter eines Hauptkommissars hergefallen. Nüchtern würde ich selbst diesen beiden Deppen so eine Dummheit nicht zutrauen. Das Positive an diesen Saufereien ist, dass sich die Kerle nach ihren jeweiligen Verbrechen so dämlich verhalten haben, dass es selbst für mich leichtes Spiel war, sie zu überführen. Auch wenn ich zugebe, dass nüchterner Zufall ebenfalls mit im Spiel war.

Wenn das, was in den letzten Wochen hier in unseren beschaulichen Vogelsberger Breiten geschehen ist, in einem Roman zu lesen oder im Fernsehen zu sehen wäre, würde dies kaum einer für glaubhaft halten. Doch es ist nun einmal so, dass die Fiktion oft von der Realität eingeholt wird. Nicht zu fassen, wie eng all diese Geschehnisse mit meinem eigenen Leben und den dazugehörigen Personen verknüpft sind. Melina war die Freundin von Adrian, der verschwunden ist und vorher den Sohn meiner Affäre unter Druck gesetzt hat. Das glaubt einem doch kein Mensch. Zum Glück ist Munker nicht mein Schwager.

Müllo und Sebi konnten von Kollegen aus Lauterbach problemlos in der Nähe des Festzeltes festgenommen werden. Nun nüchtern sie aus und werden morgen von Markus Meirich vernommen werden. Markus versprach mir erneut, mich auf dem Laufenden zu halten. Noch immer fehlt von Adrian Albrecht jede Spur. Und mein Gefühl sagt mir leider eher, dass etwas Furchtbares passiert ist, als dass er auf der Flucht ist.

Vielleicht mag mir keiner glauben, wenn ich an dieser Stelle behaupte, dass ich ahne, nein mehr noch, dass ich fast sicher bin, zu wissen, was mit Adrian passiert ist. Ich bin weit davon entfernt, für meinen Verdacht Beweise zu haben, trotzdem. Doch nichts überstürzen, Herr Bröhmann, nur ruhig mit den jungen Pferden, abwarten und Tee trinken und vor allem vorher noch einmal in die Kirche gehen.

44. Kapitel

• • •

Das erste Mal seit Ellen Murnaus Beerdigung sitze ich wieder auf einer der harten protestantischen Bänke der Schottener Liebfrauenkirche, blicke auf den gotischen Altar, die üppige Malerei dahinter und warte auf Pfarrer Gregor Assmann, der mit diesem Sonntagsgottesdienst seinen Abschied als Gemeindepfarrer feiert.

Die Kirche ist gut gefüllt. Nicht so überfüllt wie bei der Beerdigung, aber lange nicht so gähnend leer wie an den gewöhnlichen Sonntagen. Ich fühle mich etwas unwohl, da ich ja nun mal aus nachvollziehbaren Gründen derzeit nicht zu Gregor Assmanns Topfreunden zähle. Es ist nicht unbedingt zu erwarten, dass er den Mann, der kürzlich seine Frau befummelte, gerne auf einer Kirchenbank vor sich sitzen sehen möchte.

Doch ich bin jetzt nun mal hier und möchte seinen Abschied auf keinen Fall verpassen. Stefanie sitzt im Sicherheitsabstand zwei Reihen vor mir. Auch meine Eltern sind gekommen, entdecke ich gerade. Ich winke ihnen zu. Franziska ist mit Kindern und Hunden zu Hause geblieben.

So sitze ich alleine in diesem für die kleine Stadt Schotten so mächtigen Kirchenbau. Die Orgel dröhnt, der Posaunenchor erklingt, und Gregor Assmann durchschreitet den Mittelgang des Kirchenschiffes, ehe er in der ersten Reihe Platz nimmt und tief in ein Gebet versinkt.

Nach Beendigung des Orgelvorspiels begrüßt er die Gemeinde und beginnt mit der Liturgie. Ernst, ruhig, ein wenig fahl im Gesicht, ohne die für ihn sonst so typische Dynamik in der Stimme.

Während der Kirchenchor singt, denke ich an das gestrige

Telefongespräch mit Markus Meirich. Die wieder nüchternen Kirmesburschen Müllo und Sebi versuchten verzweifelt abzustreiten, dass sie etwas mit den Drohungen gegenüber Lasse Assmann zu tun hätten. Sie verzettelten sich immer wieder in Widersprüche. Einmal behaupteten sie, sie würden von nichts wissen, dann wieder sagten sie, dass das alles auf Adrian Albrechts Mist gewachsen sei. Nur eines beteuerten sie immer wieder strikt: Mit dem Verschwinden Adrians hätten sie nichts zu tun, und sie hätten überhaupt keine Ahnung, wo er sich aufhalten könnte.

Nun erwarte ich gespannt die Abschiedspredigt von Gregor Assmann, der in diesem Moment die blau bemalte, etwas albern freischwebende Kanzel rechts neben dem Flügelaltar betritt. Von Stefanie weiß ich, dass er diese im wahrsten Sinne abgehobene Kanzel so oft wie möglich gemieden hat, um die Distanz zur Gemeinde aufzubrechen. Heute aber, zu seinem Abschied, besteigt er mit langsamen Schritten, immer noch tiefernst und in sich gekehrt wirkend, die Kanzel.

«Ich lese Psalm 59», verkündet er, macht dann eine etwas zu lang wirkende Pause, blickt dabei in die Gemeinde und fährt mit ruhiger, klarer Stimme fort:

«Ein gülden Kleinod Davids, daß er nicht umkäme, da Saul hinsandte und ließ sein Haus bewahren, daß er ihn tötete. Errette mich, mein Gott, von meinen Feinden und schütze mich vor denen, so sich wider mich setzen!

Errette mich von den Übeltätern und hilf mir von den Blutgierigen! Denn siehe, Herr, sie lauern auf meine Seele; die Starken sammeln sich wider mich ohne meine Schuld und Missetat.

Sie laufen ohne meine Schuld und bereiten sich. Erwache und begegne mir und siehe drein!

Du, Herr, Gott Zebaoth, Gott Israels, wache auf und suche heim alle Heiden; sei der keinem gnädig, die so verwegene Übeltäter sind!

Des Abends laß sie wiederum auch heulen wie die Hunde und in der Stadt umherlaufen.

Siehe, sie plaudern miteinander; Schwerter sind in ihren Lippen: Wer sollt es hören?

In den Kirchenbänken macht sich Geflüster breit. Das klingt anders als das, was Pfarrer Assmann sonst so vorliest.

Aber du, Herr, wirst ihrer lachen und aller Heiden spotten.

Vor ihrer Macht halt ich mich zu dir; denn Gott ist mein Schutz. Gott erzeigt mir reichlich seine Güte; Gott läßt mich meine Lust sehen an meinen Feinden.

Erwürge sie nicht, daß es mein Volk nicht vergesse; zerstreue sie aber mit deiner Macht, Herr, unser Schild, und stoße sie hinunter! Ihre Lehre ist eitel Sünde, und verharren in ihrer Hoffart und predigen eitel Fluchen und Widersprechen.

Vertilge sie ohne alle Gnade! Vertilge sie, daß sie nichts seien und inne werden, daß Gott Herrscher sei in Jakob, in aller Welt.

Des Abends laß sie wiederum auch heulen wie die Hunde und in der Stadt umherlaufen.

Laß sie hin und herlaufen um Speise und murren, wenn sie nicht satt werden.

Ich aber will von deiner Macht singen und des Morgens rühmen deine Güte; denn du bist mein Schutz und Zuflucht in meiner Not. Ich will dir, mein Hort, lobsingen; denn du, Gott, bist mein Schutz und mein gnädiger Gott.

Gregor Assmann blickt von seiner Bibel auf und schaut hinab in die Gemeinde. Von nun an spricht er frei:

«Dieser Psalm enthält nicht unbedingt die Botschaft, die ich in all den Jahren, in denen ich hier bei Ihnen Pfarrer sein durfte und manchmal auch musste, gepredigt habe. Diese sogenannten Rachepsalmen, die im Alten Testament zu finden sind, werden von uns Pfarrern meist gemieden. Lieber erzählen wir von einem neutestamentlichen Gott, vom gewalt- und rachsuchtfreien Jesus Christus, der in seiner Bergpredigt von Feindesliebe, Toleranz und Versöhnung spricht. Immer und immer wieder hörten Sie von mir die gleichen hübschen Wohlfühl- und Wellness-Bibelstellen aus dem Leben Jesu. Heute, liebe Gemeinde, scheiß ich dadrauf. Heute gibt's den Psalm 59.»

Im Kirchenschiff kommt ein wenig Unruhe auf. Einige der Gemeindemitglieder zuckten beim Wort «scheiß» spürbar auf. Ich auch.

«Was erzählt dieser Psalm? Der junge David hat Angst. Eine Scheißangst hat er!»

Bei diesem zweiten «Scheiß» schreit eine ältere Dame von der letzten Kirchenbank erschrocken auf. Die Konfirmanden in den ersten Reihen beginnen standesgemäß zu kichern.

«Dieser David ist zutiefst verzweifelt und ratlos. Seine Widersacher haben ihn bereits um Hab und Gut gebracht. Er wird weiter von ihnen verfolgt und mit dem Tode bedroht. Er fühlt sich schwach und hilflos. So wendet er sich in seiner Angst an einen scheinbar starken Gott und fleht um Rache. Er bittet Gott um die brutale Vernichtung seiner Feinde. Um nichts weniger.»

Pfarrer Assmann umfasst den Kanzelrand und beugt sich vor.

«Und an diesem Punkt schreien wir Christen auf. An dieser Haltung sei alles unchristlich, meinen wir. Das geht doch nicht ...

Aber natürlich geht das.

Wenn ein junger Mensch an den Rand gebracht wird, von Stärkeren, wenn er bedroht wird, immer und immer wieder, wenn ihm Angst gemacht wird, dass ihm oder seiner Mutter etwas Böses zustoße, wenn er sich wehren sollte, dann bringt diesem jungen Menschen das Bild eines liebendes Gottes nichts. Überhaupt gar nichts. Und wenn ich der Vater dieses Jungen wäre, und ich würde seinen Widersacher vor mir haben, dann würde ich ihm nicht verzeihen. Ich würde ihn hassen. Ich würde sogar Gott um Rache bitten. Doch Gott wird vielleicht gar nichts rächen. Was dann?»

Hier macht Pfarrer Gregor Assmann eine lange Pause. Die Kanzel umklammert er weiterhin fest mit seinen Händen. Ich wusste es. Mein Herz schlägt spürbar schneller. Ich lag richtig mit meinem Verdacht. Unfassbar.

Dann fährt er fort.

«Dann, ja dann würde ich mich selber an ihm rächen. Wenn ich der Vater eines Jungen wäre, dem so zugesetzt würde, dass er vor lauter Angst nicht mehr spricht und heute in der Jugendpsychiatrie in Behandlung ist, dann würde ich seinen Peiniger zur Rechenschaft ziehen wollen. Wenn ich es könnte, wenn ich die Gelegenheit hätte. Vielleicht würde ich ihm all dies antun können, worum David Gott in diesem Psalm bittet.

Ich habe wahrgenommen, wie ihr eure Blicke von mir abgewendet habt, als herauskam, dass Lasse seine Schulleiterin bedroht hatte. Ich habe mitbekommen, wie ihr hinter meinem Rücken über ihn, mich, meine Frau getuschelt habt. Kaum einer kam zu mir, hat das Gespräch gesucht oder Fragen gestellt. Ich habe mich alleine gefühlt. Und auch deswegen gehe ich nun weg hier, aus dieser Gemeinde. Ich hatte viele schöne Stunden hier, viele bereichernde Begegnungen. Doch am Ende gehe ich als ein Mann, der etwas getan hat, was nicht zu verzeihen ist. Gott werde ich auch nicht darum bitten. Jedenfalls jetzt noch nicht. Ich habe Rache genommen. Rache an demjenigen, der meinen Sohn in den Wahnsinn getrieben hat. In einem Versteck in diesem Haus, oben im Kirchturm, fand ich neben einigen Drohbriefen einen Zettel, auf dem mein Sohn Lasse Gedanken niederschrieb. Er schrieb stets von einem ‹A›. Nie schrieb er den Namen aus. Doch am Ende vergaß er es einmal und schrieb: ‹Ich habe Angst, dass Adrian Ernst macht.› Mit ‹Ernst machen› meinte er, dass der andere Lasses Mutter etwas antun könnte.

Ich wollte wissen, warum ein junger Mann, er heißt Adrian Albrecht, so etwas einem vierzehnjährigen sensiblen Jungen antut. Ich wollte mit ihm reden. Also wartete ich vor einer Woche in der Nähe seines Wohnhauses auf ihn. Ich sprach ihn an und bat ihn, mit mir zu reden. Warum solle er das tun, antwortete er, was solle er mit einem blöden Pfaffen schon besprechen?

Da kam es über mich, und ich schlug ihm mit der Faust ins Gesicht. So etwas habe ich vorher noch nie in meinem Leben getan.

Und liebe Gemeinde, ich sage euch etwas: Es fühlte sich gut an.

Es war der Rache erster Teil. Erstmals in meinem Leben habe ich gespürt, dass hier nicht Versöhnung frei macht, sondern Vergeltung. Ich packte ihn in mein Auto und fuhr zu einer abgelegenen Waldhütte. Eine winzige Hütte mit einem Zimmer, die ich mir vor Jahren einmal gebaut habe, um ungestört alleine sein zu können. Kein Mensch weit und breit.

Ich brachte Adrian Albrecht dorthin und band ihn fest.

Los, erzähl mir, zwang ich ihn, erzähl, warum du das getan hast. Warum hast du das meinem Sohn angetan? Ich will das verstehen. Ich sah in seinen Augen Angst. Nun durfte er erfahren, wie das ist. Angst haben, hilflos sein, machtlos, verloren. So wie David, so wie Lasse. Der Rache zweiter Teil.

Doch er redete nicht. Er tat mir diesen Gefallen nicht.

Also ließ ich ihn einfach dort, knebelte und fesselte ihn wie ein kaltblütiger Kidnapper und fuhr, sooft ich konnte, dort hoch.»

Mucksmäuschenstill ist es in der Kirche. Keiner scheint fassen zu können, was er hier gerade Ungeheuerliches vernimmt. Muss ich eingreifen?, geht es mir ständig durch den Kopf. Doch ich lasse Gregor Assmann weiterreden.

«Nach zwei Tagen begann er endlich auf mein Warum zu antworten.

Nur so, sagt er. Ohne tieferen Grund. Weil es Spaß macht.

Weil es spannend ist, weil es einen Kick gibt, Thrill bringt, weil Lasse so ein kleiner neunmalkluger Hosenscheißer ist, weil sein Vater der scheiß linke Pfaffe ist, der kriminelle Asylanten bei sich aufnimmt. Weil Ellen Murnau eine blöde Kuh ist, die ihn nicht leiden kann, die ihm nicht die Note im Deutsch-Kurs gibt, die er zu einem Einser-Abitur braucht. Das, Gemeinde, das waren die Gründe. Größenwahn, Narzissmus, Menschenverachtung, Langeweile.

Und da begann der Rache dritter Teil. Ich vergelte es ihm mit den gleichen Mitteln. Alttestamentarisch! Auch ich verachte ihn. Ich sperre ihn noch länger ein, beschloss ich. Größenwahnsinnig bestimme ich über sein Leben oder Nicht-Leben. Ich lasse seine Eltern in dieser schrecklichen Angst. Sein Vater schrieb während der Kirchenasylzeit der Thaqi-Brüder die schlimmsten Leserbriefe. Auch hierfür Rache. Adrian Albrecht hat versucht, Faton diese Tat anzuhängen. Er hat sein Handy geklaut und über dieses eine Droh-SMS an Lasse geschickt. Er hat gelacht, als er mir das erzählte. Ob ihn wenigstens der Mord an Ellen Murnau schockiert hätte, fragte ich ihn. Auch da lachte er nur. Dafür könne er ja nun mal gar nichts.

Solange du noch so lachst und so sprichst, solange nicht auch nur ein Hauch von Einsicht durchschimmert, wirst du hierbleiben, mein Freund. Das wurde mir mehr und mehr klar.

Und gestern dann begann er zu heulen. Stundenlang. Er brach in sich zusammen. Ich war befriedigt. Ich hatte meine Rache.

Ich habe mich darin verloren, liebe Gemeinde. In Hass, Rache und Wut. Gefühle, die David in seinem Psalm herausschreit. Gefühle, die in uns allen sind. Ich habe all das verraten, woran ich glaubte, wofür ich stand.

Ich werde mich nun der Verantwortung stellen. Werde die Strafe geduldig auf mich nehmen. Für mich hat es sich gelohnt. Wenn Sie wollen, verzeihen Sie mir oder beten Sie für mich.

Oder nein, lassen Sie es besser sein. Mir ist es gelinde gesagt scheißegal. Ich werde nach meiner Strafe weggehen von hier. Für immer. Wohin, weiß ich nicht, ob alleine oder mit Stefanie und Lasse. Weiß ich auch nicht. Die Zeit wird es weisen.

Und der Friede Gottes, der höher ist als alle Vernunft, bewahre eure Herzen und Sinne in Christus Jesus, unserem Herrn.

Ihnen von Herzen alles Gute, amen!»

Über das Gotteshaus legt sich eine solch gespenstische Stille, dass ich kurz meine, Jesus am Kreuz atmen hören zu können.

Ich bin dann der Erste, der reagiert. Ich stehe auf, beuge mich über einen älteren Herrn mit Stiernacken und tippe Stefanie auf die Schulter. Sie dreht sich um, blickt mich mit Panik und Tränen in den Augen an. Ich gebe ihr mit einer Kopfbewegung zu verstehen, sie soll mit mir zusammen nun schnell die Kirche verlassen.

«Wo ist seine Männerhütte?», schreie ich, als wir im Nieselregen vor der Kirche stehen.

«Ich führe dich hin», keucht sie, und wir steigen in mein Auto.

Auf der Fahrt informiere ich die diensthabenden Polizei-Kollegen und bitte sie, Gregor Assmann umgehend festzunehmen. Auch Markus rufe ich an.

Stefanie weint. Ich halte ihre Hand und fühle mich ihr wieder näher, als ich es haben möchte. Wir fahren schmale Feldwege oberhalb Schottens, Richtung Hoherodskopf. Wege, die ich von unzähligen Hundespaziergängen kenne. An einer Schneise bittet Stefanie mich anzuhalten. Wir steigen aus und hasten eine gute Viertelstunde quer durch den Wald. Von weitem sehe ich fünf Wildschweine im Gänsemarsch durch den Vogelsberg rennen. Wir hetzen an einer alten Burgruine vorbei, in deren Steinüberresten, so erinnere ich mich in diesem Moment, ich als Kind häufig gespielt habe.

Wenig später erreichen wir Gregor Assmanns Männerhütte. Die Tür ist verschlossen. Also schlagen wir ein Seitenfenster ein und klettern hindurch. Ich schneide mich natürlich an einer der Scherben. Ganz ohne Panne kann es auch jetzt nicht gehen. Festgebunden auf einem Stuhl sitzt ein verängstigter Adrian Albrecht mit verheulten Augen und dunklen Flecken im Schritt. Wir binden ihn los, und ich rede irgendetwas Beruhigendes auf ihn ein.

Er scheint unverletzt. Einen Krankenwagen zu rufen ist nicht nötig, entscheide ich.

«Das ging ja schnell», schreit er mich an. «Waren ja nur sieben Tage.»

«Halt's Maul», blaffe ich zurück. «Lasse Assmann sitzt jetzt schon viel länger in der Jugendpsychiatrie.»

Stefanie blickt ihn lange an und fragt dann ganz ruhig: «Warum hast du das gemacht?»

AA zuckt mit den Schultern. «Warum nicht?»

«Was hat Lasse dir getan?»

Er schließt die Augen. Wieder zuckt er mit den Schultern. «Ich hatte alles im Griff. Ich konnte das alles steuern. Hatte die Kontrolle. Das hat einen scheiß Spaß gemacht. Keiner von den Jungs hätte gedacht, dass ich so etwas durchziehe. Aber wenn ich was starte, dann richtig. Es musste einer sein, dem das keiner zutraut. Da kam mir der kleene Assmann genau recht, der Pisser.»

«Der Pisser bist du», sage ich mit Blick auf seine durchnässte Hose.

«Mein Gott, es war doch nur ein Spiel. Was kann ich dafür, wenn der Munker die Murnau absticht? Damit hatte ich doch nichts zu tun. Ich wollte nur ein bisschen Fun ... aber ihr, ihr dreht alle gleich so am Rad.»

«Ich glaube, das reicht jetzt», sage ich, packe ihn am Arm und ziehe ihn nach oben. Adrian ist noch sichtlich wackelig auf den

Beinen, aber es geht. Danach machen wir uns auf den Weg zurück durch den Wald zum Auto.

Ich hatte also recht. Es setzte sich einfach so, nach und nach wie ein Puzzlespiel zusammen. Zuerst dieses eigenartige Verhalten von Gregor Assmann im Café. Als er mich so unterdrückt verärgert damit konfrontierte, dass ich etwas mit seiner Frau hätte. Wenn man in seiner Nähe war, spürte man immer stärker seine berufliche Frustration und Resignation, gepaart mit einer viel tiefer sitzenden Wut.

Dann war er es, der die Drohbriefe im Kirchturm fand. Warum sollte er da nicht auch etwas finden, das auf Adrian hindeutet? Und als Stefanie mir von dieser Männerhütte erzählte, entwickelte ich die Phantasie, dass er Adrian dorthin verfrachtet haben könnte. Doch gleichzeitig blieb es auf der anderen Seite für mich bis zum letzten Moment auch kaum vorstellbar. Nun also ist zum Glück alles glimpflich ausgegangen. Ich bin erschöpft und erleichtert und freue mich auf eine ausgiebige Badewanne zu Hause.

Stattdessen sehe ich Manni Kreutzers Motorrad in unserer Einfahrt stehen. Zu sagen, dass ich mich freue, wäre gelogen.

Ich betrete unser Haus und höre Mannis brachiale Stimme von der Terrasse. Auf der Gartenbank sitzt meine Familie vor ihm und feixt.

«Hey, Henning, alter Freund und Kupferstecher, du kommst genau richtig», begrüßt mich Kreutzer. «Deine Familie wollte unbedingt was von meinem Krimi vorgelesen bekomme, oder?»

Laurin schreit «Ja», Franziska nickt und beißt sich auf die Unterlippe, und Melina stehen vor lauter unterdrücktem Lachen bereits Tränen in den Augen.

«Also, wenn du willst, Henning, kannste den Schluss noch mithören.»

Franziska hebt Laurin auf den Schoß und klopft mit ihrer

Hand auf die frei gewordene Sitzfläche. Ich nehme Platz und lege den Arm breit über die Rückenlehne, sodass ich das Gefühl habe, meine ganze Familie umarmen zu können. Franziska legt ihren Kopf auf meine Schulter, und wir lauschen dem Rezitator:

So gingen Fred, Margarete und Müller gemeinsam zum Hintereingang, der hinter dem Haus war. Der Nazi-Entführer musste noch im Gebäude sein, das roch Fred gegen den Wind, der ihm kühl um die Nase pfiff, während der Himmel sich weiter zuzog.

Fred nahm sein Herz in beide Hände und öffnete die Tür mit seiner goldenen Kreditkarte, die ganz bestimmt nicht jeder bekommt.

«Pssst, leise», machte er.

Sie schlichen leise durch eine große Küche und hörten dann Stimmen.

Sie sprachen skandinavisch, eindeutig. «Typisch», murmelte Fred, der alle Wallander-Krimis kannte und somit wusste, dass die Nazis nicht immer deutsch sind.

Dann öffnete sich die Tür, und ein zwei Meter großer blonder Mann mit bestimmt deutscher Abstammung stand vor ihnen.

Müller zückte seine Waffe und richtete sie auf den Riesen. Der Riese stürmte auf sie zu, und Müller verlor die Nerven und schoss. Doch die Kugel prallte an seiner Schulter ab.

«Ich bin unverwundbar», brummte der Riese. «Ich spüre keinen Schmerz und lass alles an mir abprallen, als wär das nix!»

Nun bekam Müller so richtig Angst. Fred dagegen kannte dieses Wort gar nicht. Er redete beruhigend auf ihn ein. Das half. Nun allerdings drohte die Situation zu eskalieren.

Der blonde Riese griff nach einer Heckenschere in Übergröße, steckte einen Stecker in die Dose und stürmte auf Müller, Fred und Margarete zu. Als er einen halben Meter vor Henrich Müller stand und er kurz davor war, ihm die Kehle durchzuheckenscheren, sprang Fred mit einem riesigen Satz an den Arm des Unholds.

«Oh mein Gott», schrie Margarete, als die Heckenschere im Infight Freds Hüfte streifte. Blut spritzte. Fred stürzte zu Boden und blieb leblos liegen.

Margarete schrie: «Oh nein, oh nein!» Doch Fred wäre nicht Fred, wenn er nun sterben würde, er starb nur fast. Als der Riese auf Margarete zuwankte, griff sich Fred den herumstehenden gefüllten Wassereimer und schüttete ihn über den Riesen und die Heckenschere. Der Riese erlitt einen Stromschlag vom Feinsten, kippte um und war tot. Richtig tot.

Doch dann stand ER da. Ein gespenstischer Mann mit kurz rasierten blonden Haaren und einem Gewehr aus den 40er Jahren in der Hand. Fred blieb ruhig. «Wo sind die Mädchen?», fragte er.

«Du meinst meine Jungmädels?», zischte der irre Typ. Im Raum wurde es kalt. An der Stimme erkannte Margarete, dass es der Mann war, der auch ihr Entführer war.

«Wollt ihr sie sehen?», flüsterte er. «Meine Mädels!!!!»

«Klar, warum nicht?», antwortete Fred cool.

Wenig später betraten sie einen großen Raum ohne Fenster und Fernseher. Auf 47 Betten lagen 47 junge Vogelsberger Mädchen. Der Mann hatte ihre blonden Haare zu Zöpfen gebunden und miteinander verknotet. Sie sahen aus wie Hitler-Mädchen.

«Sind sie nicht schön, meine Jungmädels?», geiferte er völlig krank und richtete weiter seine Wehrmachtswaffe auf alle.

«Wie meine Schwester», keuchte er weiter. «Meine Schwester ... die Mama immer mehr geliebt hatte als mich. Ich war immer nur der Böse, doch meine supertolle Schwester, ja, die bekam immer alles.» Dann winselte er noch eine ganze Weile «Mama, Mama!» und strich dabei zärtlich seinen Mädels über die Backen.

«Nun aber sollt ihr sterben», sagte der Nazi-Entführer mit dem Mutterproblem und richtete die Waffe direkt an Müllers Genick.

«Oh nein, oh nein», wimmerte der.

«Warte», schrie Fred, der nicht hören konnte, ob es draußen wieder regnete, da der Raum ja keine Fenster hatte.

«Warte», wiederholte Fred, um Zeit zu gewinnen, «du sagst, deine Mutter hätte deine Schwester mehr geliebt als dich. Aber ... was war mit deinem Vater?»

Da wurde der Irre ganz kurz nachdenklich. Und genau diesen

Moment nutzte Fred. Er sprang mit einem Satz direkt auf die Wehrmachtswaffe und rang den Nazi nieder.

Alle atmeten durch und applaudierten wenig später Fred. Auch die 47 blonden Vogelsberger Mädchen hätten gerne mitgeklatscht, doch das ging nicht, sie waren ja an ihre Betten gefesselt.

Margarete befreite sie und entknotete ihre Zöpfe.

«Du hast mir das Leben gerettet», rief Henrich Müller Fred dankbar zu und fiel dann nachträglich noch fast in Ohnmacht.

Fred blutete von den diversen Kämpfen mit dem Nazi und dem Riesen wie ein Schwein. Eines war klar, an einem Krankenhaus kommt er diesmal nicht vorbei. Er kann nicht ewig seine Faust zur Blutstillung in die Wunde drücken.

«Eins aber habe ich noch nicht verstanden», sagte Müller. «Was hat der bestialische Mord der Russenmafia in der Schule, an dem die Politiker und die Wirtschaftsbosse schuld sind, mit der Entführung des Nazis mit dem Mutterproblem und dem blonden Riesen zu tun?»

«Na, das ist doch klar wie Kloßbrüh», antwortete Fred, während ihm Margarete anhimmelnd die Hand hielt. «Die stecken eben alle unter einer Decke.»

«Verstehe», sagte Müller.

Fred zog darauf Margarete ein Stück zu sich und küsste sie männlich, so, wie es ein Fred nur kann. Dann flüsterte er: «Kleines, lass uns ganz bald ganz gepflegt mit meinem Bock, wie ich ihn nenne, durch den Vogelsberg brettern, o. k.?»

«Gerne, du Held», antwortete Margarete und küsste ihn so, wie ein Fred geküsst werden muss.

ENDE

45. Kapitel
• • •

Zwei Monate nun liegt das alles zurück. Inzwischen wäre wieder so etwas wie Ruhe eingekehrt. Wenn nicht ... dazu später.

Laurin ist nun erfolgreich eingeschult. Bis zum letzten Moment hielt er ganz fest Franziskas Hand, und ich hätte jede Wette angenommen, er lässt sie nicht los, wenn sein Name aufgerufen wird und er zu seiner Klassenlehrerin zu gehen hat. Doch er zögerte keine Sekunde. Er blickte kurz zu Franziska, dann zu mir, lächelte siegesgewiss und stiefelte entschlossen los. Wieder ging eines unserer Kinder einen weiteren großen Schritt von uns weg. Mit feuchten Augen und tiefem Stolz sah ich ihm zu und hörte nicht mehr auf, mich zu freuen.

Melina schaffte die Versetzung in Klassenstufe 11 nicht. Hier fiel ein Lächeln schwerer, und auch ein Gefühl wie Stolz machte sich nicht wirklich breit. Natürlich weiß ich, was sie in den letzten Monaten durchmachen musste. Nur waren ihre Leistungen vorher auch nicht besser ...

Und Stefanie? Stefanie zieht am Samstag mit Lasse, der inzwischen aus der Psychiatrie entlassen wurde, nach Marburg. Es soll ein Neustart werden. Von Gregor, der wie Adrian auf sein Urteil wartet, hat sie sich getrennt. Vorübergehend, wie sie sagt. Wir haben die Finger voneinander gelassen. Das ist vorbei. Das geht nicht mehr, auch wenn ich weiterhin täglich an sie denke.

Tja, und Franziska ...

Es war irgendein völlig gewöhnlicher Mittwochabend, als ich von der Arbeit heimkam und einen Brief auf meinem Schreibtisch vorfand:

Mein lieber Henning,

verzeih mir, dass ich dir das auf diesem Wege mitteile. Ich bekomme es anders nicht hin. Ich schaffe das so nicht mehr. Ich kann nicht vergessen, was letztes Jahr geschah. Ich stelle mich dem nun. Man kann nicht immer nur weglaufen. Es macht alles kaputt, mich, dich, uns und die Kinder. Ich brauche ein Stück Wahrheit. Doch dich, lieber Henning, dich lass ich da raus, bei der Wahrheit. Du wusstest von nichts. Verstanden? Du wusstest von nichts ...

Ich danke dir dafür, dass du es immer wieder mit mir versucht hast. Und ich wünsche mir, dass du das auch jetzt nicht aufgibst. Dass wir beide es immer wieder versuchen. Denn wir sind es wert. Das weiß ich.

Auf bald, irgendwo und irgendwann, deine dich irgendwie immer liebende

Franziska

Für einen kurzen Moment vergrub ich meinen Kopf in die auf dem Tisch liegenden Arme.

Dann aber stand ich auf, deckte den Abendbrottisch, goss Wasser in die Hundenäpfe, rief meine Kinder zum Essen, öffnete das Küchenfenster, atmete zweimal tief ein und wieder aus, hörte dem Gezwitscher eines penetranten Vogels zu, spürte, dass Franziskas Entscheidung die einzig richtige ist, lächelte und harre seit diesem Mittwochabend einfach mal der Dinge, die da nun so kommen mögen.

ENDE

Die Tote im Main: Niemand kennt ihr Gesicht.
Niemand vermisst sie.

Als eine grausam entstellte Mädchenleiche angeschwemmt wird setzt Hauptkommissar Winter alles daran, den Täter zu finden.
Doch der Fall nimmt eine ungeahnte Wendung:
Fiel die Tote einem Ritualmord zum Opfer, ausgeführt von der Clique, der auch Winters Tochter angehört?

Winter & Aksoy — das neue Ermittlerduo aus Frankfurt

rororo 25539

Das für dieses Buch verwendete FSC®-zertifizierte Papier
Lux Cream liefert Stora Enso, Finnland.